江苏省“十四五”时期重点出版物出版专项规划项目

幼儿园课程游戏化丛书

幼儿园课程游戏化实践指导手册

江苏省学前教育研学中心　组织编写

江蘇鳳凰教育出版社
Phoenix Education Publishing, Ltd

感谢您使用本书。您在使用本书时如有建议或发现质量问题，请联系我们。
【内容质量】 电话：4008283622
【印装质量】 电话：4008283610

图书在版编目(CIP)数据

幼儿园课程游戏化实践指导手册 / 江苏省学前教育研学中心组织编写. — 南京 ：江苏凤凰教育出版社，2024.4
(2025.3 重印)
ISBN 978-7-5743-0651-6

Ⅰ. ①幼… Ⅱ. ①江… Ⅲ. ①游戏课—教学研究—学前教育 Ⅳ. ①G613.7

中国国家版本馆 CIP 数据核字(2023)第 085572 号

书　　名　幼儿园课程游戏化实践指导手册
作　　者　江苏省学前教育研学中心
出版策划　刘　煜
编辑统筹　林　静
责任编辑　韩宇新
封面设计　有品堂_刘　俊　宋永傲
出版发行　江苏凤凰教育出版社(南京市湖南路 1 号 A 楼　邮编 210009)
苏教网址　http://www.1088.com.cn
照　　排　南京凯建文化发展有限公司
印　　刷　南京顺和印刷有限责任公司
厂　　址　南京市江宁区麒麟街道天和路 78 号
开　　本　787 毫米×1092 毫米　1/16
印　　张　13.5
版　　次　2024 年 4 月第 1 版
印　　次　2025 年 3 月第 3 次印刷
书　　号　ISBN 978-7-5743-0651-6
定　　价　58.00 元
网店地址　http://jsfhjycbs.tmall.com
公 众 号　苏教服务(微信号：jsfhjyfw)
邮购电话　025-85406265，025-85400774
盗版举报　025-83658579

苏教版图书若有印装错误可向出版社调换

前　言

2014年，江苏省教育厅组织实施幼儿园课程游戏化建设项目。这是一个由江苏省财政支持的重大内涵提升项目。江苏省教育厅在深入调查研究幼儿园教育实践中存在的主要问题的基础上，聚焦课程建设，以课程游戏化作为幼儿园课程改革和质量提升的切入点。幼儿园课程游戏化项目旨在推动《3—6岁儿童学习与发展指南》(以下简称《指南》)更好地在江苏落地生根，解决幼儿园教育中存在的主要问题，推动全省幼儿园课程建设，全面提高教育质量，更好地促进儿童发展。因此，幼儿园课程游戏化建设项目是实践导向、问题导向的。

课程游戏化项目启动之初，幼儿园课程建设实践中存在的主要问题包括对幼儿园课程的本质把握不够、以儿童为本的理念理解和落实不到位、以游戏为基本活动的观念有认识和实践偏差、课程环境和资源不够丰富且有“小学化”的倾向、课程实施方式和手段不够丰富，等等。针对这些问题，我们进行了系统的学习和培训，基本的思路是通过课程游戏化项目的推动，要让幼儿园课程实践回到法规的要求上来、回到学前教育的基本常识上来、回到实践创新的基本导向上来。幼儿园课程游戏化实施以来，课程建设的成效是明显的，在教育观的更新和落实、幼儿园环境的创设和资源配置、课程实施方式的多样性、游戏精神的落实和教研工作的有效性等方面取得了明显的成效。同时，我们也要看到，课程建设是一项长期、艰巨而又复杂的工作，需要花大力气，常抓不懈。我们认为，有几个重大的课题需要进一步深入地关注和推进，这对幼儿园课程建设和质量提升具有重要的意义。

第一，全面正确理解教育质量的核心内涵。

中小学的教育质量经常或主要用考试分数来衡量。对幼儿园教育而言，教育质量不是不要看儿童的现实表现，而是说不能完全根据儿童的现实发展水平。

儿童的发展水平受多种因素的影响，儿童某一时间点的发展状况不能充分体现教师为提升教育质量所作的努力。因此，衡量教育质量的关键是要看教师为儿童的发展作了怎样的努力，提供了什么支持，采取了什么促进发展的举措。正如联合国儿童基金会质量研究专家海伦·佩恩所说“要把质量当作一个动词来对待”，它是指不断寻求改善的过程，是教师和家长共同努力不断促进幼儿发展的过程，也是一个幼儿园所有的人、环境、时间、空间、课程不断给幼儿的活动提供有力支撑的过程。幼儿园教育质量不是教师所传授的内容决定的，也不是对儿童发展的测量就能完全说明的，更不是标新立异的课程模式所能证明的，幼儿园教育质量是幼儿园教育系统中的各要素对儿童学习和发展的支持和促进程度。课程支持就是给儿童的活动和发展提供可能性，就是给儿童提供活动的时间、空间、材料和适宜的回应，使儿童有机会从事适宜于其水平和需要的活动，并从中获得新的经验。促进意味着适宜的推动，让儿童不断面对新的情境、面临新的挑战、发现新的问题、进行新的尝试，从而不断获得新的经验。因此，促进不是单向的力量，是教育与发展之间形成合理的张力，让儿童处于既有挑战又力所能及的状态。促进不是牵引，不是被推动，而是在兴趣和需要引发下的不断深入学习。促进体现了教师的作用，体现了教师根据儿童的兴趣和需要而表现出的能动性和积极性，是为了更好地体现儿童的积极主动、热情投入，是教师主体和儿童主体的高度契合。促进是以对儿童的观察和评价为基础的。把握儿童发展的现状，理解儿童行为的现实水平，是形成有针对性的促进策略的前提。以《指南》为基础，深入观察，灵活施策，是有效促进儿童发展的关键。因此，支持和促进是动态的、持续的、综合的一种力量。质量是学前教育的重要追求，也是衡量教育成效的关键因素。

第二，正确理解课程建设在提升幼儿园教育质量中的核心地位。

教育学的基本原理告诉我们，课程是实现教育目的的中介，所有教育机构的具体教育工作都是根据课程加以展开的。在不同的教育阶段由于受教育者的身心发展特点，课程有一定的差异。甚至同一教育阶段，由于教育理念和课程观的不同，课程也不尽相同。幼儿的身心发展特点决定了幼儿园课程不是以系统的书面知识为内容的，也不是通过教师的传授来获得这些知识的。幼儿园课程是一系列能让儿童获得有益经验的活动，这些活动按照一定的目的和系统组织起来。组织的方式根据儿童的状况、幼儿园的状况及现实生活情境而有一定的差别。基本的依据是《指南》,基本的方式是教学、游戏、日常生活等多种方式,根本的指向就是促进儿童的全面发展。《中共中央 国务院关于学前教育深化改革规范发展的若干意见》提出,鼓励支持幼儿通过亲近自然、直接感知、实际操作、亲身体验等方式学习探索,促进幼儿快乐健康成长。因此,幼儿园教育中,不能动摇课程的核心地位,而且要让幼儿园课程真正体现幼儿学习与发展的需要和特点,真正成为适宜、有效的课程。幼儿园课程的内容超出了《指南》的要求,采用了小学课程的内容和方法,那就是"小学化"的表现。

第三,全面正确理解幼儿园课程游戏化的基本指向。

幼儿园课程与中小学课程的根本区别就在于幼儿的身心发展特点要求幼儿园课程要贴近儿童的心灵,让儿童真正成为主动的学习者,让儿童在愉快、轻松和有趣味的活动中得到发展。游戏是儿童内在的需要,也是儿童成长和发展的重要推动力量。因此,《幼儿园工作规程》(以下简称《规程》)指出:"以游戏为基本活动,寓教育于各项活动之中。""幼儿园应当将游戏作为对幼儿进行全面发展教育的重要形式。幼儿园应当因地制宜创设游戏条件,提供丰富、适宜的游戏材料,保证充足的游戏时间,开展多种游戏。"要进一步强化游戏对于儿童发展的价值,更好地满足儿童游戏的需要。所谓游戏是基本活动,意味着游戏能满足幼儿的需要,对幼儿的发展是重要和必不可少的。但游戏本身不是目的,促进儿童的生命成长才是游戏的真正目的。因此,幼儿园课程游戏化项目从一开始就提出了坚持以儿童为本,要树立正确的儿童观、课程观和教师观。在此基础上重点强调了对游戏的三个基本要求:第一是落实"自由、自主、愉悦、创造"的游戏精神,将它融于幼儿园所有的活动之中,真正让游戏成为基本活动;第二是确保幼儿的自由游戏时间,充分满足幼儿对自主游戏的需求,这是游戏精神的体现;第三,必需组织的各种活动,包括一些教学活动、生活活动,也要融会游戏精神,将游戏作为重要的手段和方法,让活动更加生动、有趣和有效。也许不同的幼儿园现实水平不同,教师的状况不同,但都应该在这三个方面尽最大的努力。这是课程游戏化项目的基本方向,也是国家法规和政策在江苏得以落实的基础和根本。

第四,正确理解课程的多样性、适宜性和有效性。

幼儿园课程游戏化不是追求一种特定的课程类型或课程模式。从来没有要求全省统一实施所谓"幼儿园课程游戏化课程"。从字面上看,这个项目的重点是幼儿园的课程要融入更多的游戏精神,本质上就是让课程更接近儿童的心灵、更好地满足儿童的需要、更具有幼儿园课程的特质。“化”不是“加一点”，而是要融合、融会，让游戏精神融合和融会在课程中，不断生长、发展，促进幼儿园课程的完善，让幼儿园课程更加适宜、有趣，更加有效，真正地促进幼儿的成长。幼儿园课程游戏化仅仅是一个课程改革项目，它的理念可以影响和促进幼儿园现有的一切课程。不管幼儿园原来采用的是什么课程，都可以从自己的实际出发实施课程游戏化。幼儿园课程游戏化的基本立场是明确的，但对不同类型的幼儿园课程来说是包容的，都可以落实课程游戏化项目的要求。幼儿园可以不更换课程方案或实践模式，但一定要更新观念。这些观念不是额外的，不是强加的，而是与国家法规和政策一致的。幼儿园课程游戏化并不是统一要求和统一尺度，每个幼儿园可以从自己的实际出发，循序渐进，稳步发展，使幼儿园课程真正适合幼儿、适合教师，能最大限度地促进幼儿的发展。

为了实现课程游戏化项目的预期成效，深入推进幼儿园课程建设，加强对广大幼儿园的实践指导，我们组织了一批参与课程游戏化项目指导的专家编写《幼儿园课程游戏化实践指导手册》。在编写这本《手册》前，我们对幼儿园课程建设和推进幼儿园课程游戏化过程中面临的问题进行了调查整理。这本手册就是围绕整理出来的主要问题进行系统的解答。书中涵盖了课程游戏化的理念、课程游戏化的设计、课程游戏化的实施、课程游戏化的评价、课程游戏化中的家园共育、课程游戏化中的融合教育等方面的一百多个问题。这些问题涉及幼儿园教育的基本观念、幼儿园课程建设的基本常识与方法，专家们对这些问题的解释将有助于广大幼儿园教师加深对幼儿园教师质量、课程游戏化的理解与实践。

本书编写组

2022 年 3 月

目　　录

第一部分

课程游戏化的理念

一、理解课程游戏化的理念

1. 幼儿园课程究竟是什么？

针对低幼儿童的课程与中小学教育阶段的课程有着很大差异。最根本的原因，在于低幼儿童的身心状况有着独特之处。幼小儿童来到世界上，一切都是新鲜的。他们要花生命的头几年，来接触和体验这个现实的世界，与他人形成亲密的纽带，通过做事、交流、创造等来生成和体验自我的力量，满足情感和愿望，随着心智和社会性的发展，慢慢融入更为制度化的、符号性的文化生活。这一切需要一个过程，也要符合自然发展的规律。神经科学和脑科学告诉我们，打乱这一规律，剥夺他们幼年时需要的情感和游戏，会妨碍身心健康，甚至形成终身的精神创伤。

教育是一门科学，它必须建立在受教育者的身心状况和兴趣、需要的基础上，否则就是“缘木求鱼”“拔苗助长”。针对目前课程改革中的问题，我们需要澄清的是以下三个问题。

第一，幼儿园课程不是一套幼儿要去学习的书面教材，而是与教育和儿童发展目标相关的日常生活和一系列活动。在低幼年龄阶段，课程不能理解为按照书本、教材来上课，也没有什么提前预设得很细致的教学大纲。对婴儿和学步儿来说，拿起餐勺将食物送进自己嘴里是重要的课程，如厕、咿呀学语也是重要的课程。而对学龄前儿童来说，和同伴交流、表达自己的想法是重要的课程，将玩具归位是重要的课程，听故事、唱歌、搭积木、玩娃娃家以及户外戏耍也是重要的课程。所以我们常说“一日生活皆课程”，而“游戏是儿童的生活”，据此而言，搭积木、玩娃娃家这样的典型的游戏活动，就是课程的组成部分。在这里我们需要对课程作一个更为宽泛的理解，它的好处在于让我们意识到，通常被认为是“非正规的”一些活动，对于低幼儿童来说，非常重要，非常有价值，与他们的成长与幸福感分不开。

第二，幼儿园课程不是小学课程的简单化或者粗浅形式，而是呼应于低幼儿童身心需要的经验整体。维果茨基说:“童年早期儿童在学习过程中能做的只是与他的兴趣相符合的事情,而学龄儿童能做教师要他做的事情,那么学前儿童的态度就是这样的:他做他要做的事,但他要做的事情,恰恰也是他的教师希望他做的。”也就是说,3 岁前,教学大纲完全依照儿童的兴趣而定,3—6 岁期间则发生了一些变化,他开始有能力根据成人的引导来学习,但成人又必须根据他的特性、兴趣和思维水平来引导。幼儿园课程不是将小学阶段要学习的知识技能进行简化或者形象化来让幼儿掌握。我们不可以根据小学要学什么学科知识,来倒推幼儿阶段该在这一知识点上达到什么水平,以一种“下放”的逻辑来考虑幼儿园课程。幼儿阶段要学习的东西比这广泛得多。幼儿想要做的、又符合社会文化价值取向的事,都可以理解为课程。相比起学科化的课程,它是开放的、整合的、不断生成的。

第三,游戏在幼儿园课程中占有核心地位,而不仅仅是学习知识技能的手段和工具。“幼儿园要以游戏为基本活动”,这一主张反映了现代以来的儿童教育基本观念和立场——教育要从天性出发。首先这是一个人道的观念,游戏作为儿童的一项权利受到了成年社会的保障,这意味着儿童的心声是被听到的,兴趣和需要是被重视的;其次游戏能带来丰富的经验以及整体的成长,它能激发幼儿的内在动机去体验、想象、交流和表达,创造他们的“最近发展区”。因此,幼儿园课程实践中的一项重要任务就是如何更好地保障、引导、支持幼儿游戏活动的开展,以及如何在游戏和其他活动之间建立起连续性的、有意义的关系。

理解以上观点并不那么困难,难的是行动和实践。毕竟每个人印象最深刻的,是自己多年受教育经历形成的、日常意识中的、使用了十几年甚至几十年的“课程”概念,它最容易主导我们下意识里的行动。提起课程,就容易联想到课程表、教材、上课。一方面,觉得进餐、午睡等生活活动只是完成一些不那么重要的“任务”,游戏也只是“随便玩玩”“放松放松”,看不出有什么大的价值;另一方面,相比起生活和游戏,教材上计划的、有教学目标的集体教学活动才是“真正的课程”,或者说才是重要的课程。这一点,也因为多年来管理者评价教师时更多关注教师的集体教学活动组织能力而得到了强化,好像会不会“上课”“上课好不好”才是教师优秀不优秀的标准。最终导致:教师的一日工作中,似乎只有“上课”才是专业工作,其他不过是在“带带孩子”,和保姆无异;幼儿在环境和生活中即时的兴趣和需要被忽视了,好奇心和求知欲得不到引导和支持;确定的知识和技能的学习才是幼儿发展的目标，“超前的”会成为“更好的”。要转变这些观念，需要付出持续的努力。课程游戏化项目就是致力于提升幼儿园教育质量、重构教师工作的专业性的一项事业。

2. 什么是游戏？

游戏是人类最古老的活动之一。在一些动物那里我们就可以观察到纯粹的嬉戏行为。在食物、休息和安全都得到满足的情况下，动物会进行戏耍和打闹，这些行为与真正的“斗争”类似，但它们却明显是出于善意和愉悦。这说明游戏是有着生物学基础的，而且在生物成长和发展中有着重要的作用，动物行为学家认为动物游戏有着保持神经系统激活水平、拓展对世界反应的可能性、练习技能和建立亲密关系的功能。

儿童有着游戏的天性。在很小的婴儿那里，我们就可以看到游戏的萌芽：他们敲打物品，为声音的节奏而欣喜，故意说错一些词语来取乐，用动作来模仿事物或者活动的形象……等他们长到更大一些的年龄，他们喜欢用各种材料表现出自己头脑中的形象，假想自己是一个特定的角色并且持续地与伙伴进行戏剧化场景的构建，歪曲某些事物或者作品来营造滑稽的效果，等等。发展心理学家认为游戏对于儿童健康成长和发展具有重大价值，他们常常从身体技能、语言、社会性-情感、认知等方面来进行分析，去发现游戏活动过程中儿童是如何运用和整合这些不同领域的经验与能力的。随之而来的是教育领域对儿童游戏的重视，建立在诸多科学研究的基础上，树立起了对游戏具有发展价值的信念和共识。

给游戏下定义是一件非常不容易的事，哲学家维特根斯坦表明了一个现象，也就是人类的游戏极其复杂多样，它们相互之间有相似但又有不同，这导致它们很难说有一个共同的核心本质。它们宛若一个巨大的家族，相互之间有亲缘关系，但又不重合。他将这种现象命名为“家族相似性”。总体上而言，游戏可能有一些普遍性的、可描述的特征，比如它是由内部动机驱动的，而不是外部强加的；是与现实生活有别的；是带有愉悦情绪的；等等。这里我们要谈“什么是游戏”，也不是要为游戏定义找到一个放之四海的标准，而是在课程游戏化的改革背景下，我们需要针对实践中的问题，围绕“游戏”概念作一些澄清和回应。

首先要强调的是:游戏是一种极其丰富、广泛、复杂的活动和行为谱系。在幼儿园里,它包含了比较正式的、有着清晰边界的、要素齐全的游戏活动,比如"老狼老狼几点了""老鹰捉小鸡"这样的规则游戏活动,"娃娃家""开医院"这样的持续一定时间、有专门的场所、互动中生成情境的游戏活动,"搭积木"这样的最终有一定成果的、渗透了一点类似于工作性质的活动;除了这些,还有大量分散的、零碎的嬉戏行为,可能是存在于一般不称之为"游戏"的活动之中,比如在餐桌上、午睡房里,谈话过程中的一个鬼脸、几句笑话、一段哼唱,甚至集体教学活动中几个身体模仿的姿势、因滑稽想象导致的师幼会心一笑;甚至还有可能没有外显于行为的、很难观察到的内心的幻念、白日梦……幼儿园教育中要小心的是,我们常常将游戏看做是一场专门时空中的、要素齐全、边界清晰的活动,也就是我们偏重于那种形式化的、正规的游戏活动,觉得那才属于游戏,而忽略了游戏体验、游戏行为渗入各种其他活动的客观事实,这影响到了我们对课程游戏化的理解。很多活动我们并不将之命名为游戏活动,但事实上存在很多的游戏体验。它们并不需要去牵强地"游戏化"——用游戏形式去包装,而是需要更好地贴近儿童的需要和心理——这是一种自然的"游戏化"。

其次,游戏与现实生活相互关联但又不同,它是一种创造。游戏都是现实生活中发生的,受到现实中某些信息的激发,也会利用已有的生活经验或者资源,但它们并不是在复制现实生活。一个孩子创造了一段旋律,觉得有趣而不断哼唱、咯咯地笑,这就是一种创造。一个孩子假装做饭,虽然在模仿他周围的大人,但他已经将这些动作按照自己的趣味和想象来组织和排列,已经是一种"重构"。另一个孩子搭建一座房子,尽管这是现实中他熟悉的楼房,但是他为朋友专门开了一扇窗,以便可以随时共享"好吃的东西",这是一种情境的创造。强调这一点,是因为在组织和支持游戏活动的过程中,很多教师下意识里将游戏等同于复制生活,按照日常生活的知识来要求游戏,看上去孩子"学到了东西",却失去了良好的品质。比如,"做菜"要学会大人烹饪的程序,"去医院看病"一定要按照医院该有的科室和流程来设计,"去超市买菜"必须按照价格做加减法,甚至孩子为了取得有趣、滑稽效果而生成的情节被视为"不应该""不合理"……这一切导致游戏失去了创造的特质,变成了在教师规制下的程序,好像成年人的生活才是孩子想象和游戏的良好标准。

最后,游戏与严肃认真的工作是一个连续体,而不是截然不同的两种活动。

前面已经说过，游戏是一种广泛而复杂的活动和行为谱系，它可能成为一个有完整形式的活动，也有可能发生在很多其他活动中。日常生活中，我们常常将游戏和工作对立起来，认为游戏是轻松的，工作是沉重的；游戏是轻浮的，工作是严肃的；游戏是自由的，工作是迫不得已的……这些二元对立是社会现实的一种反映，它并不是理所当然的。比如，当一个人选择了热爱的工作，他的工作和游戏并不那么分得清楚，对于他来说，工作虽然需要意志上的努力，但同时也是有极大乐趣的、有意义的。而现实社会中人的生存困境往往导致这种工作和游戏合二为一的情形不那么普遍，因此左右了我们关于游戏和工作的思考，也因此左右了我们对游戏和教学关系的看法——认为游戏是自由的，而教学是不自由的、严肃的，同时教学比游戏更有价值。而当我们用心观察孩子的游戏，尤其是随着他的年龄增长，他开始在有兴趣的事情上花更长的时间，更有自己的目的性和计划性，更愿意为此付出意志的努力，他是否是在游戏就变得更难判断了。有心理学家说过，“游戏的对立面不是严肃，而是兴致萧索”。在这里强调要将游戏和工作视为一个连续体，是想更好地把握游戏和教学之间的生态关系，不要将这两种活动形式化地对立起来，而是都要注重儿童的兴趣和需要，引发他们自主的活动和学习，并给予充分的引导和支持。在课程游戏化项目中，我们最需要关注的是活动对儿童来说是否有意义，而不是它究竟命名为游戏还是教学。

3.“课程游戏化”如何避免望文生义？

江苏省课程游戏化项目推行以来，实践中出现了不少误解：

一是，这个项目是不是主张“幼儿只要游戏不要学习”？课程都游戏化了，“学习”的位置在哪里？幼儿阶段是不是不要“学东西”？学不到东西进入小学该怎么办？

二是，这个项目是不是要求教师只要组织孩子玩游戏不要教学了？游戏中教师是不是不要干预或者“作为”，只需要看着孩子就行？以前的集体教学活动是不是都该取消掉？

三是，幼儿园是不是什么活动都得变成游戏了？生活环节怎么变成游戏呢？

这些都是常见的疑问，出于对项目名称的“望文生义”。要变革课程，很大程度是得变革我们的观念；要变革观念，很大程度上还得变革我们对于语言和概念的理解。

课程游戏化中的“课程”，并不是指那种传统的“上课内容”，而是幼儿园里广义的课程，它指的是“联系教育目标和实现儿童发展的具有一定结构和功能的中介，它反映了教师的有目的计划及其开展过程”①。针对当下幼儿园课程实践的状况，我们强调幼儿园课程总体上包括了生活活动、游戏活动和教学活动，强调要根据幼儿的身心发展状况和兴趣需要来生成活动内容，强调充分利用自然资源和文化资源。在课程实践的过程中，我们也强调教师要充分地观察、了解、理解幼儿，心中有教育目标的意识，以便更好地支持和引导幼儿的发展。

那么何谓“游戏化”呢？它和游戏有何关系呢？我们知道，游戏是人类一系列活动和行为，它内容极其丰富，形式极为多样。热爱游戏不仅是儿童的天性，也是人类的天性。人类和儿童之所以热爱游戏，是因为它带来了美好的、自由的、创造性的体验，这些体验也不仅仅局限于游戏活动的形式，而是会在一切“好玩”的情境中发生。如果做科学实验让孩子感觉好玩，那么科学实验就变成了游戏；如果旅行让我们感觉自由和美好，那么旅行也就有了游戏的滋味。著名的哲学家席勒将游戏视为人之为人的最高境界，他原话是“一个人只有游戏的时候，才是真正的人；一个人也只有是人的时候，他才游戏”。数不清的哲学家、科学家论述过游戏对于人类的重大意义，另一位哲学家赫伊津哈甚至提出了一个著名的命题——“人是游戏者”。这些现象都意味着，游戏的体验和精神，可以超越于它的活动形式。

所谓“游戏化”，就是将游戏那些重要的精神特质抽离于具体的游戏活动，将之化为我们追求的一种状态和境界。课程游戏化项目将这些精神特质总结为“自由、自主、创造、愉悦”，致力于在一日生活和各个活动环节，都去体现这些精神特质，而不是将这些活动“包装成游戏形式”。

“自由”，它来源于游戏的“自成目的”的特性。游戏的目的在于它自身的活动，而不是被外界强迫或者被奖赏引诱。正因为如此，它成为了一种自由的活动，让人感觉“找到了自我”。我们的课程以及各项活动，要像游戏活动那样，让孩子在其中“找到自我”，特别自愿。如果说传统的课程是不管孩子心灵需要什么，一味强调“不学不行”“不学赶不上别人”，那么我们的课程现在要朝向发现孩

① 刘晓东等著.学前教育学.江苏教育出版社，2009:293.

子的兴趣需要去努力。这不是我们要放弃和废除教育目的目标，而是让我们的目的目标立足于童心的世界之中，而不是超出它之外。

“自主”，它来源于游戏的“积极主动”的特性。游戏不是被动地接受，而是处于积极的活动之中，游戏者会感觉到自己是“有能力的”，并且能够去实现自己的能力。我们的课程以及各项活动，要致力于在由孩子的内在目的的驱动之下，积极主动地去“做事情”。孩子在幼儿园的事情，包括吃饭、睡觉，集体谈话、创作，角色扮演、玩水玩沙，做值日、照顾植物……都很重要，毫不逊色于我们成年人在社会中的各种工作和生活。他们充分地使用能力去做事情，在做中感觉到信心和尊严。

“创造”，来源于游戏的“开放和生成”的特性。创造，就是超越现实，就是创造可能。游戏的迷人之处就是它永远处于开放和生成的状态之中。我们常说孩子的想象力和创造力特别丰富，往往游戏中体现得特别充分，他们常有奇思妙想、非凡创意，即便是规则类的游戏，结果也常常是开放的，具有不确定性。我们课程和各项活动，不要局限于刚性的、精密的时空制度和内容框架之下，而是应该充满弹性、开放性，让孩子能去生成和创造。

“愉悦”，这是一种情感特质，来自游戏者对活动的生动的、真切的体验。游戏者在游戏活动中，常常有一种“心流”(flow)体验，它指的是那种完全投入、专注、沉迷、不知所终的情感状态。游戏者自愿陷入其中，在这种心流体验中获得很大乐趣。我们常常是在这种特别符合自己的兴趣、特别打动自己的活动中，能够获得这样的体验。我们不能将愉悦浅表地理解为表情上的兴奋或者兴高采烈，这种情感体验往往是丰富的、动态的。幼儿园里的课程和各项活动，要能够激发孩子的美好体验，吸引他们投入其中，让他们觉得自己在幼儿园的生活富有意义。

“自由、自主、愉悦、创造”是游戏精神的体现，也是人类追求的精神境界。课程游戏化，不是要取消教学和学习，不是将活动都变成游戏的形式，而是建立幼儿园课程的精神品质，在这种精神的指引下，去改变现有的不足。“条条大路通罗马”，每个幼儿园可以在这样的价值引领下，根据原有的基础和当地的文化，走出自己的道路。

4. 如何理解“儿童本位”？

伟大的教育思想家杜威描述现代的教育应该“是一种革命。这是和哥白尼把天文学的中心从地球转到太阳一样的那种革命。这里的儿童变成了太阳，而教育的一切措施则围绕着他们转动。儿童是中心，教育的措施便围绕着他们而组织起来”。这一段话，是杜威的“儿童中心”思想的代表性表述。“儿童中心”思想传入中国之后，诞生了一种中国化的表达——“儿童本位”。据考证，鲁迅保存了大量杜威来华演讲的资料，而且接受了杜威的观念。1919 年 10 月，鲁迅在文中指出：“往昔的欧人对于孩子的误解，是以为成人的预备；中国人的误解，是以为缩小的成人。直到近来，经过许多学者的研究，才知道孩子的世界，与成人截然不同；倘不先行理解，一味蛮做，便大碍于孩子的发达。所以一切设施，都应该以孩子为本位。”周作人谈起儿童文学不应该成为一种对儿童的教训时，也主张“儿童本位观”，要注重去满足孩子的童心童趣。

如今，“儿童本位”不论是在儿童文学领域，还是在教育领域，都成为了一种常见的、重要的观念。我们的《幼儿园教师专业标准（试行）》文件中，也特别在“基本理念”部分，明确提出要以“幼儿为本”。“本”，是一个含义丰富的字，它可以有很多类而不同的理解，可以理解为“核心”“重心”，也可以理解为“基本”“根本”，还可以理解为“源头”“原本”。《幼儿园教师专业标准（试行）》文件中在解释“幼儿为本”时说，“尊重幼儿权益，以幼儿为主体，充分调动和发挥幼儿的主动性；遵循幼儿身心发展特点和保教活动规律，提供适合的教育，保障幼儿快乐健康成长”，事实上包含了好几层涵义。

一是从权利视角，明确了幼儿在教育中的主体地位。幼儿不是成年人的附属物或者工具，也不是有缺陷的人，而是拥有自己的权利的主体。他们常常以各种活动倾向、兴趣、问题、要求等，来表达自己的愿望和需要。他们的想法应该被关注、倾听、满足，这是他们与生俱来的权利和利益，这是应该受法律保护的。二是目的视角。教育是为了“幼儿快乐健康成长”，这是教育的归宿和意义所在。儿童不仅要成长为一个未来社会中的人，而且还要能够在一种好的质量的生活中去成长，而不是让童年成为未来的代价。三是方法视角，如何获得一种好的教育质量和生活质量呢？那就是要“遵循幼儿身心发展特点和保教活动规律”，要基于对儿童的观察、研究、理解，按规律行事，依天性而为，把保教工作当作一件专业的事情去做。简而言之，就是要尊重儿童，研究和理解儿童，为他们的成长而工作。

现实中，有着一些对“儿童本位”的误解。

有的人觉得，把儿童位置放得那么高，还要教育者做什么。好像教育必须是一种高位对低位的驯服。这种观念是不对的。儿童本位，不是要取消成年人的作用，而是强调我们的工作要尊重人、尊重天性和规律，不可肆意妄为。教育者地位也没有降低，反而非常重要。比如，在课程游戏化项目开展过程中，不是取消教师的教，更不是孩子做什么都是有道理的。教师的重要在于他懂得孩子的心理，知道这个年龄阶段孩子发展的普遍规律，更是理解每个孩子的心意，同时他又明白人类文化和社会中好的价值取向，因此知道从孩子那里找到课程发展的节奏和方向。

还有的人以为“重视儿童”“关注儿童”就是“儿童本位”。不去了解和研究儿童，最容易犯下的错误就是将“我都是为了你好”作为理由来实行教育。成年人围着儿童团团转，在很多家庭很常见，看上去是“以儿童为中心”，事实上一切包办替代，孩子要什么有什么，反而助长了孩子的依赖性和狂妄心理，用卢梭的话说，就是使得孩子失去了欲望和能力之间的平衡。而当孩子不愿意做成人要求做的事情时，我们又容易强调“为了你好”，以此作为借口来迫使孩子顺从，使得教育变成了一种道德上的“胁迫”。幼儿园课程变革过程中，我们教师也要注意，不要无视儿童的心理需求，只从自己觉得“为了孩子好”的一面开展工作，那就丧失了“儿童本位”的方法视角了。

因此，要理解和实践“儿童本位”，尊重儿童的权利、依从儿童身心发展规律、为了他们健康快乐成长的目的，这三方面缺一不可。要特别小心那种只强调“为了儿童”、忽视“基于儿童”的做法，那会让我们的教育实践与我们希望的方向背道而驰。

5. 如何理解幼儿的身心发展规律？

我们常说，幼儿的身心发展是有规律的，教育要因循这样的规律。总体上而言，这是非常重要的一条原理，道理上完全是正确的。但是，在将之转化为实践中的行动的时候，把握起来却不那么容易。

难题在于，书本上谈及的身心发展规律，往往表述为一种概貌。比如，2—3岁，孩子能够单足跳，3—4岁，在做投掷和抓取的动作时，知道稍微让上身的力量也参与进来。可是这个范围也太大了些，三四百天呢？到底哪一周或者哪个月要掌握才好呢？再比如，我们比较喜欢运用的皮亚杰的儿童思维发展阶段理论，将2—7岁都称作前运算阶段，认为这一阶段儿童发展出了象征性思维。可是这简直将我们整个幼儿园教育阶段都包含在内了，没有帮助我们更好地区分出大、中、小班的年龄差异。如果我们研读经典的发展心理学理论，几乎都能看到，所谓的年龄阶段的特征，都是比较模糊的一个区间，它没法告诉你，大、中、小班孩子的身心发展规律分别究竟是怎样的，我们该如何根据这种规律来确定课程和教学内容。

当然，我们也有《指南》这样的文本，分别对大、中、小班的发展目标和指征作了阐述。但是实践过程中，我们还是有困惑的，因为它还是太粗略了，以至于很多教师都在做一种“分解”目标的工作，希望将年龄发展目标分解到学期或者周，这样课程就有了“抓手”，否则就担心失去了目标，让教学工作变得盲目。但是这样一来，所谓儿童身心发展规律的科学性就出现了问题：我们究竟如何将比较概要的一种发展规律和年龄特征，切分成一小段一小段的发展过程呢？很多时候，只能依靠想象，它有可能失去了科学性，因为儿童的发展并不是匀速的、平衡的、机械的。一个最简单的、大家都知道的道理是，3—4岁期间，身高大约应该增长16—17厘米，但我们不能将之均摊到每个月来作为一种孩子要完成的“额度”；5—6岁的孩子，“喜欢与他人一起谈论图书和故事的有关内容”，也不能将之人为切割成：先要喜欢阅读图书，再喜欢与他人一起阅读，最后才发展为喜欢与他人一起谈论图书——孩子的发展并不是遵循这样的“规律”。

发展心理学为我们在看待儿童发展方面作出的贡献是：发展具有一定的规律性、顺序性、阶段性，但同时它也是不均衡的、非匀速的、非线性的。每个儿童身心发展包含了许多方面，比如加登纳的多元智能理论提出，在我们的现代社会，人的重要智能至少包括八种：语言、数理逻辑、音乐、空间、身体-运动、人际关系、自我认知以及博物智能。每个人的智能结构都是独特的，有自己的优势智能，也可能其他方面没有那么卓越。费歇尔等心理学家则力主一种动态系统观念，认为孩子的头脑、身体、生理和社会世界构成了整体的系统，任何一个部分的变化，都会对目前的系统造成破坏和重构，虽然人类基因遗传和基本规律构成了普遍、宽阔的发展框架，但每个儿童都有自己独特的发展系统，发展根本不能简单地归纳为简单的、线性的过程，相反，它就像纤维向四面八方展开的一张网，在整体环境中不断织出更丰富的成就。

所以，我们在课程变革中，首先要意识到，儿童的身心发展具有一种大体上的规律和顺序，这种规律和顺序是在提醒我们儿童在往前发展，他们经历了什么，而又将面临怎样的变化，好让我们对他们将要出现的端倪有所准备；其次要能理解，每个儿童的身心发展也都具有自己的独特性，这种独特性不仅是由于每个人有自己的先天禀赋，也是由于每个人处于独特的环境，比如经济、文化、父母的养育方式等，所以，要特别注重观察儿童，去了解他们的发展状况，去理解他们独特的心灵，我们的教育才更有针对性；最后要特别提防那种将儿童横向比较的倾向，了解发展规律不是要去“控制”孩子的发展，更不是要人为地细分这些“规律”并将之化为“标准”，在正常发展范围里的孩子，往往需要的是一种充满了活力和挑战的、有弹性的环境，以及积极的、温暖的人际关系，好让他们自己来确定要走到哪里、要做成哪些事情、要取得哪些成就。

6. 如何平衡儿童需求与教育目标间的关系？

幼儿园是教育机构，是有目的、有计划地实施教育活动的地方，这是区别于社会生活、家庭生活中的教育之处。我们要从儿童的需要和兴趣出发，要使一日活动都充满游戏的精神，并不是要去除教育目标，置儿童的发展于不顾。相反，正是因为要高质量地落实教育目标，要实实在在地促进儿童的发展，才会强调课程要游戏化，要注重灵活性和生成性。所以这并不是一对不可调和的矛盾，而是相互依赖、相互转化的两个方面。

教育目标从哪里来？从最终的教育目的而来，也就是，从我们的教育到底要培养怎样的儿童而来。《规程》这样阐述幼儿园的任务：“贯彻国家的教育方针，按照保育与教育相结合的原则，遵循幼儿身心发展特点和规律，实施德、智、体、美等方面全面发展的教育，促进幼儿身心和谐发展。”从国家层面的文件可以看出其中蕴含着对儿童的总体认识：儿童有自身的身心发展特点和规律，儿童的发展是整体和全面的，教育应该注重达成身心和谐。而《纲要》则力主幼儿园教育的基础性、全面性和启蒙性。这些规定里，我们其实是能看到幼儿园教育目的的,就是培养身心和谐的、全面发展的儿童。

在这一总体取向之下,幼儿园教育又有着更为具体的目标。《指南》是把握教育目标的有效工具,它较为全面地列出了教育内容的领域以及每个领域需要达到什么样的目标。认真思考《指南》中的领域目标,我们会发现:它们较为开阔和开放,除了极少数在身体动作和运动方面的指标,其他方面都很有弹性,倾向于是一种“取向”或者“方向”,而不是“标准”;它们绝大多数都是态度、倾向、情感、习惯、能力方面的目标,对知识、技能方面并不十分强调;每个领域目标下,都列举了一些属于各个年龄段的“典型表现”,但并不是严格的“指标”,并不需要去通过训练而测量,而是供教师和家长观察和参考,因为儿童在游戏和生活中并不限于这些,还会有更为丰富的表现。

那么这些领域目标与儿童的需要、兴趣是什么样的关系呢?难道是成年人按照社会要求自上而下推理出来的?不是。《指南》是研制组从2006年开始,对全国儿童、教师进行大范围调查,反复听取与儿童教育有关的专家意见,并采纳来自社会的各种意见,最终制定出来的。尤其是其对儿童发展状况和规律的把握,成为领域目标的重要依据。所以广大教师们可以将《指南》作为制定自己幼儿园教育目标的依据,结合自己所在地方和幼儿园的情况,来规划课程。尽管如此,仍然不可将《指南》以及其中的“典型表现”“教育建议”当作不可变更的“真理”或者标准,因为它只是一种参考,现实中的儿童发展状况、表现是丰富多样的,我们利用《指南》提供的方向性目标,能理解和把握儿童更为丰富的、积极的状况。

所以,既然教育目标更多是教育者基于儿童的发展状况构建的一种积极的引导方向,那么我们就不会认为儿童的需要与之对立了吧?健康领域目标之一是“具有一定的力量和耐力”,4—5岁的典型表现是“能双手抓杠悬空吊起15秒”,我们在进行教育活动规划时,可不要将“抓杠吊起15秒”当作教学目标,去设计训练活动,而是要审视我们的户外游戏环境中,有没有吸引孩子们去悬吊的设施?或者我们设计了,孩子们喜欢不喜欢去玩?从而进行观察和反思。再比如,社会领域的目标之一是“能与同伴友好相处”,5—6岁的典型表现是“活动时能与同伴分工”,那么我们不是要反复去要求他们在预设的活动中一定要找同伴合作来确认目标达成,而是要多多在空间、材料和各种活动机会的提供上下功夫,观察我们的努力是否促使他们产生更多的、更富有质量的交往和合作。

教育目标是方向上的引导，而具体获得了怎样的经验，则是每个孩子按照自己的兴趣和需要达到的结果。我们既要确保课程是朝向人类真善美的价值方向前行的，又要让每个孩子以自己的特定方式和步伐，来确定前行到了哪里。如果我们将课程看作是一个有方向的、开阔的、灵活的空间，那么生成就是这个空间中孩子们在教师的帮助下进行的探索、体验和表达。当然，教师对儿童的经验越丰富，他越是能够预估孩子们在活动中的各种生动、真切的表现以及可能获得的经验，更能提前准备好相关知识经验、要提的问题和可能用到的玩具材料，使得教育目标能够更有效地实现。

目前教育实践中常常存在这些问题：将教学目标定位于特定的知识技能，不去考虑儿童态度、倾向、习惯的养成，导致似乎容易"看见"目标落实情况，实则让儿童感觉无趣甚至反感；将课程的预设和生成看作是两类活动，预设的一味追求达到预定的标准，生成的则失去对价值方向的引导；认为"生成"是熟练教师的专利，新手教师不要去做生成的课程，因为难度太大，按照教案上课就行。事实上，把握好目标方向，满足和激发儿童的兴趣需要，这二者在任何环节、任何活动中都应该兼顾，都可以兼顾。

7. 如何理解"最近发展区"？

苏联心理学家维果茨基在讨论教学和发展的关系时说："我们至少应该确定儿童发展的两个水平……第一个水平我们称为儿童的现实发展水平。这是指一定的已经完成的儿童发展周期的结果和由它而形成的心理机能的发展水平。"那么，儿童还存在着第二个水平，他"在集体活动中，在成年人的引导下，通过模仿做更多的事情而且是理解地、独立地做。……这二者之间存在差距，这个差距就是儿童的最近发展区"①。

"最近发展区"是维果茨基对儿童教育思想的伟大贡献。它让我们反思那种将教学视为是跟在儿童发展水平后面的消极做法——教学好像只能重复或者巩固儿童已达到的认识和水平，起不到什么积极作用。他让我们看到，儿童是一直在积极主动地成长和发展的，不仅如此，他还是在群体、社会以及成年人的帮助

---

① 余震球选译.维果茨基教育论著选.人们教育出版社，2005：400—401.

支持下成长发展的。他让我们关注到儿童的潜能——他通过自己的研究举例：有两个儿童，他们已确定的智力年龄都是 7 岁，也就是，他们都能完成 7 岁儿童力所能及的智力任务。但继续往前推进的时候，他们之间就出现了巨大的差异。一个儿童依靠启发性问题、例子、示范等很容易达到超越发展水平两年的状况，而另一个儿童只能解决往前延伸半年的任务。他们两个人的最近发展区呈现出了不一样的情况。

维果茨基并未详细去解释为何这两个儿童的最近发展区有差异，他的用意也并非在于给儿童去划分他们的最近发展区的水平等级，而是想告诉我们，不要简单地判断孩子的智力发展状况，我们应该看到，每个孩子都存在发展的潜能和空间，这些潜能和空间是需要一定的支持、引导甚至指导来实现的——这就可以称为广义的教学了。它可能是对孩子提出一些富有启发性的问题，可能是提供更适宜的材料，也可能是建设一种相互分享和学习的伙伴关系，在这种情境性因素的作用下，孩子就能获得更好的发展状况和势头。每个孩子都有自己的最近发展区。

维果茨基进而又提出一个观点——游戏能更好地创造儿童的最近发展区。为什么呢？因为游戏是为了满足孩子的愿望。越小的孩子，越倾向于即时满足自己的愿望。当他们无法满足自己的愿望时，就会以各种想象、创造的方式去满足自己。因此，假想是学龄前孩子游戏的一个典型特征。在游戏中，儿童创造了一个想象性的情境，从一系列行为中，得到限制于现实情境的解脱。所以，游戏为儿童所喜爱，它有着强大的驱动力，指引甚至支配儿童去做很多事情。一个小班的孩子为了搭建一个有趣的家，使用了多种形状的积木，给这个“家”设计了最好的“厨房”——冰箱里藏着各种他喜欢吃的东西，他甚至为自己的卧室开了一扇特别的窗户，它有一个“轴”，可以转动着打开，因为这样“好朋友可以随时从窗子里递好吃的进来”。这显然不是现实中的经验，但为了满足自己的愿望，他在现实的基础上，创造了一个“新家”。他不仅组织和整合了各种生活经验，还运用了生动丰富的想象，同时，也涉及了对建构材料和技术的灵活运用。也就是，游戏使得一个孩子充分地去运用他的智慧，充分地去调动起他的情感，他在没有外力驱迫的情形下，自己在推进自己的发展。

所以，在幼儿园课程设计和实施的过程中，非常重要的一点，就是教师要观察儿童，看见他们的最近发展区，并了解它们的状况和趋向。在这一过程中，要注意避免对这一概念的误用。常见的问题是，不理解儿童的兴趣所在，不是从儿童那里去发现最近发展区，而是自己去“创造”——将自己认为高水平的知识和技能任务布置给儿童，不考虑儿童的兴趣所在。由于太过急于想要孩子达到自己心里的高水平，无视或者扭曲孩子当前的需要活动动机。比如，孩子在幼儿园的草地上发现了蝴蝶，他们兴奋地追逐着，当蝴蝶停下来，他们轻手轻脚地靠近去观察，并小声谈论着这只蝴蝶，教师觉得要更好地促进他们发展，就设计了蝴蝶分类、不同类型的蝴蝶有什么样的习性、地理分布等活动，结果发现孩子们并不感兴趣。如果不去研究孩子们究竟为何对幼儿园里发现的这只蝴蝶这么有兴趣，不去倾听他们在追逐和观察蝴蝶时的谈话，不去让孩子尽情表达他们的感受，我们是很难把握他们究竟需要什么样的支持的。如果在传统的课程中，我们常常对孩子的兴趣不管不顾，那么近年来的改革让我们知道了要去观察和了解孩子。但如何真正理解孩子、找到孩子目前的兴趣和动力，及其与广泛的文化世界之间的有机联系，我们却还做得远远不够。只有顺应孩子的想问题和做事情的方向和动力，才能真正发现他们的最近发展区，也才能真正推动他们成为更有知识、更有能力、更具活力的人。

8. 如何处理游戏与教学的关系？“自主地玩”与“有目的地学”二者如何相互融合、促进？

游戏是儿童的天性，不管在田间地头还是在繁华都市，儿童都喜爱游戏，利用身边的各种材料甚至自己的身体来游戏。而在我们传统的理解当中，教学是一件“严肃”的事情，是坐在教室里“上课”，教师教、儿童学，要达成一定的知识技能目标。我们将游戏和教学当成两种完全不同的活动，甚至认为它们存在不同的“本质特征”。事实上，这是一种习惯性的理解，是历史形成的，并不是一以贯之的“真理”。我们每个人，过去都存在着闲暇时间里痛快游戏、上课时间里认真受训的经历，就自然会觉得这两种活动完全不同，现在要提融合、结合，好像就得将之拼接、拉扯在一起，很需要人为的技巧。

我们可不可以想象这样一种场景：孩子们在丰富的环境中，在教师的引导和支持下，愉悦地交往、自主地探索、充分地体验，而这样的活动本身就兼有游戏和教学的性质呢？当然可以！只不过我们得要转变“游戏”和“教学”的传统观念。

过去，游戏好像只被当成是与教学相对立的一种自由散漫、毫无约束的天性释放，因此它是有风险的、没有益处的，倡导游戏就是只顾眼前开心、不管未来发展。我们需要重新理解游戏的价值。儿童心理学、教育哲学、童年社会学等学问告诉我们，儿童在游戏过程中本身就得到了很多有益的经验和体验。只要悬置偏见、用心观察，我们就能够看到：游戏活动中包含了大量的肢体和手部动作，具有很丰富的运动、动作经验；孩子们在游戏中结成伙伴关系，频繁运用灵活的语言、交往的技巧，也能表达丰富的情感；游戏中孩子要考虑空间、数量、质地等因素，同时要驾驭大量的对事物和现象的理解，不断遇到新问题需要去思考和解决；游戏伴随着极其丰富而真切的幻想，会表现出儿童对社会文化和自身生活的创造，等等。

如果我们从这一立场确立了游戏的价值，就不会将之置于教学的对立面了，而是会发现它们可以成为一个整体的、连续的过程。只要我们提供适宜的支持，儿童完全可以从各种自由自主的状态出发，去收获知识、技能乃至人格和精神世界的成长。我们同时需要转变对“教学”的理解，它不应该被视为是一种由成人单方面来设定目标的活动，而是对儿童的活动进行方向引领、环境支持、有效回应、主动分享的系列活动，儿童的兴趣需要、儿童的经验世界要成为教学的重要依据。

例如，儿童对恐龙世界有兴趣，教师观察到了之后，及时组织集体谈话，来了解他们具有了哪些经验、存在哪些疑问、最打动他们的是什么，并记录下来，这一谈话活动是教师组织的，但儿童主动地分享、充分地表达，从传统观念来看它更有教学的形式，但实质上已经不是传统的教学，因为儿童在活动中不是一个被动的受体，而是为未来课程发展贡献想法和意见的主人，这样的教学就富有了游戏的意味。接下来，教师在积木建构区域提供了不同类型的恐龙玩偶，以及一些富有远古气息的动植物，在美工区墙面上张贴了富有想象力的恐龙世界的图画，在科学区提供了恐龙骨骼模型以及其他相关材料，在语言区提供了有趣的绘本，吸引儿童进入区域进行关于恐龙的场景建构、艺术表达、科学探索以及故事阅读，这更像是典型的自由游戏活动，但我们会发现儿童之所以喜欢进入区域去自由游戏，是因为教师所提供的环境材料更适宜于去扩展和提升他们关于这个话题的理解，因此教师在环境材料以及游戏时间上安排和支持，也像是一种潜隐的“教学”手段，以润物无声的方式，与儿童的游戏活动结合在了一起。之后，儿童想做一个"真实"的大恐龙，做哪种恐龙，它到底该有多大，用什么材料和方法来做，缺乏教师的指导，这几乎是很难完成的任务，因此教师领带儿童参观博物馆去体验，了解图书上人和恐龙的比例，收集孩子们想出来的各种办法，组织讨论并进行决策，然后带领孩子们一起行动，最终将恐龙竖立在了操场上，所有人都为此欢呼。这个相对较长的时间段里，教师的位置一直在变化，有时是观察者，有时是组织者，有时是经验分享者，有时是决策者，这时候我们要去区分哪些活动是游戏、哪些活动是教学，几乎是不可能的，而且也是没有意义的，因为在共同发展出的系列活动中，游戏和教学似乎就是一体两面、不可分割的，只不过教师为了支持儿童的发展做了很多不同的事情。

因此，如果我们能理解到，儿童游戏不仅出自天性，同时也带来发展的动力、让儿童获得有意义的经验，而教学则是教师对儿童天性表达的各种适宜的反应和支持，学和玩本身就是一个整体。我们可不可以说，在课程游戏化项目的实施过程中，最重要的不是去探寻和掌握"游戏"和"教学"如何融合的方法与技巧，而是去转变原有的关于"游戏"和"教学"二分的思维方式与观念，去追问一个更具意义的问题：教师该如何根据儿童的兴趣、需要来作判断？如何进行全方位的、适宜的支持？

9. 如何理解幼儿的"深度学习"？

"深度学习"（deep approach to learning）这个概念由瑞典哥德堡大学的教育心理学家马顿（Ference Marton）和萨尔约（Roger Säljö）于二十世纪七十年代提出，与"浅表学习"（surface approach to learning）相对①。马顿等基于现象学哲学的理念，进行了教育心理实证研究，发现学生在给定的任务学习中表现出两种方式，一种是深度地参与，对信息进行反思和整合，进而达到理解，他们表现出兴趣，去寻求意义、建立关联；一种是表面学习，学生仅仅是对付被安排的任务，去记忆一些片段信息，而且有一种对失败的担心。由此，对学生学习过程和效果的关注，在认知科学、人工智能等发展的影响下，日益成为教育心理研究的热点。

① 目前国内学术论文多将马顿和萨尔约标注为美国研究者，本文参考了维基百科，以及反复核对了作者和学术文献信息，认定为瑞典研究者。

“深度学习”一词在我国学术期刊上于 2005 年、2006 年出现过，但甚为稀少，2017 年后相关论文呈井喷之势。我国学前教育领域是在这一波热潮中引入这一概念的，引发了很多实践者对儿童学习的关注和反思。“深”与“浅”相对，如果缺少对这一概念背后的观念和理论的思考，很容易产生一种日常理解，反而误解了“深度学习”。例如，认为儿童自主自由的游戏是“随便玩玩”，是“浅表学习”，必须要有教师的干预方可产生“深度学习”；“深”和“浅”指的是知识的“深”和“浅”，学到抽象、深奥的道理和知识，方可避免“肤浅”；深度学习必须要有任务、计划和目标意识，不可“随意”“随机”，等等。这样一些理解，反而把儿童可能产生的深度学习变成了浅表学习。

教师们关注儿童在游戏和生活中的“深度学习”，说明这一概念来得恰逢其时，碰触到了观念和实践中的重要问题。幼儿园课程处于向“儿童本位”变革的过程之中，过去以给定的教材为课程，教师只要关注是否达到了书本上列出的目标，也可以以此来评价儿童的发展和自己的工作，并不需要去研究儿童的学习。但课程游戏化项目实施过程中，教师从以教材为中心转变为以活动为中心，重视上课转变为重视环境、游戏和生活，一下子会感到失去了原有的固定的依据：儿童究竟学到了什么呢？我怎么才知道自己的工作做到位了呢？甚至反而会担心，没有我们手把手地教，孩子们都忙着自己去探索、体验，学到的东西会不会太浅了呢？

因此，理解什么是深度学习，才能更好地支持儿童的学习。深度学习强调积极的参与式学习以及理解、迁移、应用和创造性解决问题①，它是一种基于理解的学习。那么对于幼儿来说，所谓理解性的学习，就是在感知、体验、动手尝试的基础上，去形成对周围世界的理解，从而也构建自己的意义世界。因此，儿童在教师的教授下，记住了“心脏分为心房和心室”这个深奥的知识点，学习有可能是浅表的；而用听诊器亲手为同伴测听心跳，并且惊喜地将节奏画出来给同伴看，这样的学习却有可能是深度的——他感知到了生命的某些规律性的特征，而且将声音化为了视觉形式进行了表达，而且这一切经验又贡献于友好、愉悦的同伴关系。

反思过去的“上课”，孩子们坐得整整齐齐，去完成教师安排的任务，即便有

---

① 郑葳，刘月霞．深度学习：基于核心素养的教学改进[J]．教育研究．2018(11)：57．

所谓的交流互动，也不过是在教师设定的范围和计划里按部就班，一节课上完，孩子们能回答“昆虫有几条腿”“先开花后长叶子的植物有哪些”“英国的首都在哪里”诸如此类的问题，或者按照设计的流程学会了小鸟折纸，或者能复述一个故事，这样的学习恰恰是浅表的，因为它不能激活孩子的经验，不能施展孩子的想象和创造，只是要求孩子去记得一些教师要求的答案或者步骤。后来我们学习去放手，让孩子们有时间和空间游戏，但出于各种不放心，又忙着到处假扮角色去参与、到处提建议、到处贴活动流程图，试图让孩子将玩和学更好地结合起来，但往往到最后，孩子们说：“老师要我们玩的终于结束了，我们开始玩自己的吧！”

要致使深度学习发生，首先要让活动成为儿童自主、自由体验和探索的情境。这个提法其实大家都很熟悉，但往往是教师创设了情境，孩子却不一定买账，因为教师总是根据自己的想法、目的去设计一种任务式情境，孩子只会觉得这是“老师让我们玩的”。所以，教师要体察儿童的视角，用心去理解儿童看世界的方式和经验；同时，也注意采用一种更开放的课程框架，具体情境可以让孩子们自己去生成。比如，为儿童规划好一个医院，分配好各种角色，制定好各种流程，就不如提供好一个充足的空间、配置一些必要的玩具材料，如娃娃、听诊器、药盒、玩具注射器等，更可能生成符合孩子们兴趣和需要的、想象的医院情境。日常生活活动也是学习的情境：“小叶子会将虾头扯下，将虾尾先放下，用两个拇指扒开虾头吮吸一下再扔掉；吃虾尾时，对于一些较软的虾会直接用大拇指和食指配合着挤出虾肉；对于一些较硬的虾尾，则是一只手拿着虾尾根部，一只手用大拇指和食指配合着一节一节地剥虾仁。”①这段记录里，孩子为了吃到可口的食物，会使用各种精细的动作，这个情境也就成了她探索和学习的情境。

支持深度学习的资源应该具有一种“适宜的丰富”。不论是户外还是室内，不论是游戏活动还是教师组织的教学，活动时间和空间应该是充足的，不至于慌慌张张、匆匆忙忙，孩子们才会有思考、动手探索、反复尝试、交流分享的机会；材料应该给孩子们以启发和暗示，让他们能聚焦于想要研究的问题、表现的场景，而不是没有选择或者过于杂乱；资源应该开放而灵活，不同经验和不同心智特征的孩子往往会形成不同的问题、面临不同的挑战，而环境要能容纳每个孩子，让

---

① 来自南京师范大学2017级学前教育专业徐卫的观察日记。

每个孩子都在其中获得宝贵的经验。

最后，支持孩子发生深度学习，还需要教师能及时捕捉教育时机。有时孩子想要和教师分享自己的想法，有时会要求助，有时会有困惑，有时则出现同伴冲突，这些复杂的情况需要教师不断思考并作出反应：孩子有了新发现，我该如何推进他进一步去思考？他可能会失败，我是耐心等待还是及时帮助？他情绪不佳，我采用什么方式才能平复他的心情？孩子的这一表现，和哪些领域的发展相关？我周围有没有合适的资源可以提供？孩子的哪些兴趣点格外具有教育价值，可以进一步生成活动？等等。我们在这里无法穷尽问题，只能树立两条重要原则：只有在对儿童来说有意义的情境里，才会有深度学习；教师所做的一切，是为儿童成为自主的学习者提供支持和保障。

10. 幼儿园课程从主题到方案，再到项目课程，它们之间的区别和联系是什么？

这些提法后面，有着同一种课程组织的理念，就是“综合课程”理念。约翰·杜威是美国率先提出综合课程的多位教育家之一[①]，也是进步主义教育运动的创始人。杜威认为，“学校科目相互联系的真正中心不是科学、不是文学、不是历史、不是地理，而是儿童本身的社会活动”[②]，因为“儿童所关心的事物，由于他的生活所带来的个人的和社会的兴趣的统一性，是结合在一起的”[③]。因此，综合课程的理念，是相对于分科课程而言的。分科课程从知识系统化的观点出发，将课程分为数学、语言、音乐、美术、体育等科目，课程以“节”的方式，排列在一日时间作息中。而综合课程则强调打破学科界限，具体又发展出多种综合范式，其中之一则是倡导以儿童为本位的综合[④]，更强调儿童经验的整体性、有机统一性，以满足儿童的兴趣和需要作为出发点，围绕与儿童密切相关的一些主题或者话

① 韦斯曼等.幼儿全人教育[M].南京：南京师范大学出版社，2015：421.

② 杜威.学校与社会·明日之学校[M].赵祥麟，任钟印，吴志宏，等译.北京：人民教育出版社 1994：9.

③ 杜威.学校与社会·明日之学校[M].赵祥麟，任钟印，吴志宏，等译.北京：人民教育出版社 1994：116.

④ 张华.关于综合课程的若干问题[J].教育理论与实践.2001(6)：37.

题来组织课程。

目前，幼儿园课程普遍采用了综合的理念。例如，儿童对月亮的认识，从自身经验出发，既有科学的猜想和假设，又有艺术的创造和想象，同时这些经验也深受社会文化的影响，他需要去探索和体验，也需要表达和分享。这样一来，我们就很难说“月亮”是属于哪个学科或者领域研究的对象，而是涵盖了各个学科和领域的整体经验，但它又离不开学科和领域知识的支持。在综合的理念下，又有各种具体组织方式的探索。

主题课程（thematic curriculum）是在综合理念的指引下，持续一段时间内围绕一个话题或主题展开的课程①，它是比较宽泛的概念或者话题，比如“春天”“交通工具”“家”“城市风景”“我要上小学了”，等等。需要注意的是，这个主题一定要以儿童熟悉或感兴趣的事物、现象、社会生活为起点，提供相关联的环境和材料、交往机会，通过一系列活动来使儿童的经验得以扩展和深化。主题课程可以以集体活动、小组活动以及个别活动等形式结合起来开展，创设活动区以及丰富的户外环境来进行支持。

项目活动则涉及更为具体的教学方法。实际上，“项目活动”“方案教学”“方案课程”都与英文词 project 有关，由于翻译上的差异，导致出现了不同的中文概念。首先是美国进步主义教育家克伯屈在杜威的影响下，提出了设计教学法（The Project Method），也译为“方案教学法”，选择一个问题进行课程设计，儿童和教师制订一定的计划进行探究。这种方法假设，当儿童的兴趣被充分激发并被视为中心时，儿童学习得最好。这一方法在二十世纪初芝加哥大学的杜威实验学校里被运用。意大利瑞吉欧小镇在教育家马拉古奇的引领下，将方案教学法进行了创造性的改造，使之形成了一种课程模式，提出“The Project Approach”，也称方案教学、方案课程、方案活动、项目活动、项目课程，等等。因此，我们需要意识到，这一系列名称其实是指同一类课程和教学方法（可能在怎么做上各有强调），但它能在中国深入人心，主要是来自瑞吉欧教育的广泛影响。

项目活动或方案活动，当下我国不少幼儿园都有所尝试。项目活动要有自己的问题，主要由对这一问题有兴趣的一小组儿童进行持续一段时间的深入探

---

① JACKMAN H L. 早期教育课程——架起儿童通往世界的桥梁[M]. 杨巍，等译. 北京：中国轻工业出版社，2002：36.

索。在项目活动中,教师的角色更多是指导性的,而非教导性的[1]。他们帮助儿童组织活动的进程,鼓励儿童对在他们讨论过程中提出的问题予以深入、持久的关注;确定活动完成的时间;建议儿童如何表征他们的研究发现;记录儿童项目活动中的经历,并评估和理解他们的表现。

总体上而言,综合是基本的理念,主题课程则是指围绕一个主题或者话题的课程组织形式,而项目活动或者方案教学则更具体到了方法层面,指一种带有生成特点的、持续推进的教学方法。这些思想和概念,多来源于西方。进入中国之后,会被重新理解和阐释,产生一些变异,导致了它们之间错综复杂的关联。我们不必执着于所谓"原汁原味"的理解,也不必因为它们来自西方而拒之门外,重要的是去理解这些卓越思想和实践背后的理念,不管是学习它们、灵活运用它们,还是改造和重构它们,只要是能让儿童本位的观念以及现代教育思想在幼儿园课程里生根发芽,就是好的实践。

11. 课程游戏化项目背景下,还需要集体教学吗?

前面谈及过,对课程游戏化项目的"望文生义"式的理解,容易导致一些疑问,比如:都"游戏化"了,不用教学了,更不用集体教学了,所有活动都让孩子自己玩玩、老师看看,就可以了。

这样的疑问,很大程度还并不是需不需要集体教学这个形式的问题,而是哪怕对幼儿园游戏的理解,都存在着比较大的误解。如果"游戏化"指的是教师不用花什么心思、围观一下孩子的游戏,哪怕游戏本身,都很难说能去实现好的发展价值。儿童确实具有游戏的本能,可是游戏活动一旦发生,就不仅仅是本能的、自然层面的活动了,它也成为了文化构建的活动。因为我们的环境、时间安排,以及教师做些什么(哪怕只是围观),都已经成为塑造游戏的因素和力量。看上去是儿童自主自发的活动,可是他们的活动,是发生在我们的教育场合、时空环境里,更不用说游戏还离不开材料的使用——这一切,都是重要的教育影响。

说清楚这样的事实,是希望我们不要将儿童的游戏看成是孤立于成人教育

---

① 詹姆斯·E约翰逊等.学前教育课程[C].黄瑾,等译.上海:华东师范大学出版社,2005:178.

者影响之外的、"纯粹"的活动，而是一种教育性的活动。但教育性的活动并不只是这一种类型，成人作为社会文化的代表，既是儿童的依恋对象，也是他们的学习榜样，儿童需要成人的抚育、教导才能成长，这也是一个不争的事实。哲学家康德表述过这一原理，他认为人有一种强大的、要将自己"孤立化"——也就是摆脱束缚、"做自己"的本性，又有一种要和他人缔结关系、使自己社会化的本性，正是这种本性中的"对抗性"，使得人的全部禀赋获得发展。所以，享受自主自由的游戏，和对成人世界感兴趣、想要去探究和学习，是一对同时存在的冲动，正是这种看似矛盾的冲动，使得儿童保持着稳定的自我，又重构着新的自我。

如果教育机构中，能够进行有序的安排，既有充分的、儿童自主自发的活动机会，又有成人组织和引领的可能性，那么我们本性中的这两方面需要就都能得到满足。而集体教学活动，是最鲜明的、成人组织和指导的活动，最能代表成人的意图和价值倾向，从形式上而言，我们并不能说它就是有问题的、保守的、落后的。但我们也不得不看到我们过往的教育实践中，它确实有太多需要反思的地方。

幼儿园里，曾经过于看重集体教学活动，一日活动的时空组织主要是围绕集体教学活动来设计的，游戏只是其中的点缀或者"课间休息"。这是一种对中小学课程安排的模仿，觉得"上课"才是最有价值的学习，游戏只不过是主食之外的甜点，用来放松一下，或者作为对孩子的奖励。而集体教学活动则花了很多时间来"精心"设计，甚至每一个环节用什么样的顺序去提问，都安排妥当，时间上也要进行精密的控制。而上课的过程中，不允许孩子真正有自己的想法，因为那会打乱教师的控制。上课内容主要是根据教材来确定，不考虑孩子即时的兴趣以及环境带来的激发。又因为过于看重集体教学活动，孩子的生活活动也成为草率的"过渡"，没有看到日常生活的价值。而教师的专业水准，也都根据"课上得好不好"来判断。这种情境下，教师甚至不需要去关心和了解每一个孩子，只需要有抓住孩子的注意力的能耐以及控制好孩子的纪律，就行了。甚至为了激励教师的专业发展的动力，将各种赛课作为唯一的评比手段，使得教师不好好做日常教学，而反复去"磨课"，又助长了那种表演式教学的倾向。

因此，课程游戏化项目要进行的改革，是要改变原来集体教学活动存在的这些问题，而不是砍掉某种形式。一方面，要提高游戏活动的比重，不再将集体教学活动作为一日生活的重心和主要架构，另一方面，要看重生活活动的价值，让

"学会生活"真正成为幼儿重要的一桩事情。同时,要重新审视集体教学活动这个形式,祛除它历时已久的痼疾,改换视角,让它焕发出新的生机。

那么在新的课程背景下,我们该如何看待集体教学活动这个形式呢?

首先,集体教学活动可以有效地回应儿童的共同经验和关注的兴趣点。我们虽然强调儿童各个不同,但也不能否认,在相似的年龄阶段,他们是有着共同感兴趣的话题的——他们都面临季节的变化、城市的生活、社区的活动……他们也有着共同的思维方式,对日常生活中的一些重要的概念、问题,需要进行学习和探讨。如果我们从了解儿童的世界那里,可以发现一些比较普遍的概念和问题,它们对于儿童理解当下的世界以及准备未来的生活是重要的,那么就可以成为集体教学活动的内容。尤其是教师在对儿童作出深入了解的基础上,希望引入某些他们可能感兴趣的、文化的、科学的内容或者问题,来进一步支持儿童的思考和探索,那么由教师来组织和引领他们一起开展活动,甚至会成为特别好的一种选择。比如,围绕儿童提出的生活或者游戏问题,教师组织集体展开讨论,并使用各种进一步的提问来推动儿童的思考过程;针对儿童普遍能观察到的生活现象,如"沉浮"问题、"天气变化"问题、"磁力"问题,教师在和大家一起做实验的基础上展开讨论,等等。再比如,在对某个自然现象深入感知后,教师提供了相关的、大师的艺术作品,和孩子们一起欣赏,再一起创作。

其次,集体教学活动的一个最大的优点,在于它提供了丰富多元的对话空间,这是儿童个别活动甚至小组活动难以达成的。由于每个儿童都携带着他独特的个人经历、看法、情感、想象进入大家共同的话题,所以会展现出各自对于话题不同的见解和经验,使得相互倾听、分享有了机会。我们在好的集体教学活动那里,常常会观察到一种集体智慧的生成,教师和儿童常常相互启发,儿童和儿童之间常常产生讨论和协商,这使得最终形成的,不是固定的知识和结论,而是创造了一种可能性的(有时也会是共识的)空间,每个人在其中都得到了滋养。

所以,课程游戏化背景下的集体教学活动,不是一个形式上的取舍问题。或者这样说,高控的、无视儿童的、表演性的集体教学活动,违背儿童身心发展规律,对儿童影响是负面的,如果集体教学活动只是这样的开展方式,那么它根本没有存在的意义和价值。相反,关注儿童的问题和兴趣,引导多元的交流和对话,促进了人与人之间彼此的理解,并给予有质量的文化的引领,这样的集体教学活动,才具有良好的发展价值。在现有的条件下,如何打破原有的对"课"的机械评量标准，提升教师相关的专业素养，考虑和保障合适的师幼比，去开展更有灵活性和针对性的、对儿童有发展价值的集体教学活动，我们需要探索这样的可能性。

二、从理念到行动

1. 如何将《纲要》《指南》的理念转化为教师的理念，并且落实于行动中？

让我们先来问一个问题：如何将教师的理念转化为儿童的想法并且落实在行动中？——是不是有点不太合理？好像可以在儿童心里去空降一种观念，然后还可以将这种观念转变为行动，那么儿童原来的想法呢？人的头脑不是容器，不可能让外面的力量来决定充填什么，它总是在原有的“图式”的基础上产生“同化”或者“顺应”。成年人也是如此，细究起来，并无用一种外来的观念替代自己原有观念的可能，只可能在原有观念的基础上去进行自主改造。对这种提问方式进行质疑，并非是无意义的咬文嚼字，而是想提醒大家，教师并非一个被动的容器，他们观念的进步，并不取决于外来的、高高在上的强势话语。

如果我们无视这样的事实，就容易将《纲要》《指南》当作要灌输给教师的观念，想给他们“洗脑”，将希望完全寄托于专家讲座、文字材料学习、领导发号施令等形式上，最终会发现收效不大。当然，话语本身容易学到，人人都会说一些大道理，但并没有理解，更没有在行动中体现出来，反而是“说一套，做一套”。在这个过程中，教师在专业发展中的自主性并没有得到重视和理解，并不能实现真正的转变和成长。

《纲要》《指南》当然是重要的文件，打个不那么确切的比方，它们像是抽象的地图，对于旅行当然很重要，它们所标注的位置和方向也很关键，但再正确和关键，也替代不了一个人要去旅行的渴望。如果不想去旅行，那么再好的地图也是没有意义的。因此，教师内心变革现有教育的动力、对美好的教育生活的期望才是转变的关键。现时的幼儿园教育有什么问题？理想的教育该是什么样子？这既涉及对现存经验的反思，也涉及对未来理想的构筑——这本身就是同一个问题，理想引发反思，反思走向理想。

教育的原点和核心都是儿童，这是儿童教育的现代立场。我们的反思从重新看待儿童开始，进行儿童观的改造，是一条有效的路径。如何改造呢？江苏省幼儿园课程游戏化建设项目开展后的第一步支架就是“观察儿童”。我们过往的工作中不是没有观察过儿童，但因为我们的出发点是承袭和维护已有的成人本位的教育秩序，所以往往观察到的，都是儿童“不守纪律”“不听话”“不合格”的那些行为，又以此为出发点去改造儿童，而我们现在的观察是为了改造我们自己，改造我们对待儿童的方式以及环境和课程。在整个人类思想发展的历史上，思想家卢梭被认为是“发现了儿童”，他努力呼吁“儿童有自身的发展规律”“童年期有独特的价值和地位”，我们教师现在也是要去“发现儿童”，发现他们看世界的方式和视角，发现他们对生活所赋予的意义，发现他们成长发展的状态。因此，我们去观察儿童不是去找他们的“问题行为”和不合格的地方，而是去感知和理解儿童作为一个有生命力的人，是如何去发现和建构他们自己的世界的，这正是儿童和童年的本真状态、初始状态，这种状态才蕴含着无穷的活力，是教育的出发点。

通过项目多年的实践，很多幼儿园教师都在其中迅速成长。他们要在开放和自由的游戏情境中进行持续的观察，要去寻找和记录儿童是如何挑战自己并自主解决问题的，要去发现儿童表达自己思想和情感的独特方式，这让大家深深感受到了儿童的力量，也觉察到了无比丰富的教育契机。教师们除了拥有越来越丰富的关于儿童的经验，真正发生改变的，是他们对儿童原有的态度和认识，使自己的情感世界受到了很大冲击。“以前我觉得自己也是爱孩子的，但现在才发现，那是一种高高在上的爱，大人爱小孩子的那种爱”，有教师这样说：“现在不太一样了，我对孩子的爱更平等，欣赏他们，尊重他们，有时他们还会教我。”

然而很多教师仍然会有疑虑：我们一天到晚都处于赶时间之中，一个环节接着一个环节，忙忙碌碌，哪里有空去作观察呢？这个问题意味着我们一日活动仍然没有更好地考虑儿童的需要。课程游戏化意味着一日生活要贯彻游戏的精神，儿童在其中能够“自由、自主、愉悦、创造”，那就意味着他们得拥有充分游戏的时间以及充满弹性的作息，也意味着他们周围的环境和材料能够支持他们饶有兴趣地探索、体验和交流。只有在这样的情境中，儿童才会更大程度地去体现自己的聪明才智和能力，以及自己的兴趣与需要。而教师则不会成为一个唠叨的催促者或者严厉的规训者，真正拥有观察以及回应的机会。

对儿童的观察和解读，是转变教育观念中最重要的行动。当然，《纲要》《指南》在我们的行动中可以充当很好的方向标和工具，各种专家的解读也让我们更好地运用这些工具，但这些都不可代替教师在教育情境中的行动。因为他们面对的，不是书本上的概念，而是一个个有着自身特点的、生动活泼的幼小的人，正是在与幼小儿童的亲密相遇中，在用心体察中，教师重塑了态度，获得了经验，理解了知识，正如陶行知先生所说："行为知之始，知为行之成。"我们的教研活动，可以围绕教师的行动去组织，在交流和讨论中形成反思，各种文件、书本以及不同类型的讲座、参访可以为我们提供信息和资源的支持，这个过程需要时间，但它是真正有效的、有意义的。

2. 如何解决课程发展需求与教师能力不足的问题？

课程游戏化是一个改革项目，旨在整体提升幼儿园教育质量。凡改革必定触动原有的根基，其中对教师形成的挑战是前所未有的，也使得很多教师有担忧和疑虑：我能适应这次改革的要求吗？我的能力有限，能达到那么高的水平吗？实践中甚至还有一种倾向，觉得改革是成熟教师才能做的事情，新手教师还是应该先学习和适应原来的境况，熟练驾驭了之后再参与改革，否则，"基本的东西都做不到"。

这是一个误区。第一，课程游戏化项目恰恰触及的，就是最基本的观念和行动，并不是要做锦上添花的事情。第二，先适应，再改革，很可能反而要付出更多的代价，因为形成了习惯和思维方式之后，调整起来往往更困难。更有效的方式是：不但园长、成熟教师和新手教师一同研讨和学习，教研员、实践工作者和专家也要一同研讨和学习，形成教研共同体，形成齐心协力的良好生态，方可能有更好的进步。要重塑这样的观念：游戏对儿童发展和生活幸福而言具有重大价值；教育要基于儿童游戏的天性，并且分享它的精神。要参与这样的行动：观察儿童的游戏与生活，从中了解和理解儿童的发展状况、生活经验以及观点立场；从不同方面入手，适宜地支持和促进儿童的成长。从数年的改革来看，对教师能力和素养构成的比较明显的挑战是：教师缺少观察儿童的意识与能力，难以整体把握儿童身心各方面的发展状况；看不到儿童所展现的兴趣和需要中蕴含的教育契机，不知道采用何种资源、何种方式去支持；难以处理好个别和集体之间的关系，徘徊在孰重孰轻的犹疑当中，等等。

教师在这些问题上感觉困难，并非都是他们自身的原因。提升教师的专业能力和素养，本来就是一项系统工程。首先，师范院校在培养目标和课程设置方面，是否根据改革动向进行了调整？政府是否重视和支持教师的专业成长并给予了保障？园方是否建立了相关制度、创设了良好氛围？这都是影响教师专业成长的重要方面。但这里仅仅从教师自身的角度来谈谈如何提升自己的专业素养，成为课程改革的贡献者和受益者。

首先，在了解课程游戏化相关理念和立场的基础上，迅速行动起来。只有行动中的知，才是真知。如何行动，项目组提供了六大支架，提醒我们从不同方面入手去做。其中最基础的、对转变观念最有帮助的是第一步——观察儿童。要改变过去总是要在儿童身上找问题、找毛病的观察方式，客观而又具体地去描述看见了什么，然后采用《指南》（或者其他儿童发展的指导性框架）作为工具来对照和理解，形成对儿童发展的认识。数年来的实践证明，这个方法对于广大教师来说，是行之有效的。而对于一些有着比较好的理论基础和专业视野的教师来说，也未必一定要用这样的工具，直接使用各种发展理论或者从其他观察和评估理念而来的好方法，甚至可能会更有帮助。在观察的基础上，学习去回应和支持孩子的体验、探索与表达。从小处做起，一次次累积和反思，这样下来，必定会有转变和进步。

其次，要加强专业阅读。课程游戏化项目一直在推荐专业阅读的书目。专业阅读是一个长期的过程，它能带来理论素养、反思意识以及专业视野的丰富和提升，与实践经验之间形成良性循环。工作以后的阅读，比在师范院校里的阅读更为有效，因为对儿童的丰富经验，会使得对专业语汇的理解更为生动和鲜活，更能明白文字间的意义。只是由于工作的繁忙以及阅读习惯的缺失，往往会制约这方面的潜力。现在有很多深入浅出的专业书籍，既蕴含了前沿的理念，又展示了具体的行动过程，其中还有各种分析和反思，是非常适合教师来阅读的。这里不能不说，园方是否重视学习共同体的构建，是否营造学习和阅读的氛围，对于教师的专业是否得到成长来说很重要。

最后，想建议的是教师也要注重提升文化方面的素养。对于日常生活世界里的文学、艺术、科技等方面的人类文化成就，要培养热爱之心，要懂得欣赏美的事物，哪怕对于种植、缝纫、烹调等生活经验，都可以关注。不是说要各方面都达到很专业的水平，而是要注重理解人类生活和人类文化的价值。幼儿的生活是个整体，他对世界的感受和认识也具有整体性，既然生活就是课程，那么我们对生活有丰富和深入的理解，才能更好地支持和引导他们。杜威说，儿童是有他的天性和本能的，但是，在我们没有将之转化为社会文化的对应物之前，我们不知道它们是什么。这里的深意是，我们懂科学，我们才看得见儿童的科学，我们懂艺术，我们才理解儿童的艺术。具有综合的文化素养，恰恰是幼儿园教师专业要求的一种特别之处，因为比起其他年龄阶段的课程，我们的课程是具有综合性特征的。

总而言之，如何提升教师的能力以适应课程改革，最关键的，还是取决于教师有没有投身于其中的热情和主动性，他们有没有在其中感受到改变自己带来的儿童精神面貌的变化，体验到事业成就感和职业尊严感，而不是充当了浪潮中被裹挟的对象，或者别人获取成就的工具，这是专家、园方和政府应该关注的问题。

3. 在课程建构中如何判断儿童的关键经验？如何挖掘有价值的点引发课程的生长，从而建构幼儿的新经验？

“关键经验”(key experiences)来自二十世纪七十年代后期美国的高宽课程(high scope)，是幼儿在各个领域发展中需要获取的重要经验，当时研究人员在皮亚杰认知发展理论框架的基础上一共确定了四十九条关键经验。值得注意的是，2009年时高宽课程已经将“关键经验”正式更名为“关键发展性指标”(key developmental indicators)，在各个领域中列出了五十八条发展性指标，旨在帮助教育者理解幼儿与发展的典型行为表现，进而进行教育支持①。

和我们五大领域的提法有所不同，高宽课程确定了八个领域，每个领域又包含着数条关键发展性指标。例如，在“科学和技术”领域，关键发展性指标包括：观察——观察所处环境中的材料和程序；分类——对材料、行为、人和事件进行分类；实验——通过实验验证想法；预测——预测他们所希望发生的事情；得出

① 霍力岩，高宏钰. 关键经验的基本内涵与主要特征[J]. 幼儿教育·教育教学版. 2015(11).

结论——基于经验和观察得出结论；交流想法——交流他们对事物的特征以及其工作机制的想法；自然和物理世界——收集有关自然和物理世界的知识；工具和技术——探索和使用工具与技术。

这样看起来，是不是和我们所运用的《指南》中的领域典型表现有相似之处？它们都告诉我们：不要小看儿童的这些表现，它们与不同领域的发展相关，是发展的征兆和成就。维果茨基举过的一个例子——孩子从自己的经验中发现了河流的形成："原来人们在桥旁边找个地方，挖个坑，往里灌水！"看似颠倒了因果的一种表述，恰恰属于"科学与技术"领域的关键发展性指标——"基于经验和观察得出结论"。我们不仅不应该将之看作荒唐的说法而否定它，相反要看到孩子的科学思维：根据自己所见，归纳、总结、得到自己的结论。如果用"关键经验"这个术语，孩子关于"人们总是在桥下挖坑灌水"并不是关键经验，"归纳自己的亲身经验并得到自己的看法"才是关键经验，我们千万不要为了前者的正确，牺牲掉后者中蕴含的科学思维和发现的意识。当然，我们还可以通过实地的、持续一段时间的观察，综合不同人的观点视角，来推进孩子经验的生长。但比起最终的认识结果来说，他们认真地去观察、思考、推断，是更重要的事情。

当前我国学前教育领域思想开放，生机勃勃，对"它山之石"非常敏感，不能不让人感佩实践者的学习热情和行动意识。然而同时也会面临概念来源比较混杂的问题，每个人又都会有自己的理解，久而久之这些概念就容易偏离它们的原意。这里倒不是说只有原意才是权威的，而是说要注重理解它们背后的思路和观念。我见过教师们在课程建设中常常将某个具体知识点、某个动作、某首歌曲确定为"关键经验"，这样的理解一是过于具体，越具体就越会失去孩子们创造的空间，二是这样容易忽略幼年最需要重视的态度、倾向、能力等方面的培养。

如果我们能够从谈论河流的儿童自己归纳的结论中看到他的经验范围和他所使用的方法，而不是结论本身，我们就把握到了关键发展性指标（或者《指南》中的典型表现）。那么或许这里还有个问题：明明是因为有河流人们才修筑了桥梁，现在孩子误以为河流有着追随桥梁的主观意向，这就是个错误，难道还鼓励他错下去？实践中我们对这种错误常常是很着急的，恨不能立刻纠正过来。如果我们采用直接告知的方式，很可能会牺牲他通过探索而推进自己发现的机会，是得不偿失的。这里就涉及了"如何引发课程生长"的问题。

就这个案例而言，首先可以做的是化"结论"为"猜想"。儿童宣告了自己的发现，敏感的教师不应该让这个发现停止下来，而要通过发问、引入新情境，使之成为一个新问题的开端。儿童可以去收集证据，去观察桥梁的修建过程，阅读有关的故事，去玩搭建桥梁的游戏，等等，进一步扩展经验，不但推进了自己的思考，还开拓了新的兴趣范围。这个过程中，教师虽然没有直接给出正确答案，要得到正确答案似乎根本不必这样大费周章，但好的教育恰恰是善于抓住任何一个可能发展的契机，为新的经验开拓空间。教师要做的事情很多：与儿童交流和对话，寻找社区和城市的资源，提供故事、艺术作品等教育资源，提供儿童充分探索和表达的环境与材料，和家长分享交流，不断观察和评估儿童的表现，等等。

桥梁和河流的关系，也许最初只是儿童的一个偶然的发现，在适宜的支持之下，很可能就延续探索了好些天；刚开始似乎儿童只是在作一种富有情感的表达，后面也许生成的是扩展到了科学、艺术、语言、社会、健康等领域的全域性的课程；刚开始也许只属于他个人化的经验，后来也许会吸引到更多伙伴的注意，甚至是整个集体的热情，私人经验由此也成为了共同体的经验。当然，只是“也许”，因为实际情况是千变万化的，那时是怎样的季节，这个孩子生活在江南水乡还是西部山区，是大都市还是小城镇，家长群体是怎样的，教师拥有怎样的经验和知识，实际的课程开展状况都会有些不同。

但无论怎样不同，那些关键发展性指标（或者关键经验）应该是相似的：主动地去探索世界，自主解决遇到的问题，感到自己有能力，能与他人交流分享，为了获取信息而阅读，通过艺术表现自己的想法和情感，等等。只是我们最需要锻炼的，是从儿童那丰富而具体的表现中观察到这些指标，又能通过这些指标观察到儿童那些丰富而具体的表现，进而要如何去建构课程，就会心中有数了。

4. 如何处理原有的教材与园本课程、班本课程之间的关系？

这个问题有其语境，那就是很多幼儿园在课程游戏化项目实施之前，一直采用了某个出版社出版的主题课程或者其他教材，甚至在地方上进行了统一，使用了多年。这些课程背后有国内专家团队，甚至海外研发者的成果和心血。幼儿园对某套教材使用有了经验之后，资源、备课、教学方法都已经熟练化，往往省时省力，教师对过程和结果也比较有掌控感。但课程改革在推动基于儿童兴趣和需要的课程，所以课程往往要根据本园、本班的儿童和教师的情况，以及园所所在的社区、文化环境来生长，不能完全统一去制定和设计。这样就会出现一个问题：我们原有的课程，是否需要推倒了重来？

如同一夜之间很难崛起一座城市，我们也很难想象凭空就能建设好课程所有方面，毕竟这需要时间。实践中，有的幼儿园多方面同时变革，尽可能不再依靠固定的教材，也有更多的幼儿园并没有放弃熟悉的课程，而是逐一对每个环节进行改良，在此基础上慢慢形成自己的园本和班本课程。每个园所的情况不一样，只要是朝向正确的方向努力，就会让儿童获得更充足的发展机会和更幸福的体验，也会带来教师的专业成长以及职业幸福感。但如何处理原来一直使用的课程和新探索的课程之间的关系，这里有如下两点建议。

一方面，课程游戏化的改革并不仅仅是改变教学内容，比起如何使用教材的问题而言，更重要的改变是：改变原有的时空框架以及人际关系。比如，一日作息的安排是否为儿童自主自由的游戏活动留下了充足的时间？活动之间的转换是否符合儿童的生命节律？活动室是否区域化，为满足孩子的多种兴趣和需要提供资源和机会？户外是否有丰富的探索和体验的场地？教师是否能多多观察和倾听儿童？是否能平等地与他们交流？是否提供给了孩子充分的互动机会？等等。这些方面的改革是非常基础的，它不一定都能文本化，但却是最基本的经纬，各种具体的活动内容是编织于其上的。如果时空框架和交往方式不变，那么再精心设计的教学活动内容也会失去它们的意义。

另一方面，则是同时改革教育活动内容本身。对原有的采用已久的课程，必须进行改造。课程改革不是为改而改，是为儿童而改。那么适合于现有情况的活动设计，当然可以用。只是过去可能按照专家编写好的教材“上课”，现在则将之作为资源来加以利用而已。如何保证课程改造的适宜性？要充分发挥课程审议的作用，去研讨：在观察儿童的基础上确定需要做些什么？哪些活动设计可以作为集体教学活动，哪些经验可以在区域中获得？哪些可以为个别儿童提供机会，哪些是需要放弃的内容？在教学目标、计划、材料等方面，都可以基于原有的活动进行重新设计。同时根据儿童的实际情况，教师也会生成一些以往并没有尝试过的新的活动，或者新的话题与主题。有的不过是及时的回应，有的则会持续一段时间。如果教师将之文本化，那么它们很有可能就成为了班级里正式课程的组成部分，这个部分我们常常称之为“生成的课程”，它不仅指教育活动，也包含了创设环境、提供材料，甚至家园沟通等方面。从一味听从教材的安排，到自己来选择、改造教材上的内容，确定新的内容，这里要充分体现教师在课程开发上的主体地位。

总之，课程改革需要从实际情况出发，至于是全方位推进还是逐个击破，可以进行自己的实验，甚至不同班级的比较，这中间教师的内在动力和专业自主性很关键，因为他们才真正是课程主要的建设者，也是真正与儿童长期相处的群体。

最后来谈谈对“园本课程”“班本课程”的理解。从字面上来说，就是“以园为本”“以班为本”的意思。这样的提法受中小学的“校本课程开发”（school-based curriculum development）概念影响，源头上来说也是来自西方，原义是要讨论由政府支持的学科知识专家开发的课程如何去适应学校的问题，当然也包含了专家制定的整套课程里的预留空间如何使用的问题[①]。但是这个概念到中国本土之后，出现了对原义的偏离，很多学校在实践中将“校本课程”当作国家规定课程之外的、学校自主开发的那一部分课程。而到幼儿园教育之中，“园本课程”在实践中也出现了多种多样的理解。由于幼儿园并不存在国家统编教材，所以有人认为园本课程是本园开发的、带有独创性质的课程，也有人认为园本课程就是课程的园本化，任何其他人编的课程，都必须经由园本化的方式来落实。目前比较常见的，是一些幼儿园原来使用着由出版社出版的教材作为自己长期稳定的课程，同时又鼓励教师自己开发和生成课程作为补充，准备到了比较成熟的时候来形成整体的园本课程。这里已经蕴含了一种追求：一个幼儿园的课程，必须立足自己园里的儿童、教师以及所关系到的家长群体、社会文化，方可实现儿童发展的价值。

去争论到底什么才是园本课程的“正宗理解”，对于解决这个问题帮助并不大，从前面的阐述我们可以明确，任何“拿来的”课程，都要经过研究和改造，任何新生成的活动，都要依据我们对儿童的观察以及教育价值的评估。园本课程不是别人为幼儿园制定的，更不是买来的，而是幼儿园孕育和生长出来的课程，它当然可以利用各方资源包括既存的课程，但应该是吸收了为自己所用，而非为了显示园本特色而特地追求不同。以园为本也好，以班为本也好，关键都在于以儿童为本，以本园或本班的儿童为本。

---

① 徐玉珍.是校本的课程开发，还是校本课程的开发——校本课程开发概念再解读[J].课程·教材·教法.2005(11):3—5.

5. 如何在保证课程理念与《指南》契合的同时，保持园所的个性特色？

这个问题背后存在的一种假设是：园所课程的个性特色和《指南》中的理念往往是分离的。之所以会存在二者之间如何契合的问题，是因为很多园所的所谓特色课程，并没有去考虑儿童的需要。

常常遇见园长向专家求助：我们想打造一种特色课程，A园已经做了以趣味数学为特色，B园以版画为特色，我们园得要和它们不同，不知怎么下手才好。至于为何非要打造特色，常常受中小学被要求打造富有特色的“校园文化”的潮流影响——这又不得不关系到“上面要求的”“大家都这样”“要有辨识度”等理由。没有特色很可能申请不到项目、得不到奖励、难以被认可，等等。“特色”“个性”有没有错呢？没有，但为特色而追求特色，是当前课程建设的一个误区。而且这种思路之下，特色课程建设往往追求“短平快”，要能尽快展示给人看，从远处“拿来”，或者是想当然的“创意”，不符合儿童的发展需要和教育规律。

刻意追求某个领域的特色课程，会导致儿童发展失去均衡。有的特色课程往往选择某一领域来设计，在师资、材料、内容上下功夫，学科性更强，同时也占用了儿童更多的时间和空间。为了让特色课程学得有效果，在知识难度和深度上，都有所超前，并不一定适合每个儿童的水平和需要。事实上，越小的儿童，经验的整体性特质越强，越是需要一种综合性的、渗透性的、关联性的教育，只偏重某一领域的学习未必是件好事。

“无中生有”地打造特色课程，也会使教师失去专业自主感，失去建设课程的活力。挖空心思搞特色，必定不是来自教师的心声，而是来自自上而下的压力。有些特色课程甚至不是来自领域和学科，而是社会上的某些时髦概念，也许容易吸引人的眼球，但流行的东西过时也快，教师付出的劳动会付诸东流。周而复始，教师仅仅是课程的实施和执行者，也会形成对园方的依赖，觉得自己不必多费事，按照园里的要求做，至少没有什么风险。

这里不主张刻意追求特色和个性，却并不否定它们，甚至特色和个性往往是课程在全园齐心协力长期建设下自然呈现出来的价值共识和良好态势。这种特色不是“打造”出来的，而是孕育和生长出来的。就如同人的生命本身，与他人相较，有共性的一面，也有个性的一面。课程要以科学、正确的理念为内核——这是课程最大的共性的一面，目前的《纲要》《指南》都是教师把握这些理念的重要工具。但越是基本的东西，越比较抽象和概括，这些理念和思路只能成为课程的基本构架，但具体到人际、内容、方法、环境材料等方面的组织和配置，每个园都会有自己的实际情况，如果有意识地去建设和开拓，就有形成特色和个性的可能。

最常见的特色和个性，往往与幼儿园所在的地域和文化有关。位于乡镇的某幼儿园，地势起伏，空间开阔，自然资源丰富，园所没有盲目地去追求城市幼儿园那些“高大上”的草坪和玩具器械，而是和孩子们一起养殖、种植，同时将自然地貌化为孩子攀爬、俯冲的游戏场地，也取得了那些具备丰富农耕经验的家长群体的理解和支持，建设了丰富的自然课程。离城市博物馆不远的某幼儿园，因与博物馆进行儿童项目的合作，开始发现博物馆的教育价值，不仅将幼儿园的课程扩大到了博物馆现场，还将博物馆的工作人员变成了幼儿园的师资力量，教师和儿童都爱上了博物馆。当然，也有课程的特色和个性来自教师群体，对某个领域或者某种文化有特别的兴趣和热爱，所以愿意去探索和钻研儿童在这些方面的想法与表现，带动了更多的人来参与，进而又去研究这一方面与其他领域、整体课程的关系，长时间下来积累了很多好的经验，形成了自己的特色。这些情形可以看到，他们并不是追求特色，只是在致力于让课程适宜于儿童，反而会形成特色。

因此，当我们把真正的目标放在儿童发展上时，好的理念就会扎根于自己的土地。世界上没有哪一块土地是完全一样的，人的经验世界也是如此，因受到当地自然条件、人文氛围、生活方式的影响而具有了独特性。如果在课程建设的过程中，形成了教研的共同体，园长和教师围绕实践中发现的问题而交流和分享，不断达成共识，课程就会更具整体性和生命力。总之，课程只要是扎根在儿童、教师、家庭以及当地社会文化之中，它就是有自己的色彩的，并不一定需要给予它一个独特的名字。

6. 谁是幼儿园课程的建设者？

曾经我们的绝大多数幼儿园里，并不需要考虑课程建设的问题。因为教材都是上级部门指定的，或者是自行购买的，是经出版的“权威”。教师只管上课，管理者负责听课和评课。课程来到幼儿园之前，就已经“建设”好了。至于教师和孩子，那都是课程的使用者，就像厨师做了一桌饭菜，大家把它们好好吃下去就行。遇到不好吃的菜，教师哄也行，命令也行，总之，儿童只有好好吃和不好好吃的差别。

然而课程变革正是要针对这种现象导致的“消化不良”或者“营养不良”，让课程不再是专家或者权威完成好的教材，而是多方共同构建的一种好的生活，我们就开始面临“建设”的问题了。从使用者到建设者，教师的工作发生了极大的变化：首先，原本上手了的、熟悉的教材，现在可能只能是诸多课程资源的一部分，它们提供的，只是一些可能发生的事情以及要使用的文化材料，我们还得考虑很多别的可能，比如儿童当前的兴趣需要，儿童当时参与其中的丰富的社会文化生活，等等；其次，当我们要落实幼儿园以游戏为基本活动，教师就不得不将精力和心思，更多地投注到环境所提供的刺激以及可能性上，在观察了解孩子的基础上，创造一种能引发孩子丰富表现和心智活动的环境；再次，生活活动得到了更为广泛的关注，它们一般不会认真地体现于原来的教材里，而是得依赖教师更具日常的教育意识，及时给予温暖和积极的支持、鼓励、指导；最后，如此丰富多样的活动，是在教师和儿童长期亲密相伴的过程中形成的一种整体性的课程——这里的整体性，不是指各个学科门类的整体，而是呼应于儿童身心发展整体需要的经验的整体——成长中的儿童具有整体性的需要，我们要建设整体性的动态课程。

也正是因为这样，我们会发现，课程建设者的范围扩大了。如果课程着力于构建幼儿园的一种美好的生活，那么参与者可不再局限于教师和孩子，而是幼儿园的所有人。某园孩子们要种菜，教师发现某保育员具有丰富的种植经验，于是保育员就成为种植课程的建设者的一部分，不仅参与种菜，还能回答小朋友五花八门的、天马行空的问题；某园有着悠久的艺术教育的积淀，在大门门厅里，挂着一幅大尺寸的涂鸦，随性的笔触和奔放的色彩，像是某个现代大师的杰作，没想到是门卫的作品，因为他被艺术教师和孩子们的创作热情感染，忍不住上前参与，没想到这作品被教师和孩子们喜爱，居然挂在了墙上，孩子们也更体验到了“人人都是艺术家”；而孩子们常常感兴趣美味佳肴到底怎么做出来的，某园索性将厨房的墙装上了一面特别大的玻璃，孩子们不仅在那里流连忘返，合适的时候，还能进去观察，获得了特别有趣的经验……这些案例中，保育员、门卫、厨师，都成为了幼儿园课程的建设者，当他们明确自己的工作不仅具有实际的意义，而且还承担了教育者的角色的时候，都深感骄傲，从而更自觉地要求自己，成为孩子心目中的好“教师”。

我们还有数不清的例子来说明，不仅幼儿园里面，甚至外面，都存在着我们课程的建设者，他们有可能是爸爸妈妈或祖辈，也有可能是附近的消防队员、超市收银员、菜场老板、理发店的理发师、军营里的解放军、警察局的警察……当我们课程的视野扩展到更远之处，会发现存在无数的好的资源，无数愿意为儿童服务的成人，他们也在参与我们课程的建设过程中，通过和儿童在一起，成为了爱儿童的人。

当然，最后必须要说，园长在课程建设中发挥着极其重大的作用。他需要具有专业的判断力、开阔的眼界、宽厚的胸怀以及强健的精神，在很大程度上，他影响甚至决定着课程建设的立场、方向，并协调着各方面的资源和力量。

7. 如何发挥专家的作用？

对于专家，园长和老师们一向都表示很尊敬。但私下也会有这样的议论：“这个专家这样说，那个专家那样说，搞得我们不知道到底应该怎么做。你们专家能不能先统一下意见和说法呢？”也有园长公开表示不要“迷信专家”，这当然有开玩笑的性质，但如何合理看待课程建设中专家的作用，如何更好地发挥专家的作用，倒确实是一个可以讨论的问题。

不可否认的是，不同专家对同一件事可能持有不同的看法和观点，很大程度上，可能是因为他们有着不同的理论解释系统。比如，一个儿童在假想游戏中责骂和摔打他的娃娃，认同精神分析理论的专家可能会认为这是宣泄他压抑的本能，能起到平复心理的作用，不要去干预。而信奉社会学习理论的专家可能就不会这么想了，他们会觉得成年人不去干预，相当于默许，而默许会使得这种行为合理化，儿童更分不清这是好的还是坏的。这更像是一种学理上的视角差异，我们很难说是对还是错，因为不同的理论关心的问题的侧面不一样，因此提供的建议也会有差异。而教育实践显然不能依赖简单的判断来决定“允许”还是“不允许”，教育者应该对具体家庭、幼儿园以及儿童的成长历史和情境有着更深入的和全面的认识，实践上的应对也应该是丰富的、多方面的，往往要综合运用理论视角来提供支持和指导。

专家看上去彼此观点各异的另一个原因是，尽管他们发出了不同的呼声，但我们并不那么了解，他们事实上针对的是不同的实际情境。由于专家所在的场合比较有限制，比如，匆匆看一看，或者讲座上说一说，甚至采访时提几句，其实很难清楚了解他究竟是针对什么情境提出的观点。比如，对于游戏，有的专家主张“放手”，有的专家主张“指导”，会让大家觉得不知道听谁的好，也许除了督促专家多联系实践来具体阐述之外，也可以考虑，很有可能他们针对的是不同的现象，“放手”是针对那种控制过多、不合理地塞入成人意图的游戏，而“指导”是针对那种教师完全不关心游戏，也不在环境材料上下功夫，“随孩子去”的现象。这两种现象现实中都有，而“放手”和“指导”也并不矛盾。

我们还有的时候，是采用了非此即彼的思维方式。比如，有的园长抱怨，有的专家来了，说他们幼儿园环境中“文字太多，搞小学化”，结果把文字都处理掉了，另一个专家一看，又批评说“不注意读写兴趣萌发”，认为应该创设相关环境。这样的问题就得好好思考了，幼儿园原有的文字环境究竟是怎样的，应该是怎样的，是不是有文字就叫“小学化”，而读写萌发就应该是处处是文字吗？对这一问题有透彻的思考，就不至于采用“一刀切”的方式对待环境中的文字信息。所以，提升我们自己的理论素养，培养自己的专业眼光，也是很重要的事情，以免发生误会或者盲从。

要发挥专家的作用，一是要合理看待专家的角色。专家不是幼儿园教育实践的躬行者，他们的意见和建议可以参考，但不一定都是对的，也不一定都适合每个幼儿园。所谓参考，就是将专家建议作为反思实践的一种机会和工具，反复衡量幼儿园的实际情况，再考虑如何行动，这一过程中切忌服从某种权威，而要保持幼儿园自身课程决策的自主性和独立性。二是要多了解专家，利用好专家本身的知识和思想优势，在共同经历活动现场的情形下，在使用案例来澄清一些基本思想和观念的过程中，和专家进行交流、分享与探讨。三是一定要呈现幼儿园课程建设的真实状况，心怀问题，不怕展现和袒露困惑，这样大家的交流才更有针对性，不是停留在“走过场”或者表演的层面上，而是一起真诚地探究改革之道。

课程游戏化项目集众多专家之力量，整体性地来推动全江苏省课程质量提升，这种情形在全国是很少见的。它构筑了一种特别的田野景象。实践工作者向专家学习，专家们也在向实践工作者学习，这是一个互哺的过程，共同服务于儿童的成长。

8. 如何通过研究来解决课程建设中的问题？

课程游戏化项目推动了全省幼儿园课程的普遍性的改革，同时也使教师、园长、教研员，甚至专家和行政领导者普遍处于一种复杂的问题情境中。如何理解儿童？环境该如何调整？一日生活该如何安排？原有的环节如何体现出新的理念？如何更有效地利用不同方面的资源？如何进行融合教育？等等。这些问题看似普遍，但放在不同条件、不同背景下的幼儿园，都会呈现出各自的独特性，会有不同的解决问题的方式以及效果。课程建设最为重要的一步，就是发现和确定问题。这些问题，必须是教师和园方感觉到存在疑问和困难的、实践中的真问题，只有教育者对问题有体验和认识，才会有自主去行动的动力和方向。

我们要小心的是假问题。比如，一味追求“新意”和特别，什么最新就研究什么，别人研究过的问题不管自己园里有没有解决，也要设法回避开，怕“没有新意”。而很多看上去有新意的概念和问题，其实都不过是老问题的翻版，没有改革原有的根本问题，只是在浅表层面上重新加一套新做法，无异于新瓶装旧酒，没有进步，浪费教师们的时间在形式上打转。再比如，跟风，流行什么研究什么，对流行的概念或者理论并不去仔细思考，而是盲目申请项目、到处模仿。这样的情况浪费了本来存在的真正的问题——它们本是自主变革的宝贵机会和资源，结果搁置一边，也妨害了教师们的研究的积极性。而流行的东西往往来得快去得快，研究就会变成一个不顾自己原有条件和情境、永远追赶别人的过程。

有了真问题，方才可能有真研究和真变革。这一过程中，行动研究法是最合适也是最普遍的方法。它强调“发现问题—分析问题—研究设计—实施行动—总结效果—进一步发现问题”的这样一个循环，尤其是行动-反思的意识贯穿始终，是保证行动研究效果的关键。

首先，在行动过程中去发现和解决课程建设的问题，要鼓励有共同兴趣的教师们结成研究共同体，因此，研究的过程也会成为一个教师们对话、交流、分享、讨论的过程，不仅有利于问题的解决，而且能更好地形成园里专业成长的群体氛围和文化氛围，对课程改革有可持续发展的效用。其次，研究会生发教师们更广泛的学习的需要，要围绕相关问题，多进行专业书籍的阅读和讨论，提升理论素养，这样能更好地改变原有的看问题的视角，引发新的思考。再次，要注意做好扎实的数据收集工作。实践中的数据一定要注重鲜活的、生动的、情境性的案例描述或者教育故事的讲述，不仅对研究当前的问题有用，而且也是全园共享的，甚至是培训新教师的资源。

一个围绕真问题、扎扎实实的行动研究的过程，是一件事半功倍的事情，是一件能带来多方面效益和成长的事情。而许多问题看似表述不同，解决的方式和途径不同，事实上要遵循的观念和思想的内核是一样的，所谓殊途同归、举一反三，在某个问题上思考清楚了、做好了，会带来更多方面的改变。就像皮亚杰描述过的一个五岁孩子，他讲述自己解决某个问题时的感受，说“只要你知道一次，你就永远知道了”。

第二部分

课程游戏化的设计

一、幼儿园课程设计的基本理念

1. 如何理解课程设计的内涵与范畴?

幼儿园课程设计是指统筹考虑各领域目标、内容、方法、途径等基本要素,形成相对合理的组织安排,以最大化地实现幼儿园教育目标。涉及各领域目标的完整、平衡、细化和落实,课程内容的组织方式,不同活动之间的协调和配合,各种资源的挖掘和利用,活动过程的观察和评价方式等,均属于课程设计的范畴。根据课程设计的内容范围,幼儿园课程设计可分为不同层次,包括课程的整体设计、各部分或各阶段的课程设计以及具体活动设计。由于幼儿园课程建设水平的不同,不同的幼儿园课程设计的程度也不同。有的幼儿园从自身实际出发,进行了系统完整的课程设计;有的幼儿园在借鉴现成课程方案的同时,进行了局部的改编;充实了园本化的内容和活动;有的幼儿园则以利用现成的课程方案为主。

一些幼儿园将本园课程分为蓝本课程和自编课程。蓝本课程多指采纳和借鉴的课程,可能是行政区域组织编写的课程或专业机构编制的课程,有些缺乏自主设计能力的幼儿园把它作为基本课程或主要课程。蓝本课程由专家和优秀幼儿园教师编写,具有一定的地域适应性,但不一定适宜于本园本班的幼儿,因此,使用蓝本课程时,也需进行再设计,需要教师基于本园本班幼儿实际情况进行改编和调整。值得注意的是,有些幼儿园在使用蓝本课程的同时,还存在所谓自编课程,就是在充分利用本园资源的基础上编写的,与蓝本课程相互补充。当自编课程的理念不断完善,结构更加合理和扩展,不断丰富,蓝本课程不断减少,园本课程就形成了。有些幼儿园有所谓特色课程,这种课程不管是购买的还是自编的,如果把一些不属于《指南》范畴的内容引入幼儿园,或者将《指南》中某一目标无限放大加深,形成所谓的特色,对儿童的发展是不利的。从这个意义上说,强化特色就是制造课程的不平衡,影响全面发展教育,甚至是超前教育和强化训练。幼儿园课程一定要从《指南》出发,坚持课程的全面性、平衡性、应变性和发展性。

幼儿园课程设计应遵循五个基本原则，分别是目标性原则、整体性原则、动态性原则、差异性原则、平衡性原则。“目标性原则”指幼儿园课程设计应以目标实现为导向，确保所有目标均有相应的内容和活动支撑，都有实现的可能；目标是以幼儿的发展为基础的，幼儿的发展是有规律的，是循序渐进的，因而是有序的，因此，目标性也具有顺序性的意义。“整体性原则”指幼儿园课程设计应综合考虑幼儿发展的所有领域，课程内容要涵盖所有的发展目标，努力促进幼儿整体发展；注重不同内容和活动之间的有机联系、相互渗透，发挥各种教育手段、方法的整体性影响。“动态性原则”是指幼儿园课程设计贯穿于课程实施过程之中。从不断满足幼儿需要和尽可能给幼儿提供挑战可能的意义上说，课程不只是预成的，还可以修正和生发，需要随着课程实施过程的进展不断调整、不断完善、不断充实。“差异性原则”是指幼儿园课程设计要关注幼儿发展的现实，注重个别差异，避免“一刀切”和“齐步走”的思维方式，要从幼儿的兴趣、需要和课程资源的特点出发，设计适宜于不同幼儿特点和需要的课程。“平衡性原则”是指幼儿园课程不只是要兼顾幼儿不同的发展领域，还要关注与不同的发展领域对应的不同内容领域或活动的平衡。内容和活动的平衡直接影响到目标的平衡和全面发展的实现。因此，需要衡量不同发展领域的目标是否存在过度重复或缺损。

在幼儿园课程设计中，容易出现将课程设计狭义理解为课程内容设计，教师觉得各种内容都很好，舍不得放弃，导致课程内容出现超载现象。例如，一些教师面对蓝本课程的已有主题和自己原创的主题，出现选择困难，什么都想做，使自己和幼儿都疲惫不堪。其实，完全没有必要。在知识爆炸的时代，没有多少知识是必不可少的。面对繁多的内容，应遵循目的性抽样、方便性抽样和代表性抽样的原则进行筛选。首先，进行目的性抽样，即选择能有效实现目标的内容。一般实现同一目标会有很多种备选内容。其次，进行方便性抽样，即选择资源相对易得的内容。第三，进行代表性抽样，即选择能够给幼儿最大差异经验的内容。例如，培养幼儿热爱动物，就需要给幼儿接触动物的机会，幼儿园可以饲养小鱼、蚕宝宝、小鸡、鸭子等动物，也可以观察蚯蚓、蜗牛、蚂蚁、知了等动物。但至于要选择哪种或哪些动物，要看各地各园的资源条件。对于北方幼儿园来说，养小鸡比养鸭子更现实。最后，还需要考虑在本班幼儿已有哪些动物养殖或观察的教育经验，注意选择能帮助幼儿获得与已有经验不同的新的经验的内容。如果幼儿已有动物经验中还没有完全变态发育动物的经验，那么幼儿园课程可考虑养殖或观察此类动物。

2. 课程设计中如何平衡游戏与学习的关系？

在课程游戏化项目实施之前，一些幼儿园忽视游戏的作用，尤其忽视自由游戏。在课程游戏化实施的初期，有些教师简单化地理解课程游戏化，认为课程游戏化就是要把各类活动变成游戏，有些教师甚至认为不能再有集体教学了，集体教学与课程游戏化是格格不入的。其实，这些误解，都源自对课程游戏化的模糊认识。那么游戏与学习到底是怎样的关系呢？

其一，幼儿园课程游戏化并非要消灭集体教学活动，而是要充分考虑幼儿游戏的需要，尤其是要确保幼儿的自由游戏时间，让“自由、自主、愉悦、创造”的游戏精神融入整个课程，让包括集体教学在内的各种活动更生动、更有趣、更有效。要扭转在我国幼儿园教育实践中过度重教学、轻游戏的现象。在我国幼儿园教育的相当长的时间里，一些幼儿园仅将集体教学作为课程实施的唯一途径，将幼儿园课程设计和主题活动设计狭义地理解为教学活动设计，不重视游戏的价值，导致幼儿的游戏时间无法保障，游戏材料贫乏且不经常更换，游戏过程无指导等问题。这些幼儿园认为幼儿的学习只发生在集体教学活动中，因此将幼儿学习简单等同于开展集体教学活动，将教学与游戏对立，将游戏与学习对立，这一认识逻辑是极其偏颇的。

其二，幼儿学习的途径是多元的。学习是由经验而产生的相对持久的改变，游戏是幼儿自由、自主、自愿的活动。学习关注活动中幼儿经验的增长与巩固，关注幼儿的成长变化；游戏关注幼儿活动过程中自由、自主、自愿的状态。学习与游戏从不同的角度界定了有质量的活动的特征。因此，游戏与学习不是对立的，不应在时间安排上进行多和少的简单平衡，而应加强融合，使幼儿能在游戏活动和充满游戏精神的活动中获得有益于身心发展的经验。幼儿年龄尚小，需要学习的内容很多。《指南》指出：“幼儿的学习是在游戏和日常生活中进行的。要珍视游戏和生活的独特价值，创设丰富的教育环境，合理安排一日生活，最大限度地支持和满足幼儿通过直接感知、实际操作和亲身体验获取经验的需要，严禁‘拔苗助长’式的超前教育和强化训练。”

如果非要提学习和游戏的平衡，平衡的总原则是让幼儿园一日生活各项活动都充满游戏精神和发展价值。具体平衡的策略有：

① 在学习中增加游戏的成分，让学习活动成为幼儿主动的活动。例如，幼儿经常遇到在建构游戏中自己未完成的作品被其他同伴拆了的情况，很伤心很气愤，于是教师和幼儿讨论这种情况发生的原因及解决策略。幼儿想到了制订规则，并通过标记来提醒同伴自己的作品“未完勿动”。为了学习制作标记，幼儿先收集身边的标记，认识各种标记，并设计自己需要的标记。该活动是在解决问题驱动下、在教师引导和支持下发生的，是幼儿需要的活动。因此，符合自由、自主、自愿的游戏精神。

② 在游戏中能增加学习的成分，重视创设富有教育意义的游戏环境，在游戏中诱发幼儿的学习行为。以图书区为例，班级图书提供应渗透教师的教育意图。教师若想激发幼儿的想象力和创造力，在图书投放中可增加《鸭子开火车记》《爷爷总是有办法》《地下一百层房子》等图书；教师若想培养幼儿对动物的尊重，可提供《给鸭子让路》《我的野生动物朋友》等图书；教师若想引导幼儿加深对亲子分离的理解，可提供《我妈妈上班去了》《再见》等图书。

③ 改造程式化的日常生活活动为充满教育意义的幼儿主动活动，关注幼儿在日常生活中可能获得的发展。例如，一些幼儿园将晨间过渡活动确定为固定的点名环节，建议可根据幼儿学习与发展需要，设计为多样的过渡活动。为了巩固分类经验，可设计与分类有关的过渡活动，如“数一数扎辫子的女生有几位”“穿蓝色衣服的小朋友有几位”；为了巩固左右概念，可玩左右游戏；为了巩固歌曲的学习，可播放相关歌曲的音乐，让幼儿跟随音乐自由哼唱；为了拓展幼儿的词汇，可玩说出相反词的游戏等。

3. 教师在课程设计中的角色是什么？

有教师问道：在课程设计时，总要求跟随幼儿的兴趣设计，那么教师在课程设计中还有什么作用？可以基于教师的兴趣设计活动吗？

在课程设计中，教师除了要了解幼儿的兴趣，追随幼儿的兴趣设计课程外，还需要考虑如何利用幼儿的兴趣附加更多的教育价值，扩展幼儿的兴趣。例如，幼儿对兔子感兴趣，除了遵循幼儿的兴趣，让幼儿参与喂养兔子、观察总结兔子的行为习性等外，教师还应挖掘相关的便于渗透和扩展的教育价值，为幼儿提供听兔子的故事、阅读兔子相关绘本、鉴赏兔子艺术作品、学唱兔子相关歌曲、模仿兔子的体育活动等机会，在幼儿与兔子接触获得宝贵的直接经验的基础上适时嵌入间接经验，扩展幼儿的经验和兴趣。再如，由于幼儿发现阳光下自己影子的变化，教师设计了光与影的系列活动，包括观察一天不同时段阳光下自己的影子、动植物和其他物体的影子；设计了亲子活动计划，请家长晚上带孩子在路灯下探索自己的影子；还创设了班级区域活动暗室，请孩子们在暗室中用手电筒照各种物体，探索物体影子与光源的关系。在多种环境下探索，总结概括光与影子的关系。

此外，即使在以幼儿的兴趣为基础设计的课程中，仍可能出现幼儿在某个阶段兴趣下降或消失的状况，这并不意味着活动无法继续开展了，有可能是幼儿遇到了无法解决的问题或失去了继续保持兴趣的条件，需要教师设计活动来重新激发幼儿的兴趣。如，一组幼儿在搭建天安门城楼，几天后兴趣全无，此时教师拿来了一个天安门城楼的模型，幼儿的兴趣再次被点燃，热情投入到研究城楼和搭建城楼的过程中。

关于是否可以基于教师的兴趣设计课程的问题，答案是在一定的条件下可以，而应满足的条件是教师的兴趣能激发起幼儿的兴趣，使其也成为幼儿的兴趣。如，一名男教师喜欢足球，经常和孩子们谈起足球，户外活动时也经常与孩子们玩踢足球，这个班的孩子们对足球比别的班级更加热爱，教师当然可以基于教师和孩子们共同的兴趣设计踢足球的活动。

4. 教师何时适合开始自主进行课程设计？

关于教师什么时候适合开始设计课程？一些幼儿园提出：“我园教师年纪轻、教龄短，等她们年长一些，有了丰富的经验，再开始进行课程设计，可以吗？”一些园长认为年轻教师只能先从执行现成课程开始，等他们能熟练执行课程后，才可以开始设计课程。课程设计能力与教师教龄长短没有必然的关系，有时可能还会出现负相关，即教师执行课程方案的时间越久，越难学会设计课程。因为赋予教师设计课程的权利，就是要求教师研究幼儿、研究目标、研究幼儿的大自然和大社会，为教师创造性地工作提供了可能。不放手的园长，心里往往害怕出错，追求完美，正确至上，心中总有个不切实际的期待，即要做“不出错”的课程。其实，课程设计过程不存在绝对的对与错，而是权衡不同价值后作出的判断和相对最优的选择。课程设计过程必然伴随评价过程，通过评价、决策和实施后的反思，教师在开放宽松的环境中专业能力不断提高，越来越可以作出相对更适宜的评价和决策。

当然，教师课程设计能力提升离不开幼儿园的支持。有效的支持包括开放包容信任的氛围和高质量的课程审议。幼儿园应营造开放信任包容的氛围。园长应相信教师，赋予教师课程设计主体的权利和地位，允许教师尝试，接受教师“失败”，给予教师在尝试和“失败”中成长的机会。而高质量的课程审议则能帮助教师们通过集体智慧对课程中的问题进行商议后作出选择和决策，并逐渐提升课程评价、决策和设计的能力。课程审议的核心流程至少包含：① 明确问题。课程审议是实践问题导向的，因此课程审议活动参与者必须有问题意识。课程审议的问题有些是审议开始之前已明确的问题；有些则是在审议活动中通过分享交流不同观点和做法的过程中逐渐产生和明晰的问题。无论在审议之前还是在审议之中产生，课程审议必须针对问题。② 提出不同方案。课程审议活动参与者会针对问题提出不同的观点或解决方法。课程审议反对话语霸权和绝对权威，所有参与者均被鼓励平等自由地发表意见。③ 权衡比较方案。课程审议参与者针对各自提出的方案陈述理由，展开对话，权衡比较各种方案的利弊得失。④ 确定解决方案。通过充分对话，达成共识后，课程审议者可确定一种方案，作为暂时被接受的最佳方案。课程审议能否取得成效的关键条件有三个：其一是幼儿园的课程保持开放的状态，园长认同教师和幼儿都是课程的主体和创造者，教师具有课程决策权；其二是幼儿园工作氛围民主平等，教师们敢于发表自己真实的观点，而不必唯权威是从；其三是幼儿园保持开放，愿意让专业能力更强或专业背景广泛的人员参与课程研讨，这有助于改变“萝卜炖萝卜”的低水平审议现状。

二、幼儿园课程设计的路径与策略

1. 如何筛选和加工他编课程方案？

有教师问没有能力做园本课程的幼儿园可以直接使用现成的比较成体系的

课程吗？答案是可以用，但不能直接用，教师需对他编课程方案进行筛选和加工。

筛选他编课程，首先，需了解本园幼儿的家庭情况及幼儿发展需要、本园教师的发展现状、本园教育愿景和本地本园所拥有的课程资源；其次，需分析他编课程的理念和特点；第三，需要判断他编课程特征与本园实际需求之间的匹配度。选择匹配度高的他编课程成为本园的参考课程。

即便使用已经过幼儿园筛选的他编课程，教师也不能照搬文本，而应创造性地加以改造。使用他编课程的基本要求是在忠实的基础上进行调适。这里的“忠实”并非指对课程文本忠诚、机械、被动地照搬，而是指对课程文本所反映的课程理念和课程观的忠实。使用他编课程的第一步是钻研他编课程，理解该套课程的理念、目标、内容、过程和评价，及各部分之间的内在关系。对于他编课程，在忠实于课程精神和观念的基础上，教师可以根据本班幼儿的实际情况和所拥有的课程资源，灵活调整目标、内容和过程等。

对活动方案的选择和调适策略：① 舍弃。对于不适合本地本园本班幼儿实际情况的活动方案，教师可以果断舍弃。② 改编。对于设计意图佳，但与本园课程资源不符的活动方案，教师可以根据课程资源，改编活动内容。对于活动目标高于或低于本班幼儿实际情况的活动，教师可以调整活动目标，并相应地修改活动过程。对于他编课程中的活动方案，如果教师有更优的设计，也可对活动方案进行丰富、简化或调整。③ 在活动过程中加以调整。课程设计不仅发生在课程实施之前，也发生在课程实施之中和之后。即便活动前教师已对他编课程进行了修订，在活动过程中教师依然应根据幼儿的真实表现适时调整活动方案。④ 创编。对于他编课程方案中不存在的活动，教师可以根据幼儿的兴趣和本园的资源，与幼儿共同生成新的活动方案。优秀的教师能够领悟他编课程的核心精神理念，在忠实的前提下，灵活根据幼儿表现和课程资源，选择合适的切入点，生成园本或班本的课程。

为了有效使用他编课程，对他编课程的加工还应包括对他编课程开展时机的设计。不同于生成课程，缘起于幼儿的兴趣和需要。他编课程属于预成方案，何时开展必须考虑时机。时机不当，方案再完美，幼儿也不会积极参与。以“保护牙齿”活动为例，教师如果没有考虑合适的时机，硬生生地在任何时候想开展就开展，幼儿就会觉得是在教师的强迫下来学习保护牙齿的知识，不仅学习的积极性不高，而且很快就会遗忘。把握或创造使用他编课程的时机：幼儿愿意学习的内容既可以是幼儿自发感兴趣的内容，也可以是教师引发幼儿感兴趣的内容，自发兴趣和引发兴趣本身并无优劣之分，关键是幼儿的确对所学的内容感兴趣。有时方案实施的时机会自然出现，这需要教师敏感地捕捉，然后从他编课程中选择可以呼应幼儿兴趣和需要的活动进行。仍以“保护牙齿”为例，在幼儿园体检后，发现班上有些幼儿有龋齿，教师就可以将这个发现告诉幼儿，引起幼儿的关注，并顺势开展“保护牙齿”的活动。有时，一些活动很有价值，却苦于缺少实施的良机，这就需要教师主动创设情境，以激起幼儿的兴趣和需要。如教师想进行“制作糖果”的活动，故意将游戏区超市里的糖果藏起来一些，幼儿们在游戏时报告糖果太少了不够玩，教师提出再做些糖果的建议，得到了幼儿的同意。

2. 如何合理开发和使用园本课程方案？

一些教师感到困惑：自己使用了园本课程，但幼儿仍不感兴趣，这是为什么？这里教师所说的“园本课程”是指一些幼儿园自主编制的课程，或出版或未出版，通常以文本的形式存在。园本课程即便研发出来时是闪耀着光的活泼泼的课程，一旦以文本的形式固定下来，并要求本园教师照此实施，也就变成了僵化的死课程了。如此，幼儿必然不感兴趣。

真正的园本课程是基于幼儿园现实的课程，是灵活和应变的课程，因此是活的课程。区分死园本课程和活园本课程有两个标准：其一，在课程编制阶段，为每个时段确定的活动方案数量，即课程是否具有可选择性；其二，在课程实施阶段，是否要求教师按照园本课程文本实施，即教师是否有课程决策权。如果在课程编制阶段为每个时段只确定了一种活动方案，在课程实施阶段要求教师照文本执行，则这种园本课程为死的园本课程；反之，如果为每个时段设计了 N 种活动方案供教师参考，且活动方案数量不设上限，只要经过教师个人反思和幼儿园集体审议认为优秀的方案都可列入其中，并允许教师根据本班幼儿的实际情况设计出第 N+1 种方案实施，则为活的园本课程。

因此，幼儿园编制园本课程时，应更多地从理念层面和具体策略层面进行园本课程建设，具体到活动方案上，应摈弃编制死的园本课程文本，而应以开放的态度，从资源建设的视角建设园本课程。所有符合本园课程理念、使用了本园课程建设策略的优秀活动方案均可纳入园本课程系统，供教师设计和实施活动参考。园本课程建设应是传承本园课程建设智慧的重要媒介。

如何使用园本课程方案？一些教师指出自己根据班级幼儿实际情况设计的班本课程与园本课程发生了矛盾，怎么办？从理论上来讲班本课程与园本课程不会冲突，园本课程首先应是基于班本的课程，但在实践中教师们的问题实际上是自己根据本班幼儿实际情况设计的班本课程与幼儿园提供的“园本课程”文本不同，而又不能不执行“园本课程”的冲突。发生这种冲突的幼儿园的园本课程多为死的园本课程。这类幼儿园应转变对园本课程编制的认识，建设开放的、可供选择的、活的园本课程。即便活的园本课程建设提供了多套方案，对于教师来说，这些方案也都仅供参考，教师仍具有根据本班幼儿实际情况设计新的活动的权利。

3. 如何利用资源设计幼儿感兴趣的活动？

一些教师感到困惑，自己利用本地本园资源开发的课程，幼儿却仍不感兴趣，问题出在哪里？回答这个问题，要弄清楚幼儿园为何要开发利用本地本园的课程资源。

让我们来回顾1926年陈鹤琴先生制订11月课程计划时的说明。他写道：“‘满山枫叶红似火，遍地秋草黄如金。’秋方尽，冬方始，黄花野果，俯拾即是，农家之收货，常人之腌藏，皆忙碌异常。儿童见此境况，即学校不加指点，能不油然发生一种兴趣吗？本园环境，富有自然的美，左为北极阁，小山屹立；右为大旷地，野草平铺，颇饶农村风味，加之园内几方隙地，尽辟花园菜圃，到这时黄花盛开，番薯、白菜都渐渐地成熟，所以本月的课程，大都以此（资源）为中心，约计有下列数项（略）。”[①]可见，幼儿园课程建设为何要关注周围的大自然大社会资源，其实质是因为这些资源就是幼儿的生活，资源的变化会引起幼儿生活的变化，由于幼儿的兴趣大都与其生活有关，因此资源的变化进而会影响幼儿兴趣的变化。

可见，对本地本园资源的关注，其实质是关注幼儿的生活，是课程生活化的重要途径；对幼儿生活的关注，是为了把握幼儿的兴趣，由此可推，对周边资源的关注，也是课程兴趣化的重要途径。

---

① 陈秀云，陈一飞编. 陈鹤琴全集（第二卷）[M]. 南京：江苏教育出版社，2008：120—121.

教师利用资源开发的课程，幼儿却仍不感兴趣的问题，实质是教师未理解资源开发的意义，而出现以资源为中心开发课程，是“牛不喝水强按头”。基于资源设计活动，应重点关注儿童对资源的兴趣和问题，而非资源本身。儿童对资源的兴趣和问题发生于其与资源互动的整个过程，兴趣和问题才是教师设计课程的起点和依据。如，以“蚂蚁”作为资源设计活动，如果无视幼儿的兴趣和问题，教师可能会从认识蚂蚁的特征，感受蚂蚁“团结就是力量”等观念出发设计活动，但一所幼儿园的幼儿却发现蚂蚁在打架，越来越多的幼儿围绕在蚂蚁打架现场，饶有兴趣地讨论着蚂蚁打架的原因，于是该园教师从蚂蚁打架入手，带领幼儿全面认识蚂蚁的特征与习性，并且延伸到探讨动物打斗的现象。

因此，基于资源设计课程，应全程关注幼儿与资源互动中发生的兴趣和问题，基于幼儿对资源的兴趣和问题设计活动。

4. 如何基于幼儿的兴趣有效设计课程？

兴趣是推动人们去寻求知识和从事活动的动力因素。但幼儿园每个班级有三十个左右的幼儿，不同幼儿对同一事物或现象、同一幼儿对不同的事物或现象，甚至同一幼儿在不同场景对同一事物或现象的不同方面都会有不同的兴趣。如何基于幼儿的兴趣有效设计课程呢？

首先，课程活动的主题应源于班级幼儿普遍的兴趣。主题的筛选要考虑三个要素：价值性，即对幼儿发展的价值；适宜性，即幼儿要有一定的经验基础、在幼儿最近发展区之内、有丰富的资源支撑、符合教师的经验与兴趣；趣味性，即符合幼儿的兴趣，是幼儿喜欢做的事情。当然，这里的兴趣不是哪个幼儿的兴趣，而应是班级绝大多数幼儿都有兴趣的事物或现象才能成为班级的主题，这样的主题也才有更大的兴趣包容性，才能更大可能地适宜于更多幼儿的兴趣。

其次，基于主题对幼儿发展价值，进行主题活动方向性、弹性化的预设。伊丽莎白·琼斯、约翰·尼莫在《生成课程》中指出，“课程是一个教育环境中实际发生的事情——不是理性上计划了要发生的事，而是真正发生的事情”；①同时，

① 伊丽莎白·琼斯，约翰·尼莫著. 生成课程[M]. 周欣，等译. 上海：华东师范大学出版社，2004：20.

课程也是“通过教育者对儿童的需要和感兴趣的事物的价值判断，不断调整活动，以促进儿童更加有效学习的发展过程”。① 因而，主题活动设计时要考虑活动进程中，幼儿可能遇到的问题，可激发出幼儿的哪些兴趣，要尽可能充分预设主题活动的可能性，要为幼儿兴趣和发展需要预留充足的空间。这样的主题设计就应该是情境脉络式的，只预设可能的方向和活动的环节，不具体设计活动的内容。如，大班主题活动“秋的收获”（如下图），按照事件发展的脉络预设该主题活动，每个环节幼儿都可以根据自己的兴趣去做适宜于自己能力的事情。比如，“哪些果实成熟了”环节，有的幼儿对石榴比较熟悉也较有兴趣、有的幼儿对毛豆有兴趣和经验、有的可能是柿子……不设定具体的果实就为满足不同幼儿的兴趣提供了可能。该主题的其他环节也是如此，都没有设定具体的对象、方法，这就为满足幼儿多样化兴趣、个性化发展需要，提供了无限的可能。

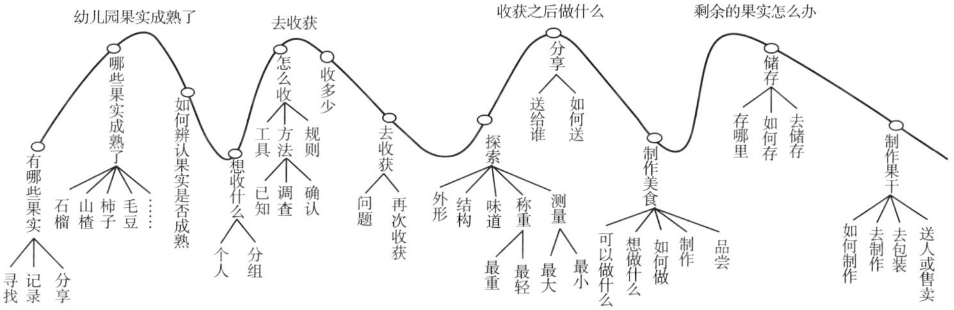

大班主题活动“秋的收获”

最后，主题活动设计时实施的形式和途径要灵活多样，以幼儿为主体，能充分发挥幼儿的自主性。主题活动设计要充分考虑幼儿主体性的发挥，其活动形式和途径应以幼儿自主参与的生活和游戏活动为主，根据内容灵活采用个体活动、小组活动和集体活动等形式，减少不必要的集体活动环节。在个体、小组的游戏及生活活动中，能够更好地满足幼儿个人兴趣以及培养更高层次、更广泛的兴趣。同时，主题活动设计应充分利用已有的资源，创设丰富的环境满足幼儿通过直接感知、实际操作、亲身体验获取经验的需要，这样主题活动才能适宜幼儿的学习特点，满足幼儿的兴趣、需要。

---

① 冯晓霞.生成课程与预成课程[J].早期教育，2001(08)：2—4.

5. 如何筛选适宜的课程资源？

课程资源很多，如何判断哪些资源有用？筛选资源的基本原则为：① 教育价值观筛选，即课程资源的选择要反映本园的办园理念和追求。致力于重建人与动物的关系，重视生态文明建设的幼儿园，会提供符合动物伦理观念的绘本，如，《给小鸭子让路》《我的野生动物朋友》《动物园》等；重视培养幼儿创造性的幼儿园，会提供鼓励幼儿大胆想象和创造的绘本，如，《鸭子骑车记》《爷爷一定有办法》等。② 缺失优先性原则，即幼儿发展所短应为课程资源优先开发之处。如城市儿童缺乏身体锻炼的机会，幼儿园应多加开发运动资源；农村儿童缺乏良好的文化环境，幼儿园应加强早期阅读资源开发等。③ 学习可能性筛选，即要符合幼儿身心发展的特点，满足幼儿的兴趣爱好和发展需要。本地有很多资源，有些涉及幼儿难以理解的古代英雄的事迹或天文地理等，这些资源可留给中小学校本课程开发。④ 教学条件性筛选，即课程资源的选择要与教师教育教学修养的现实水平相适应。如，对于一些教师综合素质较低的农村园，选择使用艺术资源，就会有些困难。

各种资源分别适合于哪个年龄班？严格意义上说，资源无法与年龄班直接对应，大多数资源均可在小、中、大班使用，但对资源挖掘的深度和广度有所差别。资源需经过课程化加工和教学化加工才能明确适宜的年龄班。课程化加工是挖掘资源的教育价值，教学化加工是指考虑适宜地使用资源的过程以实现资源的教育价值。如，关于“年”的社会资源，在不同年龄班都可以使用。经过对幼儿已有经验的调查后，潘天寿艺术幼儿园确定了小班“红红的年、甜甜的年”，中班“欢乐的年、热闹的年”，大班“中国的年、外国的年”主题活动。

课程资源开发的程序是带着目标找资源还是找到资源对目标？课程资源开发没有唯一不变的程序，带着目标找资源和找到资源对目标，是课程资源开发的两种程序。① 带着目标找资源，是依据目标寻找生活中可以实现目标的资源。如，为了实现《指南》中提到的“能适应车、船等交通工具造成的轻微颠簸”的目标，幼儿园提供了秋千、荡桥、多人转椅等；为了实现“能感知和发现不同季节的特点，体验季节对动物的影响”的目标，幼儿园设计了“找虫子”的持续一年的活动，请幼儿在不同的季节找虫子，发现虫子随季节变化的特点。② 找到资源对目标，是指先找到资源，然后挖掘资源的价值。如，南京市实验幼儿园种大乌桕树，由于乌桕树太大，用了吊机栽树，这一偶然事件出现后，中六班的教师挖掘了其可帮助幼儿了解种树的过程、了解机器的作用、产生愿意亲近大乌桕树的情感等价值，决定放弃原定的活动计划，让幼儿全程观摩了园林叔叔挖坑、用吊机将大乌桕树放入坑中、然后覆土埋根浇水等过程。之后，班级幼儿认领了这棵树，并给其命名为“彩虹树”，承担起照料彩虹树的责任。

6. 如何有效收集课程资源？

课程资源是有利于实现课程目标的一切因素，是课程内容的来源和实施课程的条件保障。有些课程资源直接被幼儿利用，有些课程资源则通过被成人利用后，进而对幼儿产生影响。《纲要》没有具体列出幼儿园应教授的知识技能清单，具体教什么和学什么都由教师根据本地本园的课程资源确定。因此，自《纲要》颁布以来，幼儿园课程对资源的依赖性增强。那么，幼儿园如何有效收集课程资源？应鼓励幼儿园设立课程资源室，由资源管理员组织收集和整理资源，以最小的投入获得最大的产出。

首先，树立全员收集的观念。所有与幼儿园课程直接或间接相关的人员都是幼儿园课程资源的收集者。直接人员不仅指资源管理员，还包括教师、园长、家长、幼儿、保育员、炊事人员、保健人员、门卫、司机等幼儿园所有相关人员；间接人员包括直接人员的家属和朋友等。

其次，采取多元收集制度。根据资源收集的自主性，课程资源收集可相对划分为指定收集和非指定收集。“指定收集”是指资源管理员为各班教师提供资源需求登记本，按照教师事先登记的资源清单进行收集；“非指定收集”则是指资源管理员根据其对课程建设需要的理解和把握，自主为教师收集课程资源，这类课程资源有些是教师未知的，因而可以拓宽教师的资源视野，开阔课程思路。根据资源收集途径，课程资源收集可相对划分为实地收集和网络收集。“实地收集”受空间限制，主要用于收集本地可被幼儿园使用的资源。如，民间艺人、课程顾问、超市，快餐店、公园等。“网络收集”则是资源管理员通过网络，收集本地、全国乃至世界范围内可利用的课程资源。其不受时空限制，可收集的资源范围广阔。根据资源收集的专门性，课程资源收集可分为专门收集和随机收集。“专门收集”是指有目的、有计划地正式开展的资源普查，如，在请新生家长填写基本信息时，幼儿园可不限于让其填写工作单位、住址和联系方式，可增加职业、专业和特长等课程资源信息内容；幼儿园可定期走访、调查幼儿园周边环境中存在的课程资源，定期查阅图书杂志和网络信息；每到岁末，可以组织旧挂历回收活动；八月十五后，可专门组织月饼盒回收活动等。“随机收集”则是指资源管理员、教师等在工作和生活中随时随地地收集课程资源。如，偶然听说本园司机曾在老家盖过房子、某班保育员针线活做得好等，资源管理员都可及时备案。随机收集课程资源，需要资源管理员和教师具有较强的课程资源敏感度和自觉收集课程资源的习惯。根据课程资源管理员参与资源收集的程度，课程资源收集可分为资源管理员亲自收集和组织收集。“亲自收集”是课程资源管理员通过各种渠道亲自寻找或购买课程资源。但仅靠课程资源管理员的力量显然是不够的，还需“组织收集”，课程资源管理员重要的工作之一是通过制定课程资源收集制度，积极发动全园教职工、幼儿及其家长等相关人士参与收集。课程资源收集制度包括报备制度和回收制度。“报备制度”是鼓励全园教职工、幼儿家长将个人所发现或所拥有的课程资源及时向资源管理室报备，由资源管理室统一管理。“回收制度”是指请教职工、幼儿和幼儿家长将自制或非自制的可再度使用的教玩具或废旧物品放回资源室，如，资料管理员可为每班提供一个废旧物品回收箱，或在幼儿园门口提供一个全园公用的废旧物品回收箱，请全园教职工、幼儿及其家长将他们在家里、幼儿园或其他地方产生的废旧物品带到幼儿园，由资源室统一回收存放，供全园使用。

7. 如何支持幼儿成为课程决策者?

幼儿是课程的出发点与归宿，幼儿参与课程决策是实现课程实施中幼儿的主体地位的重要保障。幼儿的发展和主体价值发挥，是幼儿园课程建设的基础、依据以及指向的目的，承认幼儿是课程决策者、实现幼儿主体地位是课程游戏化的基本要求，也是幼教改革的基本趋势。毕竟，课程并非既定的知识真理，而是鲜活的教育现象和活动过程。课程实施过程无法在活动前完全预设，而需要活动现场的反思以及师幼、幼幼之间不断协商、弹性调整。幼儿园课程是为幼儿发展服务的，具有启蒙性、过程性、游戏化、生活化等特点。幼儿园课程游戏化必然绕不开幼儿这一中心，课程决策也必然离不开幼儿。支持幼儿有效参与课程决策需要从完善制度保障、合理分配权力、建设发声平台等方面入手。

首先，要有制度保障。在实践中，不是所有的课程利益相关方的权利都得到了充分的表达，其根本的原因在于没有相应的制度保障。《规程》《纲要》等文件明文规定了教师、家长等在幼儿教育中的地位和权力，各幼儿教育机构也通过设置家长委员会等形式让家长参与幼儿园课程决策，从制度上保障了家长的课程决策权。幼儿有效参与课程决策首先需要完善相应制度建设，将幼儿决策的具体要求、形式等写入幼儿园管理条例或幼儿园课程建设与实施方案中，充分倾听幼儿的声音，避免教师的“一言堂”。

其次，平衡利益相关方权利。教师要综合考虑幼儿园管理者、幼儿教师、幼儿、幼儿家长等各利益相关方的特点，完善课程主体间合理的权力分配，避免一方或几方过度追逐课程决策权而导致幼儿园课程处于失衡状态。园长的决策体现在对幼儿园课程事务、对幼儿教师与幼儿评价的决策与执行；幼儿教师的课程决策主要包括课程决策的参与权、课程开发权、课程实施权、课程创生权和课程评价权等，其运作对象主要是幼儿，此外还涉及幼儿园课程事务、园内外课程资源等；幼儿的课程决策体现在幼儿是课程的直接体验者，是课程实施效果的直接体现。不可忽视的是，幼儿园园长、幼儿教师与幼儿之间在课程活动中作用的大小差异是客观存在的。基于这种差异进行课程决策权力的划分，并明确课程主体的具体权力，细化权力的类别。

最后，幼儿园与教师还需要建立顺畅的课程权力表达平台，保障幼儿的课程决策权力。保障幼儿的主体地位，需要幼儿园管理者和幼儿教师从幼儿的兴趣和需要出发，从幼儿的经验和兴趣点中寻找生长点，生成新的课程。例如，幼儿园开展绿化工程过程中，施工的图纸，搬运的泥土、木材、树苗等，多余的建筑材料和建筑工具都会成为幼儿的新兴趣点；作规划、运泥土、种幼苗、建房子，成为幼儿最愿意做的事。如果让幼儿提前参与绿化工程的研讨，听取幼儿声音，甚至可以让幼儿自己设计绿化的图纸，并直接参与绿化工程的过程，那么这样的课程活动更能激发幼儿兴趣，实现幼儿最大可能的发展。同时，在课程实践中，教师要建立平等的师幼关系，在课程情境中让幼儿通过体验探究的方式，在与教师的对话和协商中获得有益的经验成长，在“预设”中“生成”，让每个幼儿都能主动地参与学习，主动建构知识。

8. 如何设计符合课程游戏化精神的主题活动?

虞永平教授提出:“课程游戏化即让幼儿园课程更加适合幼儿,更加生动、丰富、有趣。”①《纲要》也明确指出:“教育活动内容的组织应充分考虑幼儿的学习方式和特点,以游戏为基本活动,注重综合性、趣味性,寓教于生活、游戏之中。”因此,在设计主题活动时,要充分发挥课程审议的作用,明确幼儿的主体地位,妥善处理预设与生成的关系,充分彰显课程游戏化的精神。

首先,立足幼儿真实生活中的资源筛选主题内容。正如陈鹤琴所讲“大自然、大社会都是活教材”,主题自然应该源自幼儿的生活,立足于幼儿生活中的自然与社会资源进行筛选。因此,幼儿园要加强课程资源的调查、整理,形成课程资源地图;并对接《指南》分析每种资源在不同年龄段可实现的经验价值,以及能够开展的活动,以此形成课程资源分析表;在课程资源表的基础上,加强园所、年级审议,筛选出适宜不同年龄段、季节、幼儿经验与发展水平,又具有丰富发展价值的资源来作为主题的内容。此外,多观察、多问问幼儿的感受与想法,让幼儿参与到主题的筛选中,更有助于我们把握幼儿的兴趣和经验基础。秋季到了,幼儿园中种植的各种农作物或果树上挂满了果实,幼儿被玉米、红枣、石榴等吸引,教师就可以抓住这一兴趣点,设计“秋收”主题活动,帮助幼儿有效获取经验。

其次,要妥善处理主题活动中预设与生成的关系。主题活动设计既要符合幼儿的身心成长规律和教育目的,根据幼儿做事的逻辑科学设置主题活动计划,避免出现“小学化”“成人化”的倾向;又要坚持开放性与灵活性,预留出生成的空间,便于教师在主题实施过程中有效与幼儿互动,并能根据幼儿兴趣与需要对活动进行调整,生成更有价值、更有趣味、更适宜幼儿的活动。

此外,还要持续完善、优化主题活动方案。对已实施过的蓝本或园本主题活动,要通过课程审议分析其主题活动方案设计与实施的实效,根据当下幼儿的经验、兴趣与发展的需要,针对原有方案存在的问题,进行不断修订完善,设计出更为符合课程游戏化精神的主题活动。幼儿、教师、园所资源、季节天气等因素每年都会有所不同,因而主题活动设计不会一劳永逸,也不能照搬照抄,否则设计

---

① 虞永平.课程游戏化的意义和实施路径[J].早期教育(教师版),2015(03):4—7.

的方案就不具有适宜性和有效性，也不利于教师的专业成长。因此，不管是他人已经设计好的活动方案，还是园所积累的活动方案，教师都需要思考以下问题，并尝试回答：活动符合幼儿的兴趣和需要吗？幼儿具有该主题活动相关的经验吗？主题蕴含哪些发展价值，有助于达成哪些教育目标？主题活动是否有丰富、适宜的资源支撑，具有可行性和挑战性吗？主题活动与之前开展过的活动之间有关联吗，和之前获得的经验具有连续性与递进性吗？这些问题思考清楚后，主题活动的设计与完善将更加贴近幼儿心灵、更能提升活动质量。

9. 如何设计符合课程游戏化精神的集体教学活动？

课程游戏化是对整个课程的改造，要让“自由、自主、愉悦、创造”的游戏精神融入整个幼儿园课程。因此，教学活动也应体现游戏精神。符合课程游戏化精神的教学活动设计策略有三点。

① 基于幼儿的问题和兴趣设计教学活动。兴趣和问题是幼儿学习动机的主要来源，也是所有课程，包括教学活动设计的重要基础。只有基于幼儿兴趣和问题的教学活动，才能使幼儿感受到符合其内在发展需求的自由和扩展其经验、提升其能力后所获得的精神愉悦。课程游戏化反对不顾幼儿关注点、照搬教材上课和强制管理幼儿行为、逼迫其学本领的集体教学活动，提倡基于幼儿在各项活动（如：生活活动、游戏活动、项目活动等）中的兴趣与问题，确定教学活动的目标和内容等。例如，基于幼儿在蚕宝宝的养殖活动中发现蚕的蜕变现象，教师寻找多种有关蜕变动物的视频和图书，设计集体教学活动，帮助幼儿将经验系统化，知道蜕变是很多动物生长变化的一种生命现象。再如，幼儿在搭建升旗台的项目活动中，遇到不知旗杆应搭建多高的问题，于是教师顺势设计教学活动，帮助幼儿掌握自然测量的方法。这两个案例都源于幼儿的兴趣和认知需要，是幼儿喜欢的、有助于幼儿发展的、符合课程游戏化精神的教学活动。

② 教学过程减少说教，支持幼儿探索、发现和表达，激发幼儿的投入和创造。教学活动不同于学校教育中的课堂，幼儿园课程也不同于学校教育中的教材。幼儿园课程主要体现在环境、材料和时空之中，教学过程中教师的主要任务不只是讲解教材，幼儿的主要任务也不是端坐静听，教学活动中教师应为幼儿提供蕴含着学习内容的人、事、物等有准备的学习环境和充足的时间与空间，幼儿

在教师引导下通过探索、发现和交流表达，在新旧经验间建立关系，促进旧经验的转化，并增长新的经验。由于幼儿发展水平不同，教学活动过程设计应关注差异，为不同水平的幼儿提供适宜的活动机会。活动过程应注重创设问题情境、设置适宜挑战、提出开放性和启发性问题、激发幼儿的投入和创造。以体育活动“学习匍匐爬”为例，一种活动设计方案是：教师先示范讲解匍匐爬的动作，幼儿观摩学习后进行练习，然后用学到的匍匐爬完成穿越烽火线的任务。另一种活动设计方案则是：第一步，教师布置好穿越烽火线的环境，提出要求幼儿安全穿越烽火线的问题；第二步，教师请幼儿探索可以完成任务的动作；第三步，教师邀请幼儿相互仔细观察、评价哪些幼儿成功完成了任务，而哪些幼儿没能完成，出了什么问题；通过仔细分析成功和失败的动作要领，总结匍匐爬的动作要求；第四步，所有幼儿基于所学的动作要领，多次尝试穿越烽火线，教师进行个别指导。相对第一种活动设计，第二种活动方案更符合课程游戏化中自主和创造的精神特质。

③ 活动过程可以部分采用生动有趣的方式，增加活动的游戏性。游戏是幼儿的基本活动，在游戏中学习是幼儿学习的重要特征。幼儿园教学活动设计可部分采用生动有趣的方式，增加活动的游戏性。设置真实情境、拟真情境或虚拟情境，唤醒幼儿的角色意识，进入情境完成任务，是幼儿园教学活动游戏化设计的重要方式。例如，在健康活动“不跟陌生人走”中，教师故意离开班级，同时邀请幼儿园其他工作人员进入教室，“哄骗”幼儿，带他们离开班级，根据幼儿的具体表现进行有针对性的引导；小班语言活动“花儿打电话”中，教师请幼儿模仿“春风”“花儿”和“蝴蝶”“蜜蜂”来玩互相打电话的游戏，在游戏中理解和掌握“花儿打电话”的儿歌；中班数学活动“停车场管理员”，请幼儿假扮停车场管理员，运用序数和生活经验解决停车管理的问题等。

10. 如何整体设计区域活动？

区域活动符合幼儿兴趣、需要与学习特点，蕴含全面发展的价值和可能，是实现幼儿个性发展和全面发展相统一的有效途径。幼儿园应立足幼儿全面发展，充分、科学、合理利用空间，创设开放的、多样的班级区域，满足幼儿多方面发展的需要。

① 立足幼儿全面发展，整体设置班级区域。幼儿园区域活动的整体设计必须关注幼儿的全面发展，兼顾五大领域全面发展的目标。江苏省教育厅《第五、六批省级课程游戏化项目（2018—2019 年度）实地调研指导工作要求》提出，“从支持五大领域全面发展的角度规划每个游戏区域和材料”，创建数量适当、种类多样、材料丰富并与幼儿发展相适宜的区域。

区域活动与领域教育之间相互生成，每个活动区都同时具有多领域经验的指向性。要从幼儿全面发展的角度，考虑区域的功能价值，要有目标意识，统筹设计班级区域活动。幼儿园班级每个区域创设都应有不同领域目标指向，不同的区域有其各自的发展重点，也为幼儿从自身兴趣和发展需要出发自主选择区域提供了可能。

② 充分利用班级空间，科学创设多样化区域。幼儿园班级区域设置的数量会略有不同，一般为 5—9 个区域，相对而言班级空间就会显得捉襟见肘。因而，班级区域活动创设要充分合理利用班级空间，进行科学、系统规划。

一方面，要根据班级幼儿人数规划区域数量。班级区域一般以容纳 3—7 名幼儿同时游戏为宜，以平均 5 名幼儿一个区域，30 名幼儿的班级，至少要设置 6 个区域。考虑为所有幼儿自主选择创造可能性，最好设置 7—9 个区域。

另一方面，要根据年龄段进行区域类型设置。小班幼儿主要以游戏、生活体验为主创设区域，可设 2—3 个娃娃家、感统区、生活区、建构区、美工区、语言区、音乐表演区、种植角、饲养角；中班适当调整、增加目标性区域，可将小班娃娃家更换为其他角色扮演区；大班可增加探究性区域的设置。

再有，科学规划区域空间。班级空间有大有小，空间较大的班级创设相对难度较小；空间较小的班级，就要创设必要区域，并且要利用与班级相连接的走廊等公共空间进行区域创设；同时，有些区域可以仅把材料架、必要材料和工具摆放于墙面上，幼儿操作时可自选区域、自取材料到班级公用活动区域进行操作、游戏，而将必须有独立空间的区域进行适当分割。这样既保证区域设置的数量，又能合理利用空间，还能为必要区域留足独立的空间。

③ 基于幼儿发展需要，加强区域之间的融合。幼儿的发展是一个有机的整体，班级各个区域之间也是相互关系的综合体，是可以互相融合、资源共享的互通空间。因而，要注意使每个区域空间既相对独立又彼此联系，发挥出有限空间的最大教育价值；同时，幼儿园班级区域有些是固定的区域，如美工区、建构区、

语言区、益智区、科学区等；还有些区域是弹性创设的，如角色区，在中班可以是医院、果饮店、理发店、美食吧等，可以随着幼儿兴趣、季节、主题不同进行调整和更换。班级固定区域与弹性区域相互结合，能够更好地适宜幼儿兴趣、个性化发展需要，也能更好地与其他活动途径相融合，实现班级区域对幼儿全面发展的价值。

④ 基于幼儿发展目标、经验、兴趣，有目的、有计划地投放区域材料。区域材料的投放要基于幼儿年龄特点和全面发展的需要，体现多样化、层次性，充分满足幼儿多元化的需要及个别化学习的条件，让幼儿能根据自己的兴趣和水平进行自由操作和探索，从而获得深度学习和全面发展。比如小班幼儿以具体形象思维为主，小肌肉发展不够协调，注意力容易转移，自理能力需要提升等，教师投放的材料要大小适宜、色彩鲜艳，形象生动逼真，有一定的趣味性，同时增加生活区操作材料锻炼幼儿的自理能力及精细动作、手眼协调能力等。

11. 如何整体规划室内外的环境与活动？

《规程》指出幼儿园要“合理利用室内外环境，创设开放的、多样的区域活动空间”。英国学界认为“室内和户外的教育环境同属于一个整体的教育环境，都必须适应儿童的发展；教师和管理者必须以同等的态度看待室内和户外教育环境”①。

① 基于幼儿全面发展，统筹规划室内外区域。幼儿园空间规划是一个整体，必须综合加以利用和规划。幼儿园空间可以分为户外和户内，户内又可分为室内和公共空间。幼儿园班级室内区域的规划，需与户内公共空间、户外空间的规划统筹考虑。有的幼儿园户外空间相对不足，那就需要更多的区域放在户内设置；户内设置时，如果班级空间足够就要设置更多的室内区域，如果班级空间不足就要将相关区域设置在走廊（归属班级区域）或者专用活动室。同样，如果户外空间足够，就要将更多幼儿发展的目标融入户外区域规划之中，更多设置户外区域，进而可以相应减少户内专用活动室和班级室内区域数量。毕竟户外游

① 张莅颖，张世锋. 英国开展儿童户外游戏的理论与实践[J]. 学前教育研究，2010(8)：60—63.

戏较室内游戏有着更为重要的教育价值和意义：户外游戏中儿童的自主性增强，户外游戏中儿童的社会性活动增多。

当然，幼儿园户外户内空间的规划，要从幼儿德智体美劳全面发展的维度进行审视，考虑幼儿经验全面发展的需要，通过全园审议将相应的发展目标融于户外区域、专用活动室、班级区域的一个或多个区域之中。如果，户外区域、专用活动室、班级区域都设有类似的区域，如，班级有美工区、户外有写生和涂鸦区，还有专用美工室，就要对其进行合理定位，相互之间要有差异化，而不能功能趋同，进而满足幼儿在美术领域不同兴趣、不同经验发展的需求，实现各自区域的不同价值。

② 合理利用空间与时间，实现室内外活动有效安排。幼儿园室内外环境与活动规划应因地制宜、因园制宜、因时制宜，合理利用幼儿园空间与幼儿在园时间，实现室内外活动的有效安排。上面已经阐述了空间利用问题，时间的规划上可以如此实施：每天有明确目标指向、预设为主的教学活动不超过一次，最好不超过半小时；户外游戏和体育活动时间，不少于两小时，每个班级的户外游戏活动不少于三种；室内区域游戏时间不少于一小时，每个班级有 7—9 个区域，鼓励幼儿自主性游戏、创造性探索。幼儿园室内外环境与活动的整合规划，有利于拓展幼儿游戏与学习的时间和空间，能有效地延伸幼儿的游戏经验，让幼儿的游戏更具新颖性、多样性、复杂性、挑战性，也让幼儿的学习体现出明显的整体性、独特性、关联性和延伸性。

③ 立足主题，实现室内外区域活动的融合。幼儿园主题活动实施，自然会渗透于各类活动之中，实现室内外环境与活动的相互融合。比如，在“光与影”的主题活动中，教师可在教室内创设光影屋，利用暗屋、手电筒、镜子、棱镜、色卡、色杯、皮影等材料，支持幼儿对光与影的学习和探究。通过教室内的探究，幼儿形成了对光与影关系的初步认识，开始在户外活动中寻找影子，学习兴趣从室内延伸到户外；在户外，幼儿观察树荫、器械的影子、植物的影子、自己的影子，发现影子的秘密，又在室内区域活动中进行验证。在室内外区域活动的延伸与转换中，幼儿通过主动探究，发现自然规律，形成科学认识。①

① 张静. 幼儿园室内外环境一体化的实践研究[J]. 山东教育(幼教园地). 2020.9.

12. 如何生发项目活动?

所谓项目活动,就是“对一个题目的深入研究”,其根本是探索“即孩子们就自己或与教师共同提出的问题,或就调查过程中出现的问题寻求答案的一次研究”①。在瑞吉欧教育者看来,一个项目是一种冒险,是一种研究。每一个项目研究什么、怎样研究、何时告一段落,都依靠儿童和教师双方的舞动、交流与智慧的碰撞。②

如何生发与开展项目活动?在此,以瑞吉欧“人群”主题活动为例加以阐释。

① 项目源于幼儿生活中的谈话、偶发事件或教师的建议。九月份暑假结束,刚开学的时候,戈布烈对一群小朋友和老师谈起一个夏夜的情景,他的话立即引起其他人的反应,唤起他们的回忆,因而产生一个能让孩子分享并强化对人群的记忆及经验的教学方案。

当然,项目也可以源于偶发事件,比如,苏州吴江汾湖城区幼儿园中班组教师,基于幼儿饲养的山羊——“小草莓”被居民投诉而生发了项目活动“‘小草莓’搬家记”:幼儿在教师的支持下对什么是投诉,为什么被投诉,被投诉了怎么办,如何写、送道歉信,搬家搬到哪里,如何搬家,搬家之后如何庆祝等问题展开持续、深入的探索。项目还可以源于教师建议,如教师基于幼儿经验、兴趣与发展需要以及园所资源,建议大班幼儿开展“幼儿园树木地图”项目探索:首先,调查幼儿园树木数量与种类;接着,为不同种类树木制作、悬挂树木“身份证”;最后,将幼儿园所有树木呈现在一张地图上,完成“树木地图”制作,放置于幼儿园最醒目的位置。

② 项目过程在于幼儿在教师的支持下围绕问题或任务进行持续的对话、探索与反思。例如,关于“人群”行走方向的对话:

女生组报告:有人往右走,有人往左走;有人往前走,有人往后走;有人下坡,有人上坡;有人先走一边,再走另一边;有人想怎么走就怎么走。

---

① 凯兹,查德. 开启孩子的心灵世界:项目教学法[M]. 胡美华,译. 南京:南京师范大学出版社,2007:4.

② 李槐青. 试论瑞吉欧项目活动设计的特点[J]. 长沙大学学报,2020(4):131—132.

男生组：我注意所有的人，从每个角落看他们，如果他们往相反的方向走，我也能看到他们的脊背。

小组讨论之后，教师与孩子们商量用图画的方式呈现出他们对“人群”的理解。在孩子们的作品中，教师发现，孩子的图画与他们语言的描述并不一致。教师就请孩子们讨论他们的图画，重新回顾他们之前说过的话，进行批判性反思，推进活动进展。

为了弄清人群的方向，教师还把孩子们带到幼儿园外面观察人群。在城市中心，孩子们通过街道上的人群进行观察和拍摄；自己进入“人群”，从人群中去观察、感受和体验“人群”；站在高处俯瞰“人群”的全貌，使“人群”的概念越来越清晰。

当然，在这一过程中，孩子们还可以通过查阅资料、拜访专家等途径，收集信息，获得经验。对教师而言，这阶段的任务在于提供丰富而适宜的资源，支持幼儿项目探索。

③ 进行问题解决或任务完成后的作品呈现与表征，反思与回顾活动过程，提升幼儿经验。“人群”项目即将结束时，教师鼓励幼儿用自己拍摄的照片、绘画来制作幻灯片，并投射到墙上，将墙壁变成“人群”交会的广场，幼儿们和墙上的“人群”对话。幼儿们还一起玩着有关“人群”的各种游戏，把画报等材料上的人物剪下来贴到先前自己画的画中，组合成新的“人群”，幼儿们相互对话、分工合作制作黏土人物组合成规模庞大的立体“人群”，“人群”的意义不断生成和延展，课程也得以生成和发展。

总之，项目活动的生成，首先要源于一个真实的、有价值的问题或任务，教师要进行方向性的预设与审议；接着，教师只要观察幼儿的活动、倾听他们的对话，就很容易找到他们感兴趣、想做的事情，以及他们想探究什么、如何推进这一探究。这一过程中教师要尽可能少地介入幼儿活动，要通过创设情境以及与幼儿共同记录活动，引发对所做事情的对话、反思，不断推进项目的进程；最后，项目结束后，教师要和幼儿一起展示、回顾活动的过程与成果，整合已经获得的经验。

13. 如何科学合理安排幼儿一日生活？

《纲要》指出，幼儿园一日生活“时间安排应有相对的稳定性与灵活性，既有利于形成秩序，又能满足幼儿的合理需要，照顾到个体差异”，要“尽量减少不必要的集体行动和过渡环节，减少和消除消极等待现象”。《江苏省幼儿园课程游戏化项目实施要求（试行稿）》指出，要“尝试实行弹性一日活动时间安排表，除了餐点和午休时间，其他时间允许老师根据活动需要，灵活调配”“注重幼儿的身心发展特点和规律，注重幼儿的现实需要，减少幼儿的等待时间，给予幼儿更多自发活动的机会，注重动静交替，形成集体活动、区域活动、日常生活等各类活动科学组合的一日活动流程，避免无序化、随意化和单一化”。

如何科学合理安排幼儿一日生活时间呢？

① 一日生活时间安排从“碎片化”到“模块化”，充分给予教师自主权。以往幼儿一日生活时间安排中，活动环节安排“碎片化”，活动内容安排得非常满，没有调整的空间与余地，教师没有自主权，整日忙着赶环节、赶进度，无暇思考活动的有效性、适宜性，也没有可能给予幼儿活动的自主权。“弹性作息”首先是园所要在每日活动安排上做到长时段、模块化，给予教师自主权。如下表所示（以冬季作息 8:00 入园、16:30 离园规划）：将幼儿一日生活分成七个模块，除餐点、午睡、入园、离园时间相对稳定以外，其他时间教师均可根据活动实际需要和幼儿兴趣进行灵活调配。

幼儿一日生活作息时间表

时间	内容	备注
7:50—9:00	入园、自主游戏、晨练锻炼、早点	
9:00—10:30	户外游戏/室内区域活动或专室活动	
10:30—11:00	教学活动/户外游戏或室内区域活动、专室活动的分享反思	
11:00—12:00	午餐、散步	
12:00—14:30	午睡、午点	
14:30—16:00	户外游戏/室内区域活动或专室活动	
16:00—16:30	离园、自主游戏	

当然，教师自主调配时间，不等于任意妄为。一方面，教师需要根据幼儿需要和相关规定，如餐点之间的科学间隔时间、幼儿午睡与进餐需要的合理时间、户外活动不少于两小时等规定进行调整；另一方面，还要认真持续观察幼儿活动，分析幼儿兴趣与发展需要，有效地调整时间安排。

② 创设条件，满足“弹性作息”的需要。弹性作息需要幼儿园提供充分的空

间、配齐教师和提供丰富、适宜的设备、材料等。如，室内区域活动设置所容纳的人数，就应该远远超过班级幼儿人数，这样幼儿才有自主选择区域的可能，也才能为幼儿保留区域作品以及弹性进行区域活动提供保障；再如，安吉户外游戏，每个班至少可以拥有一个户外活动场地，并且设计有多个幼儿感兴趣的区域，提供大量丰富的材料放置在公共材料区域，这样才能为幼儿活动弹性实施提供可能。如果在幼儿园班级较多、班级幼儿人数也较多、户外空间有限的情况下，那么天气因素对弹性作息的影响就会增加，教师观察与指导活动的压力也会增加。

③ 适度“弹性”，兼顾稳定性与灵活性。“弹性作息”不能无序，不能影响幼儿常规与秩序感的养成，更不能违背科学。每日活动还是要有大致的顺序与起止时间安排，但可以灵活地调整，预留弹性的空间。如，室内区域活动，要有大致的开始与结束时间，要经历计划（含选区）、操作、收拾整理、回归与反思等环节，但在各环节时间安排上可根据幼儿、活动内容、区域特点等的不同采取灵活的形式，时间也相对弹性，比如收拾整理可以在回顾与反思环节之前，也可以在其之后。同时，在离活动结束十五分钟时，就可提醒已完成计划的幼儿可以开始收拾整理材料了；在离结束十分钟时，可提醒未完成工作的幼儿要加快节奏；离结束五分钟时，提醒幼儿都要开始收拾整理。早收拾整理完的幼儿，可以自主如厕、饮水或到其他有空间的区域去自主活动，避免消极等待。当然，教师还要为当次活动未完成计划，并有兴趣继续完成的幼儿提供可能。

总之，幼儿一日生活时间安排要基于幼儿自主活动、有效发展，根据园所、班级实际情况进行科学、合理安排，灵活采用多样化活动途径与形式，实现稳定性与灵活性、变与不变的统一。

第三部分

课程游戏化的实施

一、识别幼儿的兴趣、需要与学习

1. 如何识别各领域的关键经验？课程游戏化背景下如何开展领域活动？

在课程游戏化改革的背景下，"一日生活皆课程"成了幼儿园课程建设的根本理念。然而，幼儿园的课程实施如何基于幼儿一日生活中的各种需要、兴趣，又如何通过一日生活来支持幼儿各领域关键经验的生长是需要不断思考和探索的。

① 需要了解什么是关键经验。关键经验（key experiences）这一概念来自于美国的高宽课程，它是用来描述幼儿在认知、社会、情感和身体动作等方面应该学习和了解的，并通过直接互动的方式获取的一系列重要的经验，后来又称"关键发展性指标"（key developmental indicators），共计五十八条。

② 在我国，《指南》提出了幼儿各领域学习与发展的目标，可以作为观察幼儿关键经验的基本依据，教师可以结合对幼儿具体的学习内容的观察，用自我反思和同伴教研等方式讨论、提炼活动的关键指标。比如，在幼儿的美术创作学习中，幼儿对纸笔、剪刀、陶泥等工具材料的探索，对造型、色彩等形式要素的探索尝试以及基于自己的生活经验所构思的内容表达等就是美术创作学习的关键指标，之后可以透过对观察到的案例进行研讨不断修正这些指标，并进一步运用于日常的儿童学习活动中的关键经验的观察与解读。

③ 理解了幼儿各领域学习的关键指标后，教师就需要为幼儿的这些关键指标的获得提供适宜的支持。首先是活动中教师的指导要在观察儿童本领域关键经验学习的基础上，即先"把脉"，再决定是否要介入指导。这些支持首先需要渗透"自由、自主、愉悦、创造"的游戏精神。其次是在活动开展中尽可能采用游戏的形式进行。第三，包括以下方面：创设探究性学习的空间环境；提供开放性材料；提供自由宽松的心理氛围；给予幼儿自主探索的弹性时间；丰富幼儿的生活经验；以开放性问题开启师幼互动；学习过程中进行发展性评价。

2. 如何识别幼儿的需要、兴趣与最近发展区，并在课程层面上提供有效的鹰架支持？

高质量的课程既基于儿童的需要、兴趣，也激发与创造幼儿的最近发展区。然而，在日常生活中，教师如何识别幼儿的需要、兴趣与最近发展区却体现着教育者的智慧。人本主义心理学家马斯洛认为人的需要分为七个层次：生理的需要、安全的需要、爱与归属的需要、尊重的需要、认知的需要、审美的需要、自我实现的需要。杜威在论述儿童的学习兴趣时，提出儿童具有以下兴趣：语言与交往的兴趣、研究与探索的兴趣、制作的兴趣、艺术的兴趣。教师在日常生活、游戏中要通过多种方式，譬如连续观察、调查、访谈、作品分析、实物收集等全方位识别幼儿的需要、兴趣，并在课程实施全过程给予有效的鹰架支持。

① 设置课程目标时，一定要从儿童的需要与兴趣生长中来，要更加贴近幼儿的实际发展水平、贴近幼儿的学习特点、贴近幼儿的生活、贴近幼儿的兴趣与需要。课程的目标要关注幼儿的情感、态度、能力、知识、技能等诸多指标的整体发展。

② 课程内容基于幼儿的真实生活。一日生活皆课程，儿童的课程内容应该包括幼儿在园的一切活动，回应儿童的各种需要和兴趣。因此，幼儿园课程内容不是来自成人的绝对预设，而是要基于幼儿园的周边环境、地域文化、园内外的课程资源，以满足幼儿的兴趣与需求，支持幼儿更多真实生活体验。

③ 在课程实施过程中，根据幼儿的兴趣与需要不断进行动态调整。教师要遵循儿童为本的理念，尊重幼儿的发展规律，关注幼儿的学习品质，以游戏为基本活动，引导幼儿的直接感知、实际操作、亲身体验，从而获取经验的需要。同时教师要充分理解尊重幼儿发展过程中的个体差异，努力为幼儿提供适宜的、真实的、自然的并富有挑战性的教育环境，通过游戏活动、生活活动、项目活动、艺术活动等途径鼓励幼儿自主围绕自主的需要、兴趣持续探究，促进幼儿在最近发展区内和谐发展。

④ 课程的评价是多元的、真实的，要基于幼儿的发展情况，判断课程的目标、内容、实施是否适合幼儿的需要、兴趣，促进幼儿在最近发展区得到发展。通过幼儿的各类作品、观察记录、思维小地图、儿童海报、学习故事等方式进行幼儿发展性评估，从而更清楚地了解幼儿园课程实施情况和幼儿的发展状况。

3. 需要完全尊重幼儿的需求吗？如何处理幼儿自主和教师引导间的关系？

陈鹤琴在“传统教育”和“活教育”的比较中指出，传统教育以教师为主，活教育以儿童为主。什么是以儿童为主？就是让儿童真正成为课程的主体、生活的主人、活动的主位，就是教师要去关注并追随幼儿的兴趣和需要。需要完全尊重幼儿的需要吗？当然不是幼儿的一切兴趣和需要，教师要对幼儿身心发展特点有正确的把握，对幼儿的兴趣和需要有专业的价值判断。教师追随的兴趣和需要一定要对幼儿的发展有正向意义。幼儿天性中的自然冲动，有些并不符合他们所在的群体的生活习惯，教师必须进行引导。

如何处理幼儿自主和教师引导间的关系呢？

(1) 教师的引导是回应基于真实生活中的个体需要

虞永平认为，对幼儿兴趣、需要的把握不是关注抽象的、文本上的幼儿，而是关注现实的、眼前的、活生生的、具体的幼儿。即便在同一个生活环节中，不同幼儿表现出的需要不同，自主性也有差异。因此，教师的回应与引导应该是根据具体的活动场景，根据幼儿实际需要而实施。比如，在自主就餐环节，常常会出现幼儿不吃或少吃的现象，不能因为是自主进餐就放任不管。教师首先要认识并尊重幼儿在餐点环节中的个体差异。幼儿在餐点环节中的个体差异是非常明显的，幼儿的饮食偏好、幼儿的身体状况、幼儿的运动量及幼儿的早餐时间等因素，都会影响幼儿的就餐情况，教师应了解造成幼儿进餐少的具体原因，以便采取有针对性的引导策略：如果是不喜欢吃某种食物的，可以减少数量，从一个或一口开始；如果是缺乏运动量而吃得少的，应通过增强幼儿的运动量来促进消化代谢；如果因早餐吃得比较迟导致吃不下的，就不要勉强幼儿多吃。

(2) 教师的引导是促进幼儿以自己的力量获得发展

杜威认为，教育的任务就在于通过兴趣和理解的认同达到一种内在的控制。这种内在的控制指的是对行动的手段和目的的共同理解，即使大家的行为不同，却是为了同一个目的在努力。

因此，一方面教师的引导绝不是规定什么可以做、什么不可以做，而是引导幼儿建构共同生活的约定，让幼儿自己认同什么可以做、什么不可以做。比如，

“自主进餐”并不等于随便幼儿怎么吃，反而更需教师引导幼儿正确认识自己喜欢与身体需要的关系，自己需要与他人需要的关系等；引导幼儿共同参与“自主进餐”规则的制订、餐点的管理，尤其是在“吃不吃”“吃多少”“怎么吃”等问题上充分让幼儿讨论，鼓励每个幼儿发表自己的想法，指导幼儿商量达成共识，形成餐点规则；引导幼儿评价餐点规则的实施情况，共同讨论解决“自主进餐”中不断出现的新问题，帮助幼儿养成良好的就餐习惯。

另一方面，教师的引导也不是为幼儿制订该做什么、怎么做的计划，而是将引导的重点放在能引发幼儿自主学习的环境和材料的创设上，放在能促进幼儿主动做事的机会的营造上，教师要坚持：“凡是幼儿自己能够做的，应当让他自己做，凡是幼儿自己能够想的，应当让他自己想。”①只有这样，幼儿才能获得有力量的成长。

二、组织有效的集体活动

1. 集体教学中如何贯彻课程游戏化精神？

狭义的集体教学活动指教师有目的、有计划地引起、维持或促进全班幼儿主动活动的教育过程。与幼儿园的其他活动形式相比，集体教学互动的特点主要是活动的目的性和计划性更强，学习内容主要由教师确定并且全班统一，幼儿的学习是由教师直接引发的。正是这些特点，使得集体教学活动往往会出现教师主导、忽视幼儿个性化需要和个体差异等弊端。因此，在推进课程游戏化改革的背景下，只有掌握幼儿园集体教学活动的特质，理性对待集体教学活动的客观价值，才能扬其长避其短，更好地发挥其课程实施途径的功能。

首先，要理解与中小学的教学相比幼儿园集体教学所具备的特质，并将其落实在集体教学的实践之中。从性质来看，幼儿园教学属于“自发—反应型教学”，这意味着幼儿园教学的目标、内容和方式的设计都需要紧扣幼儿的兴趣、需要、已有经验和学习特点，要尊重幼儿学习的内部逻辑，而非学科的逻辑。从目标来看，幼儿园教学要以“启蒙”为主，激发幼儿的学习兴趣、培养幼儿的学习品质是

---

① 陈秀云，陈一飞. 陈鹤琴全集 第五卷[M]. 南京：江苏教育出版社，2008：067、068

教学的主要诉求，这就要求教师重视情感态度维度的目标，淡化知识获取的目标，在内容选择上注意趣味性、浅显性。从内容来看，幼儿园教学具有生活化的特点，这主要体现在教学的内容大多数要来源于幼儿的生活且对幼儿的当下生活具有意义，而对于那些不是直接来自于幼儿生活的内容则需要进行“生活化”处理，例如，根据领域发展需要，幼儿本周要学习单双数，此时教师便可以寻找幼儿生活中应用单双数的情境作为教育契机，如果教师发现很多幼儿都去观看了某部童话剧，那么剧场座位的单双号排布就成了这次教学活动的“引子”和延伸学习场景；同时，幼儿园教学的内容还是综合的，它不是单一领域的活动，而是整合了多个领域的儿童发展，例如在“剧场座位”教学中，就可能涉及科学（单双数、排序）、社会（观看礼仪）和语言（清晰描述）等领域。从实施来看，幼儿园教学具有活动性、游戏性的特点，这一点是由幼儿的身心发展规律和学习特点所决定的，教学中教师要支持幼儿通过体验、操作、游戏、讨论等“行动”的方式动用多种感官进行学习；特别是要贯彻游戏精神，让幼儿在没有外部压力的情况下轻松、愉悦地学习，巧妙设计游戏环节，将教学目标蕴含在游戏过程中。

其次，要理性对待集体教学在幼儿园课程中的客观地位与作用。其一，幼儿园课程的有效实施需要通过多样化的教育活动，而集体教学活动是课程实施众多途径中的一条，也就是说它既不是课程实施的唯一途径，也没有差劲到一无是处，对其在课程体系中地位实事求是地认识是合理利用这一手段促进幼儿发展的前提；其二，集体教学活动的优点在于效率高，有利于幼儿已有经验的系统化，同时可以增进幼儿的集体归属感，所以，开展集体教学时应选择那些最适合通过此途径而非其他教育活动实施的课程内容；其三，应审慎对待“磨课”“赛课”以及其变式，这些做法对幼儿发展的有益作用非常有限（仅对教师教学能力提升有一定价值），有必要从改革教师评价制度入手，最大限度地减少因不恰当地组织集体教学活动而给幼儿发展带来的影响。

再次，要将集体教学与课程实施的其他途径通盘规划，使其真正成为落实课程游戏化精神的手段。今天，当教师设计一段时间的课程或一个主题的时候，他需要从为课程内容选择最佳实施途径的角度来协同规划教学活动、生活活动、游戏（与区域）活动、社会实践、家园共育等，控制集体教学在一日活动中的时间上限，让教学活动成为提升其他活动有效性的支持。依据集体教学活动的优势与不足，我们建议在以下时机可考虑开展集体教学活动：① 在课程实施中，绝大多数幼儿遇到同样的问题时，如多个区域发生了幼儿之间的冲突，教师便顺势组织了“活动中的规则”的集体教学活动加以解决；② 需要将幼儿在其他活动中获得的零散经验加以提升、归纳或系统化时，如当幼儿通过跟随家长购物、参观超市、玩买卖游戏等积累了有关商品的具体样态、属性等经验后，教师组织集体教学活动帮助幼儿建构“商品”这一概念；③ 对于那些只有全班共同学习才能完成任务的内容，例如合唱一首歌曲。

2. 如何做好集体教学活动和区域活动的有效结合？

（1）辨析定义与准确区分

一般而言，集体教学是教师有目的、有计划地组织的、班级所有幼儿都参加的一种教育活动，具有高效、经济、公平以及系统性强、对幼儿学习和发展引领性强、有助于形成学习共同体和培养集体感等优势，但也存在着教师主导较多、内容与目标过于依赖“标准的教学大纲”“标准的年龄特征”以及教师自身以往的经验的问题，导致幼儿机械、被动地学习，幼儿主体性难以发挥，个体差异难以受到关注。

区域活动，是幼儿一种重要的自主活动形式，是根据幼儿发展需求和主题教育目标创设立体化育人环境，即充分利用各类教育资源，有效运用集体、分组和个别相结合的活动形式，组织幼儿进行自主选择、合作交往、探索发现的学习、生活和游戏活动。一般分为科学、美工、语言、建构、角色表演等。

从广义上来讲，《〈3—6 岁儿童学习与发展指南〉解读》[①]中也指出，所谓幼儿园“集体教学活动”，是作为和“一日生活活动”与“活动区活动”相配合、共同构成幼儿园生活的一类活动。包括教师预成的和生成的教育活动、单独的一节“课”和围绕一个主题展开的系列活动、全班一起进行的和分小组同时进行的教育活动。

由此可见，集体教学与区域活动既有联系又有区别。区别：狭义上理解是两种不同的教育活动形式，集体教学更集中体现“教育要走在发展的前面、引领发展”的思想，区域活动是自主选择、自主展开的自发学习，可能更多地倾向于零散

---

① 李季湄、冯晓霞.《3—6 岁儿童学习与发展指南》解读[M]. 北京：人民教育出版社，2013.5.

的、偶然的知识获得；联系：广义上理解又有互相包含的关系，即集体教学可以通过区域活动这种形式去达成，区域活动中也可以用集体活动如小组团体讨论的形式来开展。通常，大家可能更侧重从狭义上来进行辨析理解。

（2）辨析经验与准确定位

苏联学前知识系统化教学理论①告诉我们，知识体系可以有不同的概括程度，幼儿所掌握的是以表象或初级概念为基础组织起来的“前学科”体系。学前儿童的知识经验可以分为两类：第一类是比较简单的知识和技能，儿童在生活、游玩、参观、劳动中就可以自然而然地获得；第二类知识技能比较复杂，此类知识虽然在幼儿的知识总量中只占很小一部分，但对其发展具有重大影响，而且只有经过专门组织的教学才可以掌握。

帮助幼儿逐步形成“前学科”知识体系是幼儿园集体教学的主要任务，而完成这一任务，一是要借助日常生活、区域活动中自发形成的有关知识（第一类），二是要通过“集体教学”引进能反映某领域客观事物或现象之间关系或联系的中心概念（表象形式的初级概念），以中心概念为纲，整理有关的自发经验，形成知识网络（第二类）。

由此可见，儿童的发展不能仅仅依赖于集体教学或区域活动任何一个方面，而应该将二者有机结合，而这二者的结合更应以经验的逻辑层次来展开。

（3）互为补充与科学结合

基于以上的认识与辨析，做好集体教学活动和区域活动的有效结合，我们可以从如下三步展开思考与开展活动。

第一步：区分经验。一是教师要对幼儿的经验体系了然于胸，将“前学科”知识体系以及幼儿的经验体系整体性的发展内容、层次性需要铭记在心；二是教师要区分哪些经验可以通过日常生活、区域游戏自发获得，哪些需要通过集体教学获得。

第二步：适宜互补。一是教师准确把脉集体教学与区域活动的互为补充，应首先尊重幼儿主体性以及个体差异性，优先考虑集体教学中获得的经验可以适宜渗透到区域活动、生活活动中；二是明确集体教学的任务重在帮助整理和扩展

① 李季湄、冯晓霞.《3—6岁儿童学习与发展指南》解读[M].北京：人民教育出版社，2013.5.

儿童自发学习所获得的经验，应科学合理、适宜适度发挥集体教学“点睛”的作用。

第三步：螺旋递升。借鉴莫尤丝的“游戏与教学互动循环图”（如下图）①，教师可以观察、分析，以了解幼儿在当下自主自发区域游戏阶段他们“现在”的发展状况和需求，然后审议是否需要通过集体教学引进能反映某领域客观事物或现象之间关系或联系的中心概念，如果需要则展开适宜的“集体教学”，开辟出新的探索与学习，促使儿童从当前水平进入下一个更高水平的自主自发区域游戏阶段，同样地，教师在集体教学中亦可以观察了解全体与个别幼儿的发展现状，从而对区域活动的设置、经验层次性作出调整，以巩固或延展幼儿后续自发获得经验。由此循环，从而在区域游戏与集体教学之间呈现螺旋状不断扩张拓展幼儿经验的动态递升。

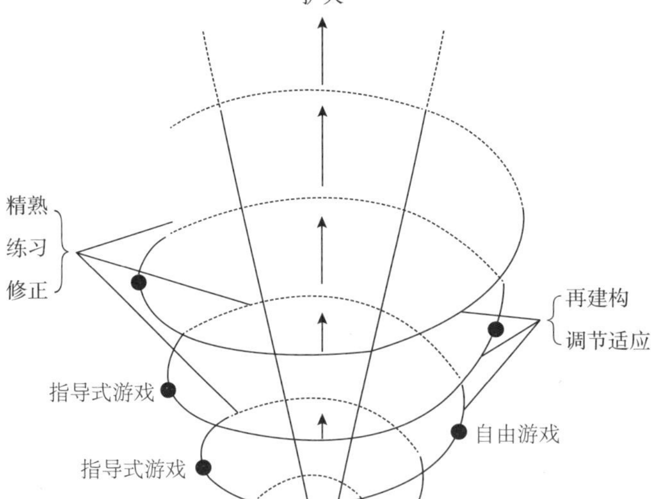

游戏与教学互动循环图

总之，做好集体教学活动和区域活动的有效结合，教师要把握三个原则：一是“必要性”原则，即集体教学是否建立在对幼儿区域活动当下经验把脉的基础

① 李季湄、冯晓霞.《3—6岁儿童学习与发展指南》解读[M].北京：人民教育出版社，2013.5.

上，是否非要通过集体教学这种形式进行，也就是说生活与区域游戏中不能获得的，是否是幼儿感兴趣且符合其最近发展区的，是否蕴含着以中心概念为纲、整理有关的自发经验、形成知识网络的；二是“生成性”原则，即集体教学与区域活动的经验是螺旋式地融为一体的，不是互相割裂的，其联系的纽带就是“经验”，集体教学可以生成新的区域活动，区域活动也可以引发集体教学活动；三是“主体性”原则，即集体活动和区域活动都要“面向全体也要兼顾个别”，关注每个幼儿的需求与发展。

3. 如何甄别、判断是否需要生成集体教学？如何生成？

掌握幼儿学习与发展的规律和特点，理解各领域对幼儿发展的核心价值，了解不同性质学习的特点和指导原则无疑是设计和组织集体教学所必需的基本要义。

（1）如何甄别、判断是否需要生成集体教学？

① 经验链接：辨识经验类别与幼儿发展需要，审议生成集体教学。教师在观察幼儿一日活动中，倘若发现幼儿当下关注的话题或将周围环境资源作为“邀请物”引发幼儿探究欲望时，要及时把脉该“话题”或该“资源”是否蕴藏着反映某领域客观事物或现象之间关系或联系的中心概念。如果有，而且刚好契合幼儿当下探究欲望的连接点，或者这一中心概念在日常生活中难以获得，教师则可以考虑追随幼儿生成集体教学活动。此时，集体教学承担起“经验连接”的桥梁作用。

如，大班的幼儿们在照料自然角的过程中发现了“毛细现象”，但是他们只是有着感性的观察与发现，经验还是零散的，这样的“毛细现象”也很难轻易在生活中帮助所有的幼儿来融入探究中而获得更深层次的拓展，于是教师由幼儿们关注“毛细现象”的发现出发，生成集体教学活动，让更多的幼儿利用纸、颜料、管子发现多种多样的“毛细现象”，并在观察体验中获得更多对“毛细现象”的科学奥秘的认知与理解。

② 呼应需要：甄别幼儿的兴趣与教育蕴藏的价值，审议生成集体教学。幼儿感兴趣的事物有很多，当大多数幼儿或一组以上的幼儿都对此较为感兴趣时，教师可以有机捕捉该兴趣点，并从幼儿年龄特征、教育目标出发诊断其中蕴藏的

教育发展契机，搭建适宜的支架，生成适宜的集体教学活动以帮助大多数幼儿获得其中蕴含的学习与发展，并兼顾个体发展的需要。此时，集体教学承担起“呼应需要”的作用。

如大班的孩子们在吃饭的时候发现有“油花”漂在水面上，他们一边观察一边交流，当越来越多的孩子加入其中讨论、表达自我观点的时候，我们就可以捕捉其中的价值点，譬如“油水分离：油与水的不溶解”“油的溶解：哪些液体能够清洁油渍”“关于溶解：盐水、糖水等等的秘密”“关于常见液体的秘密”等，教师可以由孩子的兴趣出发，审议其最近发展区以及大多数孩子的发展需要，及时生成集体教学活动。

③ 经验延展：诊断幼儿的已有经验与教育价值，审议生成集体教学。幼儿园的日常生活和游戏既可以为儿童积累经验，也能为他们“显示”自己的“先备知识”提供舞台，供教师观察了解，并作为教学设计的重要依据。教师可以及时观察幼儿当下的经验水平，作出合理诊断，并辨析其“最近发展区”的适宜性，尤其是必须通过集体教学展开的教学内容，从而生成适宜的集体教学。此时，集体教学承担起“经验延展”的桥梁作用。

如中班美工区的孩子们正在剪纸，老师没有基于更多的“目标隐蔽”，而是先鼓励孩子“信天游”地随意剪，只见孩子们有的开始比划“剪纸条”，在比一比“谁剪的纸条长”。为了比“剪得长”，孩子们首先想到的是找更大的纸，剪最长的边。剪着剪着，有孩子发现，可以拐弯，长边和短边接起来剪，纸条更长。观察到这里，其实我们可以看到孩子在自主选择游戏中的“已有经验”在不断发展，而倘若我们再追随孩子，老师可以直接利用区域展开小组集体教学或者根据全班幼儿参与这个活动区“先备经验”情况，诊断中生成适宜的集体活动，其中心概念可以契合“怎样用同样大小的纸剪出更长的纸条”来展开。

④ 共解疑惑：关注幼儿的问题与教育价值，审议生成集体教学。幼儿在体验、探究、交往等过程中，常会遇到一些问题，这些问题可能直接指向可以适宜生成的集体教学内容，教师可以合理辨析问题与教育价值的联系，分析其中幼儿可能获得的学习与发展，从而确定适宜的教学目标，选择合适的教学内容、教学方法与策略展开集体教学活动。此时，集体教学承担着“共解疑惑”的作用。

如大班建构活动中，孩子们用纸牌进行垒高架空，很自然地，他们将纸牌与木质积木垒高联系到了一起，而且还比一比“谁垒得层数更多更高”，后续他们觉得“纸牌是纸”，那建构区里的“普通的纸”能不能支撑起积木垒高呢？带着这样的疑惑，让孩子们展开自主的先体验与尝试。在不断尝试中，孩子们会有很多发现，比如他们发现A4纸很薄，必须折叠，于是各种折法诞生了。“哪一种折法支撑的积木最多而且稳固呢”，孩子们继续探究，此时他们已经有了粗浅的收获，如发现可以扇形折、对折等等都可以支撑起积木来。随着孩子的发现，此时老师可以根据需要适宜生成集体活动，让幼儿自己去比较他们的“不同折法”支撑起同样大小积木的数量哪种多哪种少，其可能的经验生长点就是“发现螺旋状的支撑性更牢”。

以上四种情况不只是唯一，只是提供一种借鉴与参考。同时，这四种情况也不是完全割裂的，有时候是彼此联结的，需要我们去审时度势加以甄别与辨识。但归根结底，适宜性才是最根本的，而适宜性又取决于我们对幼儿、对经验、对教育价值等融为一体的观察与诊断。

（2）如何生成？

集体教学的适宜性与有效性往往取决于几个要素的处理：教学目标的确定、教学内容的选择、教学方法与策略的运用以及教学过程中教师根据幼儿的反应而作出的适当调整。就“如何生成”这个问题，我们首先要基于以上四种情况进行把脉分析，把握住最佳时机和最宜火候，也就是生成的前提先要关注教学目标和教学内容要适宜，要恰到好处。其次再来看具体的可以沿着怎样的路径去生成整个集体教学活动的方案与策略等等。

① 关注零散经验梳理具体生成。如前所述，当幼儿在生活中、游戏中、运动中获得了一些零散的经验，这些经验或许还只是个别幼儿的探究与发现，而从经验分类出发，如果我们觉得可以通过集体教学活动来帮助幼儿提炼这些零散经验，那么我们就围绕这些零散经验的梳理展开具体生成。

如大班的幼儿认识了很多动物的外形特征、生活习性等，也在相互交流、自主阅读中了解到很多动物的“保护方法”，他们关于“动物”的零散经验有了一个初级的知识体系网，如果这样的一个初级网络能够让幼儿在新旧知识之间展开可能的联结、提取与迁移运用，而且还有可能支持幼儿产生解释、推理等。那么为了帮助幼儿巩固、梳理乃至不断延展经验，我们就可以关注这些零散经验具体生成集体教学活动。譬如围绕“动物的自我保护”，可以利用故事《小鹿历险记》，让幼儿通过融入故事情境来更多地深入了解不同动物不同的防御方法，具体集体教学过程可以采用“观察画面—交流动物的保护方法—拓展经验”等。再如可以生成“爬行动物”体育集体教学活动，来锻炼幼儿的体能、增强体质等，具体教学过程可以采用“热身运动：模拟动物行走—基本部分：各种动物爬行—自主探究：尝试、个体或合作挑战—放松活动：动物休息回家”。可见，适宜生成的契机很多、方式通道很多，也可以涉及各个领域，在这些集体活动中，都能帮助幼儿梳理零散经验。

② 关注经验层次递升具体生成。关注幼儿的整体性并不排斥我们去发现幼儿领域核心经验的获得，借鉴舒尔曼基于PCK（学科教学知识）理论的教学设计，只有领会了各领域的PCK，我们才能更好地寻求幼儿整体的发展。因此，对于因需而生成的集体教学活动我们可以从经验层次去寻找领域的经验提升，展开具体生成。

如小班在数学区域活动中已经有了初步的数物匹配的经验，但是对数物匹配的方法和经验层次挑战提升还发展不均衡，于是为了帮助更多的幼儿习得数物匹配的方法，教师可以生成集体教学，具体实施过程可以遵循经验挑战层次，由“两个物体与实物卡匹配（随心地唱数、手口一致点数，逐个匹配）—实物与点卡匹配（理解点子不同排列但代表数，产生计数行为，初步理解基数）—实物与数字匹配（理解数字的真正意义，计数后自主检验策略）”不断递升伸展集体教学。

③ 关注经验整合具体生成。机械、表面地组织综合活动是一种拼凑，但是如果我们从生活中一个事件或问题将多方面的学习内容有机组织起来，使之更具有情境意义，也有利于幼儿主动参与到集体学习活动中来。

如大班许多幼儿对警察叔叔破案非常感兴趣，对“破案线索的寻找”有很多问题，“指纹怎么比对的”“脚印怎么发现的”等等，由此，教师除了可以邀请警察叔叔来现身说法外，还可以利用集体教学来生成综合性的活动展开。譬如：“情境模拟被盗现场——观察门把手上指纹比对斗型、弓型和箕型对应发现线索1（科学领域）—观察地面脚印尺寸（数学领域）—询问犯罪嫌疑人（语言领域）……”很自然地综合各个领域经验展开集体教学活动。

④ 关注问题伸展具体生成。当幼儿围绕关注的兴趣点产生了诸多的问题，那我们可以围绕问题由浅入深、循序渐进展开集体教学的生成。

如果中班幼儿围绕“沉浮”产生了很多问题，如“哪些是沉（浮）的”“怎样让沉下去的物体浮起来”“怎样让浮着的物体沉下去”等等，那么教师就可以围绕这些问题在区域中投放适宜的材料供幼儿自主探究与发现,同时还可以观察幼儿的已有经验以及追随他们的问题展开集体活动,如围绕“哪些是沉(浮)的”就可以展开“水果的沉浮”“蛋的沉浮”“玩具的沉浮”等问题展开不同的集体活动,循着“猜想—验证—交流”的路径获得经验;再如围绕“怎样让沉下去的物体浮起来”的问题开展一两次集体教学,可以让幼儿想出各种方法,循着“改变物体组合—清水换成溶解了其他物质的水”的思路等鼓励幼儿实验验证等。

以上四种具体生成的路径只是列举,也不是唯一的,更不是割裂的,教师可以根据具体情况灵活选择或组合运用,同时要整体考虑集体教学中教学目标的确定、教学内容的选择、教学方法与策略的运用以及教学过程中的互动等,以便提高集体教学生成的适宜性与有效性。而且,具体生成的集体教学也不是说仅限可以生成一次,可以是经验延展的或围绕问题的线性推进进行衔接实施。

4. 如何组织幼儿阶段的知识类学习活动?

首先,理解什么是知识类的学习活动。从字面上分析,就是组织开展的认知类的学习过程,其根本出发点从某种意义上来说就是以“知识习得”“知识掌握”为目标取向的。在学习知识的过程中,个体通过一系列的心智活动将前人的认识变为自己的认识,在头脑中建立起与教材结构相应的知识结构,从而辨认相应的事物、解决有关的问题。其次,如果从经验的角度出发,知识类的学习应当包含认知类的所有学习,如知识、技能、方法以及涉及各领域的各类知识等等。

其次,如何组织幼儿阶段的知识学习活动,意即我们用什么样的路径、通道、策略或者说什么样的过程取向来达成知识的学习。《指南》指出:理解幼儿的学习方式和特点。幼儿的学习是以直接经验为基础、在游戏和日常生活中进行的。要正视游戏和生活的独特价值,创设丰富的教育环境,合理安排一日生活,最大限度地支持和满足幼儿通过直接感知、实际操作和亲身体验获取经验的需要。

据此,我们似乎可以给出组织策略,参考如下:

① 在一日生活中展开知识类学习。发挥一日生活中各处环境、各个环节可以适宜融入学习的最大作用,从幼儿年龄特征和发展需要出发展开知识的渗透。如,入园签到与统计、物品材料的收纳整理与数物匹配、光盘行动与自主配餐的结合、环境中数字与图片的渗透等,都是生活中的知识学习。需要说明的是,一

是要摒弃照搬照抄的机械渗透、不顾及幼儿需求的形式化的渗透，而应关注幼儿的真实生活需要，关注每个幼儿的可行性参与和有效性获得；二是这种生活中的渗透一段时间后应该追随幼儿的知识或经验获得展开动态调整，既不过于频繁，也不是一成不变的；三是无论是生活中环境的渗透，还是生活环境的知识学习渗透，一定要本着“无痕”的原则，也就是达到“不教而教”的目的。

② 以游戏为基本活动展开知识类学习。游戏不是幼儿的全部生活，但没有游戏或者很少游戏绝不是幼儿的生活。可以说，游戏是幼儿生活的主要内容，甚至非游戏的活动也应带着游戏的意味。因此，知识类的学习需更多地体现“游戏精神”。[①] 一是通过自主选择的游戏区域，支持幼儿知识类的学习，即将环境与材料客体化，将知识类的学习目标适宜地、适度地隐含在幼儿可能的与区域环境材料的互动中，从而使幼儿在自主尝试探究中获得知识，如语言阅读区、科学益智区等。需要注意的是，游戏区域有三类[②]，分别是目标导向性活动区（规范性的）、探索发现性活动区（目标明确，但达成途径多种）、自由开放性活动区（没有明确目标，不限定幼儿玩法），这三类我们都可以有机融合，来促进幼儿在游戏中自主习得知识；二是通过“游戏味”的活动，支持幼儿知识类的学习，即幼儿们感到身心愉悦、喜欢的、自由自主的活动也能够给予幼儿知识类的学习，如自由活动时，幼儿三三两两猜拳玩，猜的过程中就口头在统计谁赢得多、谁赢得少，这里也就有知识类的学习；再如有规则的游戏、创造性游戏等都能够带给幼儿知识性的学习。

③ 在运动中展开知识类学习。幼儿每天在园两小时户外，其中一小时体育活动，这样的运动活动当中，亦可以渗透知识类的学习。如跳绳、拍球、投掷，大家来计数；绕障碍跑、悬垂，孩子来计时；跳远、跨跳的距离，孩子来测量；锻炼技巧，孩子来创编儿歌；情境体育活动，孩子来编故事情节；体育运动后，孩子来利用图片、形状、符号等表现运动过程；运动中如何保护自己；运动后如何饮水……这些都可以带给孩子知识类的学习。

④ 集体、小组、个别活动中展开知识类学习。学习过程是幼儿一系列的心智活动过程。具体的心智活动主要包括对知识内容的直观、概括、具体化以及识

① 虞永平.课程游戏化完整诠释——意义、实质、主要内容及实施路径[R].2018.12.19.

② 华爱华.学前教育改革启示录[M].上海：上海社会科学院出版社，2009.9.

记和保持。在知识掌握过程中，前三种认知活动起主导作用，后两种记忆活动起辅助作用。五种基本的心智活动相互联系与渗透，构成一种动态结构。因此，利用不同的组织形式，可以展开知识类的学习与巩固。譬如，利用集体活动梳理、延展经验，利用小组活动兼顾个体知识习得的发展需要，利用个别互动展开更深度的知识学习等等。

⑤ 讨论分享中展开知识类学习与巩固。影响知识学习的主要因素有幼儿的主动性、积极性、已有经验的准备状况、心智技能的掌握水平以及活动组织等。因此，充分发挥同伴互助、师幼互动、家园合力的作用，能够鼓励幼儿获得知识类的习得与巩固。幼儿园可以让家长参与展开知识学习前的多元经验准备，也可以鼓励幼儿展开游戏后的分享、参观后的交流、表征经验的展示互动、家园间“场再现”“直播”“公众号”“故事分享”“个体档案”等链接，让幼儿的知识性学习有展示的契机，从而在多元立体互动中支持幼儿知识的习得。

以上五个方面从不同维度相对提供了幼儿阶段知识学习的通道和载体，其实，幼儿的知识学习无时不在、无处不在，只需要我们做有心人，只需要我们摒弃传统的“拔苗助长”“训练模式”以及“一把尺子”的机械呆板，我们就能够灵活地支持每个幼儿获得知识类的学习。

5. 师幼互动与课程开展如何相互推动？

游戏化的幼儿园课程强调在课程的计划、实施过程中立足“幼儿为本”，通过良好的师幼互动推进课程，同时借助课程行进推动师幼互动。要实现这一点，需要从以下几个方面着手。

① 借师幼互动搜集幼儿对课程的反应性信息以调整课程。适宜的幼儿园课程内容必然与幼儿的兴趣需要相呼应，必然与幼儿的已有经验相衔接，必然与幼儿的生活相关联。而有效的师幼互动恰恰是教师了解幼儿兴趣、把握幼儿已有经验、走近幼儿生活的主要途径。因此，无论是在课程的设计规划阶段、组织实施阶段，还是在评估阶段，教师都可以在与幼儿互动时有意识地搜集那些来自幼儿的对课程的反馈信息，从而作为修改课程方案、调整课程实施、完善课程评价的依据。下面以主题活动的计划和实施为例略述一二。

在开始计划一个主题时，教师可以首先就主题相关话题和幼儿进行谈话，了解他们对于该主题的兴趣、已有经验和未知领域。在这个基础上设计出的主题方案能紧扣幼儿需要，生动且富有教育意义。例如，在准备“国庆”主题活动前，教师和大班幼儿谈论了“中国”这个话题，幼儿们提出了“只有中国人用筷子吗”“毛主席是最厉害的人吗”“以前的中国真的很穷吗”等有趣而真实的疑问，它们为该主题的前审议提供了素材，将构成主题最初的内容。

在主题实施过程中，教师可以主动观察幼儿的行动、聆听幼儿的表达，并积极追问，了解幼儿的想法，从而灵活调整课程走向和节奏。例如，小班幼儿在探索松果的主题活动中，无意为松果浇了过多的水，导致松果“变小”（实为鳞片遇水闭合），幼儿对这个问题显得十分兴奋，教师马上和幼儿就此展开讨论，得知了幼儿想开展实验的意图，立即调整原计划的课程内容，给予幼儿充分探索松果变小原因的时间和材料支持。①

② 尝试与幼儿讨论他们的课程，赋权幼儿适当参与课程审议。幼儿作为幼儿园课程的直接利益者，有权参与课程决策。考虑到其自身能力特点，可以在涉及课程内容确定、课程实施途径选择等时机邀请幼儿参与课程审议。例如，大班在开展春天主题时，教师的原定计划是带领幼儿研究园内春花，而部分幼儿对春笋和树木发芽产生了兴趣，两位教师踟蹰于自己的指导精力有限，无法同时开展三条线索，便大胆将顾虑告知了幼儿，幼儿们就此和同伴及教师充分协商，最后选定春花和春笋为主要研究对象。这一过程不仅让幼儿自然而然地参与到了课程决策中，也让师幼之间的关系更为坦诚和平等，师幼互动品质得到了质的提升。

需要注意的是，幼儿参与的课程审议不同于教师的课程审议，它不需要“正襟危坐式”的研讨，而是教师引导幼儿利用各种形式、对“客体化”后的课程问题发表意见的过程，可以说它是一种以“课程问题”为对象的师幼互动。这种做法不仅最大限度地实现了幼儿的课程参与，有利于课程充分体现幼儿的意志，而且可以在根本上确保教师扮演幼儿学习的合作者和支持者角色，有效防止“教师中心”问题发生。

③ 注意对师幼互动的状况进行记录和反思。要在师幼互动与课程开展之间建立相互促进的良性关系，还需要教师对自身的师幼互动有所觉知和控制。

---

① 此案例由苏州市科技城天佑幼儿园提供。

这就需要教师有意识、有目的、有计划地对课程开展过程中师幼互动的基本状况、典型的师幼互动案例加以记录，记录的形式包括但不限于文字、音频、影像等。建议教师和同事、教研人员定期对这些记录加以分析，重点指向如下方面——提炼师幼互动的内容，审视是否存在具有课程价值但被教师忽略的部分；评估师幼互动的质量，检视师幼互动是否有效实施了课程、落实了课程目标、实现了对课程的推动；将分析结果策略化，应用在接下来的课程设计与实施中。

6. 在鼓励幼儿自主探究的过程中，如何在面向全体的同时，兼顾个别幼儿的发展需求？

兴趣是幼儿参与活动的动力，只有符合幼儿的兴趣和需要的活动才能引发幼儿的自主探究，促进幼儿主动发展。但因每个幼儿的已有经验、智能倾向、兴趣爱好等的不同，一些幼儿感兴趣的活动，另一些幼儿未必感兴趣，面向全体幼儿的主题活动，也有幼儿游离在外。如何才能面向全体又兼顾个别？

（1）预设与生成相结合，打破一个主题齐步走

一个课程内容往往很难满足所有幼儿的兴趣，教师不妨打破“一个主题”的固化模式，尝试“1＋N”课程模式，“1”指面向全体幼儿的大主题，“N”指由幼儿发起的小主题，一般由感兴趣的幼儿自发组成研究共同体。比如某个大班在收获种植地菜子时，有的幼儿对种植地里其他班的植物是否都有子产生了兴趣，在教师的鼓励下，八个对此问题都感兴趣的幼儿自愿组成“种子调查队”，进行了为期两天的关于幼儿园种植地里“子”的研究，并向班内其他幼儿分享了研究报告。这类课程活动中的幼儿呈现出高度的专注投入与自主探究，既不打乱其他幼儿的活动节奏，又满足了小部分幼儿即时产生的兴趣和需要，应鼓励这类主题的生发。

（2）灵活课程组织方式，满足不同幼儿的探究兴趣

课程中的活动多种多样，包括集体教学、区域活动、各类游戏以及日常生活活动等，课程中的组织方式有集体、小组和个别化，每一种课程活动和课程组织方式都有其独特的教育价值，不能只偏向于一种活动形式和组织方式，而应该根据课程的内容、幼儿的探究需要及学习特点选择适宜的活动组织形式。比如大班“幼儿园里的树”的主题课程中，关于树的实地观察、统计、测量等活动多以小

组方式进行，利于教师组织指导并观察记录幼儿的活动情况；关于树的一些话题讨论多以集体方式进行，利于教师帮助幼儿将各自的发现进行梳理和整合，让幼儿的个体经验成为团体思维的一部分；关于树的“枝、干、叶、花、果、皮”的研究，多在区域活动中以个别化方式进行，利于幼儿根据自己的兴趣和需要开展各种活动，进行多样化的探究与表征。多样化的课程组织方式可以让教师在面向全体幼儿时，也充分关照到个体。对组织方式的研究也促使教师认识到每个幼儿都是有思想的独特个体，虽然兴趣、能力、学习方式等不尽相同，但都在积极地进行富有成效的个体学习、同伴学习和群体学习。

(3) 提升区域活动质量，支持幼儿个别化发展需求

区域活动是幼儿进行个别化学习的主要形式，环境材料的丰富多样性、教师指导的适宜有效性直接影响了幼儿游戏学习的兴趣和质量。区域环境创设可以分为基础性环境和发展性环境。基础性环境创设依据《指南》领域发展目标，一般有科探、益智、美工、音乐、生活、建构、语言、角色等活动区，投放的材料以低结构、开放性为主，满足幼儿在智能发展倾向和材料上的个别化需要，进行自主性探究。发展性环境创设依据主题课程中的幼儿探究兴趣，在各个区域中投放教师设计的有发展意图的材料，支持同一主题中幼儿的不同探究兴趣和需要。如，在“蚯蚓”主题课程中，教师先创设了蚯蚓探究区，幼儿用四个月的时间持续研究了“蚯蚓是怎么走路的?”“蚯蚓吃什么？怎么吃?”等问题，观察到“蚯蚓断了还在动”“蚯蚓生宝宝了”“蚯蚓冬眠了”等现象。蚯蚓探究区为对蚯蚓的长期观察提供了便利，为对蚯蚓感兴趣的幼儿的深入探究提供了条件。教师也在其他区域中陆续投放了与蚯蚓有关的材料，如阅读区中的蚯蚓绘本、蚯蚓故事的创编墙，美工区中制作蚯蚓居民的材料，益智区的蚯蚓救援队游戏棋等，幼儿自由选择喜欢的区域活动，自主进行多种形式的探索与表征。

三、关注幼儿的一日生活

1. 如何将游戏精神融入幼儿的一日生活各个环节？

“自由、自主、愉悦、创造”的游戏精神是成功的幼儿教育之法宝，只有强化幼儿教育中的游戏精神，才能彰显幼儿教育的本质。教育要尊重儿童的天性，要遵

循儿童的发展规律，要针对儿童的需要，要有儿童立场，所以，我们成人要向儿童学习，转换对儿童的认知，我们要办真正属于幼儿的园。幼儿有足够的自主权，且教学符合幼儿的学习特点——“玩”，教师通过观察，能够真正了解儿童。

那么如何将游戏精神融入到幼儿的一日生活中？幼儿在园一日生活主要包括两大类活动，一类是游戏活动，一类是生活活动。

（1）开放、适宜的活动材料提供

为了满足幼儿游戏的需要，教师首先要提供一个环境，使得幼儿向外伸展的经验可以得到有效的保障。材料是游戏的物质支柱，是幼儿游戏的工具。如果离开了游戏材料，幼儿的游戏就难以进行，也难以调动幼儿已有的经验，因此需要创设丰富的游戏区域，幼儿能有更多选择、更多探究的机会；其次提供有吸引力的材料，这些材料不但具有开放性、探索性，还要与四季相连、与生活相融、与时代结合，幼儿能够感受到材料在呼唤着他们，材料在等待着他们，材料在向他们发出邀请。

（2）充足的自主活动时间保障

一日生活中的时间安排环节不再采用整齐化、碎片化的时间管理方式，而是形成了每天几大板块的活动时间安排，保证幼儿在每一个板块中都拥有充足的活动时间。在活动过程中，幼儿可以自己做计划、自主选择与规划，活动的开始与结束都由幼儿自己确定，教师予以尊重。跟谁交往？在哪里开展活动？使用什么样的材料，怎么利用材料？一切的活动组织的权利放给幼儿，这也真正体现了自由选择、自主决定、自我挑战的游戏精神，幼儿拥有了对时间的归属感和掌控感。

（3）潜移默化的生活环节组织

作为幼儿生活的场所，其生活形态必须适合于幼儿，创设的环境与幼儿真实的生活相连接。我们倡导在幼儿生活中渗透游戏精神，教师通过专业的智慧、用心的陪伴、细致的观察、适宜的支持，让教育在幼儿生活中潜移默化地进行。

例如：自主用餐，餐前布置清新淡雅的用餐环境，值日生报菜名、做值日生工作。餐中，幼儿自主选择餐具、取餐、选择座位；餐后，自己收拾、清洗餐具，自主安排餐后时光，照顾自然角、听音乐、弹琴、看绘本、完成未完成的画、结伴散步等等。如有身体不舒服的幼儿可以由家长申请病号饭。所以自主用餐是幼儿在有准备的环境中，解决了自己生活中的问题，获得了自由自主的权利的过程。在此期间，他们不仅建立了良好的饮食习惯，感受着中国的饮食文化，更实现了自我服务、自我管理、自我学习与自我成长的目标，愉悦生活。

除此之外，一日活动中其他生活活动，也处处能看到幼儿的内在需求的自发自主的展开，如：不同年龄幼儿的自主签到、自主计划，每天签到、做计划的同时，幼儿了解了节气、节日文化的意义，认识自己的姓名，有了规划和时间管理能力，还对班级产生了归属感。

当教育与幼儿生活密切相连时，幼儿上幼儿园就不再是每天机械地按规定完成任务，他们能够主动地凭着自由感和内驱力去选择、去探究、去发现自己想要探究的事物，游戏精神才真正地渗透到了幼儿的一日生活之中。

2. 如何使得弹性作息时间的安排更加符合幼儿的发展需要和个体差异？弹性作息和有计划有组织的时间安排如何统筹？

《纲要》中明确指出："（幼儿一日生活）时间安排应有相对的稳定性与灵活性，既有利于形成秩序，又能满足幼儿的合理需要。"《幼儿园保育教育质量评估指南》中也指出："一日活动安排相对稳定合理，并能根据幼儿的年龄特点、个体差异和活动需要作出灵活调整，避免活动安排频繁转换、幼儿消极等待。"稳定性与灵活性相结合形成了"弹性"。在日常生活中，如何让"弹性"的一日生活安排，既可以顺应幼儿的发展需要，又能兼顾到幼儿发展的个体差异？这其实是在向幼儿的一日生活要质量、要发展。江苏省在落实《指南》的行为过程中进行了一系列的变革，从"自由、自主、愉悦、创造"这个游戏精神中，延伸出了支持课程游戏化的六个支架。其中，支架六就是尝试实施弹性作息，从作息的安排到游戏时间的规定等都作出了明确的指示，为如何让"弹性"作息更加符合幼儿的发展需求兜了个底。在具体实施"弹性"作息时，要使其更加符合幼儿的发展需要和个体差异，应注意以下几点。

① "弹性"不是"乱弹"，是促进幼儿发展需要和尊重幼儿个体差异的基础。稳定的顺序和生活节奏给幼儿带来安全感。适当的弹性又使得不同禀赋、不同爱好的幼儿都能够以一种舒展的姿态度过一日生活。所以"弹性"作息时间，不是一种形式，不是在园所的作息时间表上随意合并、增添几个时间段，让教师们随意执行，就是在落实弹性作息了。弹性作息的宗旨是建立在促进幼儿发展需

要的基础上，考虑到幼儿之间的个体差异，将幼儿的在园时间进行合理的调整，相较于以往的将幼儿的喝水、如厕、吃点心等时间都分秒必卡地安排好，现在有了大板块的时间，这就更需要老师“弹度适宜”，这里的“度”一定是基于幼儿的发展需要，结合幼儿的年龄特点、个体差异特点、各环节的动静交替原则整合活动的时间与内容，减少幼儿无所事事地等待。而幼儿则能在常态的一日生活中建立良好的活动常规，形成一定的秩序感，要“弹得出去，还要收得回来”。只有教师和幼儿都对“弹性”有了充分的认识和准备，才能使“弹性作息”的实施成为有效实施，成为保障幼儿健康发展的基础。

② “弹性”不是“放手”，是滋养幼儿发展需要和体现个体差异的养分。当教师相信幼儿是一个积极有为的学习者时，以往按部就班、墨守成规的作息时间就不再适应现在的教育模式了，然而时间上的灵活并不意味着教师的指导和管理也时紧时松。首先，“弹性”不是“放手”，而应该是顺应幼儿的自然节律，灵活地、有弹性地进行时间安排，将教育融入到一日生活中，如自主入园、自主签到、做学习计划、自主进餐、自我整理等，在点滴而平常的生活活动中建立良好的生活习惯，实现成长目标。其次，弹性作息给予了教师静心观察了解幼儿的机会，让教师能有时间去思考、去发现、去和幼儿交流互动，有机会按照幼儿之间的个体差异，去合理兼顾每个幼儿的发展需求，并能从观察中发现实施“弹性”的适宜的方法和策略，从而为幼儿的发展需要注入源源不断的养分。

③ 既谈幼儿的“弹性作息”，也谈对教师的“弹性管理”。当然，在呼吁幼儿“弹性作息”的同时，幼儿园对教师的“弹性管理”也必须提上日程。当教师每周结束要上交各种各样占用大量时间的手头资料时，并没有时间去观察幼儿，如何再去支持幼儿对某个感兴趣物件的深度研究？那么幼儿的“弹性”作息就形同虚设。所以要想让“弹性作息”与有计划有组织的时间统筹安排好，让其在促进幼儿发展的过程中发挥相应的作用，首先就要做好幼儿园教师的“弹性管理”。

“弹性管理”就是放权给教师，在一定的范围内教师拥有决定权和专业自主权。例如，当弹性作息与有计划有组织的时间安排两者之间有冲突时，要充分地相信老师对自己班级孩子学情的判断。例如，园方行政老师在幼儿午餐时间去巡视的时候，发现小王老师仍然带着一群孩子在益智区专心地实验着，这时，园方应给予教师充分的相信，相信教师在对幼儿兴趣的审慎判断与按时吃饭之间的协调能力，而不是直接地干预和打断探究。“弹性管理”是支持弹性作息在园所生根发芽的直接措施，更是平衡弹性作息与有计划有组织的时间安排之间协调共处的有力保障。

3. 过渡环节在一日生活中的定位是什么？如何使日常生活的教育价值落地？

过渡环节渗透于幼儿的一日学习、游戏、生活、运动之中，如果把一日生活比喻成一串珠链，那么过渡环节就是那一根隐性的穿珠成链的线，贯穿于幼儿的一日生活当中。一日生活虽琐碎，但不难发现每日有相对稳定的时间段，并且是相对固定的：来园、离园、集体活动、区域活动、户外活动、进餐点。这样就自然形成三个大的过渡环节：晨间入园、晚间离园过渡；餐点前后过渡；集体活动和小组活动、个别学习活动过渡，等等。

所以关于过渡环节的定位有如下的说法：首先，过渡环节是客观存在的。它不仅客观存在于幼儿园的时空当中，同时也存在于幼儿的心理场中。过渡环节是一日生活各活动中的“驿站”，是一个活动与另一个活动的间歇时间，包括多种功能：中转、衔接、过渡，还有休息调整等，零散短暂但是不可或缺。而且从幼儿的心理活动来看，过渡环节有助于释放幼儿来自上一个活动的高度紧张，平复幼儿的情绪情感，为下一个活动作好准备。满足了幼儿对一日生活张弛有度的节奏性变化的适应需要和身心活动节奏更替的需要。其次，过渡环节蕴含着丰富的教育时机。过渡环节是儿童活动转化放松的时候，有助于培养幼儿自我控制、自我管理等品质。对幼儿来说在一定的时间内同时思考或同时处理许多事情，如上厕所、喝水、和小伙伴交流、去自然角浇花等，需要通过合理的分工以及有机的分解和衔接，以提高行动效率，例如，自由交谈、发展同伴交往能力、丰富自由游戏的内容、拓展交往的空间等。

过渡环节对教师来说，有利于为教师提供更多的自主反思教学策略、调整教育方案以及培养教育机智的机会，在过渡环节中教师可以更自由地和幼儿互动，更易于倾听自然状态下幼儿的心声，建立和谐、亲密的师幼关系。

《纲要》明确指出，教育者应当“科学、合理地安排和组织一日生活”。一方面，合理科学的过渡环节支持着幼儿的个性存在、表现和发挥，对幼儿多方面能力的发展具有积极作用。另一方面，过渡环节为教师提供了不断实践教学策略、提升专业素养的机会。它体现和锻炼着教师的专业能力，如观察能力、灵活指导和随机教育的能力等。同时，过渡环节的组织是教师相关理念的呈现和实践，如教师教育理念、时间观念、处理突发事件的教育机智等，过渡环节的教育价值得以实现的关键是教师要努力做到“三无”：无明显痕迹的教育。即环节之间的过渡要流畅，例如在户外运动结束之前就可以带幼儿从事一些舒缓的活动，或者通过播放固定的音乐，提示幼儿活动即将结束。无显性规则的约束。过渡环节的主体本来就是幼儿，教师可以通过组织一些活动，例如手指游戏等吸引幼儿的自由参与，但不要强求全体幼儿都共同参与进来。无主观控制的语言。在过渡环节，教师应当以真实的对话姿态与幼儿展开交流，自发地对幼儿正在开展的活动、正在交流的话题表示出天然的兴趣，幼儿才可以感到真正的放松和愉悦。

4. 基于已有资源的基础上，如何进行随机教育？

在和幼儿一起散步、自由活动或过渡环节时，可以借鉴已有资源，把握契机有的放矢地展开教育引导。

① 随机观察。一是可以随机鼓励幼儿观察花草树木、饲养的动物、虫子等，尝试发现植物的根、茎、叶、花、果实以及生长环境、生长中的变化；试图观察动物的外形、体态、生活习性等。二是可以利用已有环境中随机投放的图书、视频等查阅与之相关的资料，拓展对该资源的信息储备。随机观察不求“全”，无须面面俱到，教师可以结合季节特征有重点地选择“有价值”的植物，如三月赏花、九月看果等；也可以结合昆虫出没、天气情况有重点地选择“有生长点”的动物，如“蜻蜓低飞”“蚂蚁搬粮食”等。

② 随机讨论。观察中，教师应坚持“退后”“在旁”，让幼儿用各种感官去感受——眼睛看、鼻子闻、耳朵听；幼儿会用语言表述自己看到的、听到的、想到的以及他们不明白的，此时教师更应支持幼儿大胆表达。特别是幼儿关注的“共同话题或问题”，教师可鼓励他们在讨论中发表自己的见解，产生分歧时可以鼓励他们通过后续追踪的方法来观察、比较或者通过查阅资料、访谈等方法，从而在讨论、争辩中按照他们自己解决问题的方法获得属于他们的经验。

③ 随机探究。有时候，幼儿对关注的焦点话题可能会产生“动手试一试”的愿望，此时教师可以灵活调整作息时间，留点时间给有需要的幼儿展开小组活

动，利用工具、材料展开即兴的探究。如浅水湾发现好几个洞，幼儿们就想知道“洞有多深”，于是他们找竹竿、塑料管不断探测、比较、测量等。

④ 随机分享。对于幼儿随机观察、随机讨论、随机探究中的发现，教师可以利用语音芯片记录幼儿的语言，或者拍摄幼儿参与活动的照片，或者用便签、图示、表征和幼儿一起分享发现与收获。如园内桂花开了，幼儿找到的桂花树都在哪里、观察桂花时说的话，用语音芯片直接记录就即兴变成了一首诗歌，可以直接投放在桂花树下，供其他幼儿来这里时共同分享。需要注意的是，分享应尊重儿童的主体性，幼儿是主动的，分享过程是自然的，不是教师主导的、幼儿刻意的表征或经验板块的呈现。同时，对于同伴在室内外、园内外已有资源的探究发现，要引导幼儿去互相交流、分享。

此外，随机教育不仅仅是教师陪伴幼儿，我们更应该倡导家园共育，比如“资源地图”中的课程资源，可鼓励家长利用节假日展开随机到访、共探与分享，达到“互惠共赢”。

四、支持幼儿区域探究与自主游戏

1. 如何保证幼儿既安全又自由自主地活动？

幼儿的天性喜欢冒险和挑战，幼儿的活动中不能没有冒险和挑战，否则，就缺乏了情趣、缺乏了努力、缺乏了新的体验、缺乏了获得新的能力的机会。从儿童发展的意义上说，绝对无风险的环境和活动并不是最理想的。教师需重视幼儿的安全问题，但也不能以安全为由剥夺幼儿自由、自主活动的机会，禁止幼儿富有挑战的冒险行为。

（1）从促进幼儿发展的立场理解“冒险行为”

日本东京有一个“危险”公园叫“羽根木游戏公园”，孩子在里面可以锯木头、敲钉子、点火、爬树、上房顶等，这些似乎都是危险的活动。日本还有一名专门设计“危险”幼儿园的设计师日比野拓，他认为：“不论是把所有的棱角都做成圆弧形，还是在危险部位覆盖上一层保护罩，这都不是真正地让孩子们安全，这些都是设计者们的伪善之心。”他们的理念正如羽根木游戏公园入口牌子上所写：“自由玩，对自己负责。”他们认为“孩子遇到危险才能学会避险”。成人对幼儿安全的严防死守，不让他们接触任何风险，看似是保护，实际上是剥夺幼儿学习独立应对危险的机会，缺乏对危险的判断与应对能力的幼儿在遇到危险时更容易受到伤害。

（2）预见幼儿活动安全风险并有保障举措

幼儿应该得到保护，以免身体受到伤害。因此，教师要对幼儿的一些活动环境和活动需要进行风险评估，排除安全隐患，不让幼儿处于明显的危险境地。既给幼儿尽可能多的活动机会，又要通过一些具体的安全保障举措排除出现危险的可能。这些安全保障举措包括：定期（或活动前）检查活动环境的安全情况，尤其是不易察觉的风险细节，比如，建构梯是否有松动、木制品上是否有毛刺、游戏材料是否有尖锐的缺口、大型运动器械是否有裸露的钉子等；给一些活动提供必要的安全防护装备，比如为木工区配备护目镜、台钳、防割手套，给建构梯系上防蹭绳，为生活区配备幼儿专用安全刀具等；教给幼儿一些工具的正确使用方法，比如生活区的烤箱、美工区的热熔枪、木工区的锯子等的使用方法，钉钉子、搬梯子等的方法；对于一些有冒险性的活动，教师不干涉幼儿，但要注意观察幼儿，以便在必要时提供支持。需要注意的是，这里的风险不是一个常值，活动的氛围、活动的性质、幼儿的组织方式、材料的特质及幼儿的年龄等都会对风险水平产生一定的影响。比如在一个拥挤的环境中幼儿容易兴奋，也容易发生危险。因此，教师对环境和活动的风险评估应该从多方面进行考虑。

（3）在实际的环境活动中培养幼儿的安全意识

美国心理学家玛丽·克罗斯曾说："自信的孩子是最安全的孩子。"自信源于哪里？自信一定来源于"我能做什么"，而不是"我不能做什么"。教师要充分确认幼儿的学习者主体地位，充分认识幼儿是在与外部世界的互动过程中学习，利用实际环境活动让幼儿感受挑战，学习规避危险，从不懂危险到学会防止伤害。

活动前，教师可以通过与幼儿讨论环境活动中可能存在的风险隐患及应对方法，形成一些安全预警；活动中，教师要尽可能减少对幼儿活动的干涉与帮助，让幼儿遇到困难时能积极想办法解决问题，从而形成自己对危险性的判断和应对方法；活动后，教师要组织幼儿回顾交流活动体验，帮助幼儿总结解决问题、克服恐惧、保护自己的方法，形成一些安全规则与安全方法。

2. 在课程游戏化背景下，如何引导幼儿进行深度学习？

深度学习强调的是基于知识能力基础之上的，以学习者主动参与为前提，重视知识结构的学习过程。它的终极目标是要用现有的这些知识去迁移和认知的，并在原有的能力基础上，去实现一种新的解决问题的方法。①

（1）理解深度学习的主体，有准备地支持幼儿

深度学习指幼儿在学习的过程当中，由教师将幼儿的需要和兴趣、与课程资源及相应的活动关联起来，并不断系统化，从而深化幼儿的学习、丰富幼儿的经验。教师可以采取先预设和后追随的课程设计实施办法有准备地支持幼儿。课程实施前，教师根据幼儿的经验基础、问题兴趣、发展可能等预设课程方案，方案中包括“预设的主题探究网络”和“主题行动支架”，例如与主题相关的图书与音乐、能促进幼儿自主探究的区域环境材料、能帮助幼儿提升经验的集体教学活动等。课程实施的过程中，教师根据幼儿的兴趣和需要调整活动目标、进程和走向，使课程不断发生和发展，支持幼儿在积极主动的、多元化的活动过程中建构经验、提升能力。

（2）以高质量的师幼互动，促进幼儿深度学习

幼儿的深度学习必定与高质量的师幼互动有关，与教师的互动能引发幼儿的进一步思考，推动探究不断深入，这要求教师能准确解读幼儿的言语行为，判断幼儿的发展现状，从而提供适时适宜的支持。大班课程活动“由‘站台’开始的公交之旅”就是幼儿的深度学习之旅，如幼儿对公交站台的探究，从整体感知（站台有什么）到重点关注（站牌），从一个（幼儿园门口）到多个（家、小区附近），从比较异同（不同车站调查）到设计创造（心中的站台）。探究的推进，不是教师精心设计的，而是教师根据对幼儿的观察、倾听，从他们的交谈、行动中分析、判断、捕捉到的课程生长点。在幼儿对站牌上的文字、数字表现出兴趣时，教师一步步引导他们综合站牌上的信息推理，在潜移默化中教给幼儿推理的方法。当幼儿发现终点站都是客运站，并对其有想象时，教师适时组织了客运站的访问活动，活

---

① 刘晶波. 寻求“深度学习”与“浅层学习”的平衡[EB/OL].“有点新”论坛 2019—12—15/2021—11—02.

动前，教师引导幼儿制订了访问计划，让幼儿带着问题有准备地在实际情景中去找寻、去验证自己的答案与猜测。这些都体现出高质量的师幼互动，教师要理解深度学习不是知识的"深"，而是帮助幼儿在已有的能力、思维品质上向前走一步，是提升幼儿的问题解决能力、提升幼儿自主学习的行动。

（3）以有发展价值的问题，引导幼儿的深度学习

深度学习是一种基于问题解决的学习探究。幼儿实际所面对和需要解决的问题的复杂程度，在一定意义上会反映学习的深度。"什么样的植物才算树"活动探究源自幼儿对一棵 18 厘米高的小枇杷树是不是树产生的分歧，有的幼儿认为小枇杷树是旁边大枇杷树的种子长出来的，应该算树，最矮的树；有的幼儿认为这是一棵小苗，还没有长大，不算树。"小苗算不算树?""什么样的植物才算树?"，第一次讨论时幼儿普遍认为树要长得又高又大……幼儿的理论建立在已有认知经验基础上，且显示出他们思维的局限性和看待事物的片面性。教师提问："有没有一种植物长得比较高，但不是树？有没有一种植物长得比较矮，但是树?"幼儿通过实地调查发现"种植地里的油菜长得比人还高，但不是树，矮金橘很矮却是树"，原有理论很快被推翻，原来并不能凭高矮来判断是不是树。教师继续提问："树和其他植物相比，最特别的地方在哪里?"这个问题引发了幼儿对幼儿园里的树的再次观察、比较和思考，这一次他们建构起了新的理论，认为树要有树皮、木头（硬硬的树干、树枝）和年轮等，幼儿用新的理论验证、判别造成迷惑的小枇杷树以及其他幼儿园里的植物，承认小枇杷树是树；判定又高又大的芭蕉不是树，因为它没有树干和树枝。在这个探究中，问题引导幼儿不断挑战更复杂的探究，幼儿在过程中体现了深度学习的多种特征，学习者的积极主动性、真实的问题解决、已有经验的运用、新经验的获得与迁移、批判与反思、内容与现实世界的联系、对有关概念和原理的建构与理解等。

3. 课程实施中如何有效利用各类专用教室等幼儿园课程资源？

专用教室（即"专室"）的课程资源其功能有三：一是弥补班级现有资源的不足；二是便于全园孩子共同享用；三是有助于孩子特殊兴趣的奠基。这三大功能，最终回归到一点，那就是"尽可能给每个孩子适宜的空间与挑战"。因此，如何利用好各类专室课程资源我们可以尝试从以下几方面入手。

① 资源陈列。专室内部功能布局划分合理，主辅材料分类摆放，标记形象利于幼儿自主辨识和收拾整理，水源、光影等设施便于幼儿自主操控，作品欣赏、保存以及分享专区一应俱全，让儿童觉得这里的地盘他能做主，有不同于在班级内各项活动的“参与感”“归属感”[①]。学期初，教师就应陪同孩子一起去园内每个公共专室专坊去参观，了解这些公共空间内有哪些资源，可以进行哪些活动，孩子自己也可以创想“还可以做什么”，从而引发孩子产生渴望去专室游戏的需求。平常亦可以鼓励孩子和家长一起跟随活动需要动态丰富专室资源。

② 机会均衡。园内可合理安排各班专室使用时间表，保证每个孩子一定时段内（每天或每周）有一次去公共专室游戏的契机。这样的时间安排表可以让孩子自己去制作，教师将相应专室的标记放在班级每天的相应时段内，供孩子自主选择在哪个时段入专室活动，并告知孩子一次最多可以去的人数等。也可以全班在一个时段选择相邻的几个专室一起去活动。每个专室门口也可以有各班孩子自己参与的领地，如时间安排标识、参与过程或作品展示陈列板块等。如果可以的话，园内还可以开辟延时、周末等免费亲子共享专室资源时间，以便拓展幼儿的兴趣，增进亲子关系，支持幼儿的多元学习。

③ 互动有力。专室就像有别于班级的一个“大区域”，教师要做好“引导者、支持者、合作者”[②]。在互动角色上，园内可以有专室老师常态互动、本班老师跟踪互动、专业人士请进互动三种方式；互动步骤上，可以遵循“到场”“建立联系”“拓展幼儿的学习”[③]的顺序；互动方法上，可以有即时性的有效应答[④]支持策略，如以言语或非言语的肯定接纳、询问、激励、建议、观察、判断、等待、调整、描述等方式呼应支持孩子；可以有跟踪的、阶段的、延展的、持续性的“顺其自然、顺势而为”，如物质支持、情感支持、时间支持、经验支持等。互动需要“有力”，则需要教师把握好介入时间、介入策略，特别是知晓幼儿的“最近发展区”，在尊重每个幼儿的基础上支持每个幼儿获得主动发展。

---

① 朱莉·布拉德. 0—8 岁儿童学习环境创设[M]. 陈妃燕，等译. 南京：南京师范大学，2014. 10.

② 教育部. 幼儿园教育指导纲要[S]. 2001. 9.

③ AMY LAURA DOMBRO, JUDY JABLON, CHARLOTTE STETSON. 有力的师幼互动[M]. 王连江，译. 北京：中国轻工业出版社，2018. 2.

④ 柳茹. 师幼互动中的教师适宜应答策略研究[M]. 北京：教育科学出版社，2014. 12.

总之，专室资源不能成为“摆设”，而应该因幼儿而“设”，促幼儿而“长”，相得益彰，才能让幼儿与专室之间建立有效联系。

4. 如何根据主题开展创设环境？环境如何有效支持幼儿的经验提升？

（1）如何根据主题开展环境创设？

① 主题需审议。一审议是不是有兴趣，譬如从幼儿关注的话题展开，能够引发和支持幼儿的学习兴趣；二审议是不是有意义，譬如有支持每个幼儿试图挑战的经验基础，有适合其年龄段的发展挑战；三审议是不是有共识，譬如从幼儿的探究需要出发，幼儿、教师、家长都认同。审议内容主要包括“适宜性”“有效性”和“价值的可能性”等三方面内容。

主题审议内容

维度	主要参考指标
适宜性	符合幼儿的兴趣需要方面
	与幼儿的原有经验紧密联系方面
	来自幼儿们的生活、与当下课程发展目标一致方面
有效性	促进幼儿整体的发展方面
	满足幼儿深入学习的方面
	契合幼儿的“最近发展区”方面
价值的可能性	“有哪些资源能够提供孩子自主参与到各种活动中？”“这些活动能带来哪些具体的价值？”等方面
	符合幼儿的学习方式和学习特点方面
	有利于促进幼儿学习能力和学习品质的发展方面

② 厘清主题与主题环境的关系。主题展开是核心内容，是主线；主题环境是支撑，是辅线。主题环境是伴随幼儿主题伸展而贯穿整个主题实施的。主题的实施有时候可以借助主题环境得以更深入、更具体地开展。

③ 坚持儿童是主题环境的主体。明确幼儿是环境的主人，主题环境呈现的空间、内容、方式等应支持幼儿自主去决定。如可以听取幼儿对主题最初的关注

点，再现幼儿的经验与问题，为预设目标、生成内容提供依据；又如可以让幼儿自主搜集与主题有关的图片、实物、资料等；再如可以支持幼儿追随主题实施一层层解决问题的过程、方法，将倾听到的内容以思维导图、路径图、语音芯片等形式呈现在主题环境中，等等，从主题确定到主题完成，幼儿都是主题实施和主题环境的主人。

④ 把握主题环境呈现的方式方法。明晰主题环境的功能并利用得恰到好处。一是激发幼儿的兴趣，可以将搜集到的资源作为邀请物，增加主题氛围，让幼儿走进这样的环境中就自发产生与之互动的欲望；二是帮助幼儿不断梳理、分享已有经验和讨论未知问题，在方式方法上可以以幼儿前书写表征、语音芯片、经验板块、鱼骨图、作品展等作为主题环境呈现，鼓励幼儿讨论、交流与共享；三是解决幼儿的问题，在方式方法上可以利用多元的区域空间创设与互动、主题推荐读物、幼儿记录表、问题前后解决对照图、参与式互动区等支持幼儿与主题环境互动。

值得注意的是，主题环境创设应讲究“留白”的适宜性与开放性，例如主题氛围的营造，不一定要把室内空间装饰得琳琅满目，那样反而会让幼儿产生压抑感，或许还会有“选择恐惧症”[①]，或者导致“色彩污染”[②]；主题环境在区域中的有机渗透应联系主题，自然融入一个区域或几个区域，不一定强求每个区都要渗透；主题墙、问题墙、记录表、书面表征板块、作品展等应为有助于幼儿更深层次经验的提升而展开的幼儿探究线性的陈列，要面向全体又兼顾个别。因此，留白的环境不应该都是预先准备好的，有时是幼儿在与之互动中创设而成的；开放的环境是属于每个幼儿的，他们可以按照自己的兴趣和需要对环境进行“自我满足”式的利用。此外，主题实施过程中的心理环境亦需要教师去积极营造，和幼儿建立平等、互助的师幼关系，鼓励幼儿乐于参与、积极展开实施，同时还应该吸引家长对主题环境的关注，从而更好地支持幼儿、陪伴幼儿做好主题实施过程的推进。

（2）环境如何有效支持幼儿的经验提升？

环境是幼儿的“第三位老师”[③]，幼儿在与环境的互动中自主建构经验；有意

---

① 选择恐惧症的心理原因[J]. 发明与创新（中学生），2017：60.

② 常畅. 幼儿园活动室墙面环境创设现状研究[D]. 湖南师范大学，2008.

③ 康莉. 环境是幼儿的第三位老师[J]. 山西教育（幼教），2014：9—10.

义的环境应该聚焦幼儿日常生活，记录幼儿发展轨迹，承载幼儿不断生成的需要，与幼儿经验的生长互融互嵌。

① 环境应关注整体性与个体差异性。环境有效支持幼儿的经验提升，可以从两个维度即不同年龄段儿童这根纬线和不同领域这根经线，在不断厘清的基础上，尝试解决学科、主题等的形式界限，试图以环境来达到课程的高层整合，以支持每一个幼儿经验广度与深度的发展。安全、温馨、有序、开放、多元的环境能够更好地支持幼儿的学习能力、学习方式、学习品质等的同步发展。

② 三步走策略。环境的动态变化应跟得上幼儿游戏发展的脚步，应随着幼儿在游戏中兴趣的变化、经验的提升以及不断生成的需要而变化。因此，教师需遵循三步走：第一步——观察和倾听幼儿与环境之间产生的行为信息，如幼儿选择了哪些材料，幼儿与新投放的材料是如何建立联系的，他是怎样操作这些材料的，等等；第二步——解读和判断幼儿行为信息背后的"意图和需要"，这里的核心在于教师要理解幼儿的兴趣、发展水平和挑战目标等；第三步——在充分理解的基础上给予幼儿有针对性的、适宜的支持，即从幼儿最近发展区的经验广度与深度展开拓展。

③ 两相融策略。环境创设的过程与幼儿经验发展的过程两者融为一体。环境创设的过程不仅反映着幼儿兴趣和需要的变化，也见证着幼儿经验发展的轨迹。教师以幼儿的兴趣和需要为导向，关注幼儿对环境做出的呼应行为，追寻幼儿行动中所展现出来的思维、情感和经验，引导幼儿呈现经历、分享经验、讨论问题、拓展经验。整个过程中，我们不仅可以清晰地看到幼儿在环境中是怎样发展的，也可以看到环境变化折射出的幼儿经验发展的"痕迹"。

④ 活用环境策略。主题环境有助于延展幼儿的记忆和迁移幼儿的经验，教师可以通过将照片、主题墙、主题实施过程展板、主题故事叙述图、深度案例观察或叙事图、幼儿个体成长档案等在家长接待区、微信公众号、园所大厅等呈现，引发更多幼儿、教师以及家长的关注，吸引家长参与，赢得共识，有助于幼儿获得成功与自信，主动介绍自我在主题过程中的参与和收获，适时在后续的主题实施中迁移运用已有经验等。

一日生活中，幼儿每时每刻都在与环境发生互动。教师要不断问自己：是否理解幼儿的需要，幼儿到底需要什么样的环境，环境能否为幼儿的学习与发展服务，是否存在这种现象——为了环境而盲目创设环境却牺牲了教师陪伴幼儿的时间,等等。真正为幼儿发展服务的环境,不是一蹴而就的,而是不断发展的过程。支持幼儿经验的发展依赖于对环境的动态追随,即幼儿作用于环境的经历也是环境不断被改造和利用的过程,更是幼儿经验不断得到丰富的过程。环境一方面在回应幼儿的需要和发展差异,另一方面又在推动幼儿的学习与发展,支持幼儿不断获得有价值的经验。

5. 投放区域材料时如何把握年龄特点?如何体现层次性?如何促进幼儿和材料间的有效互动?

(1) 投放区域材料时如何把握年龄特点?

儿童发展包括生理发展和心理发展。儿童发展具有顺序性、不平衡性、阶段性、个别差异性、分化与互补的协调性。具体可参见“幼儿园各年龄段发展特点”。

基于对儿童发展的理解,我们在投放区域材料时,应力求从以下三个方面来把握幼儿年龄特点。

① 把握年龄段普遍特征。即小、中、大班幼儿有属于他们这个年龄段大多数幼儿所表现出来的典型特征。通俗地说,就是各年龄段身心发展特点,比如大小肌肉发展水平、语词发展水平、数概念发展水平等方面,不同年龄段存在着各自的普遍规律。因此,在投放区域材料时,我们可以参考各年龄段特点分层投放。如阅读区,给小班幼儿可以投放一些画面简单、情节简单的绘本,而在大班,我们可以逐步投放前书写、前识字等方面的材料。

② 把握年龄段个性特征。虽然 3—6 岁儿童有各年龄段的显著特征,但每个幼儿都是独一无二的,他们的兴趣爱好、发展水平不可能完全一致,这就需要我们关注各年龄段幼儿发展的个性特征,提供不同层次的挑战水平,让幼儿能够自主选择和设定属于自己的下一步发展目标。如小班数学区数物匹配材料,可以投放实物一一对应的、点数与实物对应的、数字与实物对应的三种挑战层次,来满足幼儿在数数以及对基数概念等发展水平上的个体差异。

③ 追随幼儿个别挑战需求。支持幼儿的主动学习需求,满足个别幼儿自主设定的“最近发展区”挑战,鼓励幼儿自己或者由幼儿与教师、家长一起准备区域材料。如大班某幼儿想自己探索从 1 数到 100 的方法,他利用棋子、棋盘展开点

数游戏，并发现了满10进位的规律。又如中班某幼儿自发产生“滋长模式”的探究萌芽，教师适宜支持投放便于“滋长模式”排列的各种小零件等。

总之，投放区域材料时，我们应该做到：既要心中有幼儿的年龄特征，又要有眼前的每个幼儿；既要根据幼儿的年龄特征适宜投放，又要根据不同幼儿的个体需求灵活调整；既要面向全体幼儿考虑材料投放的多元性，又要面向人人反思材料的动态变化性，从而才能够让区域材料真正成为支持幼儿学习与发展的物质前提与支撑保障。

（2）如何体现区域材料投放的层次性？

材料投放的层次性，即指材料引发幼儿可能的互动后，指向幼儿经验获得的阶梯有多个层级，如材料投放指向多个领域或子领域的多元性可体现出层次性、材料投放指向某个核心经验的线性递进可体现出层次性。当材料投放指向不同幼儿“最近发展区”挑战水平，或者全体幼儿多元发展的多个层次阶梯，那么我们就可以认为这样的材料投放是有层次性的。

① 从广度出发：关注经验的整体性，展开有层次性的材料投放。区域材料投放中兼顾幼儿发展的各个方面，如语言、认知、艺术表现表达、情绪情感、交往等，同时在幼儿发展的这些方面又关注到幼儿的年龄特征和个体特征，展开了多元阶梯递进式的投放，那么就能体现不同层次性。从某种意义上来说，这种层次性，我们可能更应该叫做多元性，是一种浅层次的层级投放。

首先，如果班级在阅读区、科学区、益智区、建构区、美工区、生活区、角色区等提供了多元丰富的材料，每个幼儿都能找到自己喜欢做的事情，那么此时班级里的材料也是有层次性的，是在广度方面满足了班级里不同发展需求幼儿的需要，只不过这种层次性是浅层的，幼儿参与其中某个区活动可能一会儿会失去兴趣，不一定在这个区里还有符合他需要的更深的挑战，也有可能还有更深的层次性挑战，那么此时这个区的层次性可能引发浅层层次性上的递升。

其次，某个区里有多种多样的选择，让选择该区的幼儿都能选择适宜自己的材料展开互动和经验的获得，这其实也是该区层次性材料投放的体现，不过这种层次性也是浅层次的。如角色区，与教师以资源库方式陈列各类便于幼儿生发角色游戏主题的材料、吸引班级里不同发展水平的幼儿选择来这里游戏时，都能够找到自己游戏需要的材料，展开符合他们或他们“最近发展区”挑战水平的游戏活动，那么这里的资源库实际上就是有层次性的投放。倘若在角色区，还有更能满足幼儿线性更深的层次性挑战，那么此时这个区的层次性也是浅层层次性上的递升。

② 从深度出发：关注核心经验的纵深性，展开有层次性的材料投放。这是较高层级的层次性，也就是针对每个幼儿选择参与到这个区所建立联系的每一类甚至是每一件材料都有不同层次的挑战水平，能够吸引幼儿长时间地、持续地参与到这样的深层次的递升挑战中，同时很有可能还会引发幼儿主动地迁移、运用、创作等深度学习。

首先，区域中的某类材料有层次性的提供。如建构区可以提供不同经验层次的建筑图片、建筑经验图式来满足幼儿不同层次性的挑战，自主探究学习；再如美工区可以分为涂鸦类、线条类、水墨类、版画类、泥塑手工类等，在每一类中，都可以提供工具书、欣赏类作品等，从每一小类的核心经验领域出发，指向幼儿经验的层次性发展水平。

其次，区域中的每件材料都有层次性的提供。常见的科学区用浅托盘盛放的某种操作材料就可以提供难易至少三个或更多层次以上的挑战，比如“旋转小花”游戏，教师可提供“第一层次：泥工板上尝试不用手而是用水、面粉、盐等让一朵小花转起来”“第二层次：尝试用水、其他液体让一朵、两朵、三朵小花转起来”“第三层次：尝试比较底板的粗糙光滑不同，通过选择让小花转动起来”“第四层次：尝试让小花按照自己设定的路线旋转起来”，等等，以此类推，每一个探究材料都尽量考虑进阶层次。

需要注意的是，从广度和从深度提供的材料支持不是相对割裂的，有时候从广度提供的层次性材料因为结构性相对较低，可能更能引发幼儿主动的深度学习，有时候从深度提供的层次性材料因为每一层级结构性相对较高或处于中等结构水平，却往往限制了幼儿更多元的参与与拓展。

因此，虽然上面提供了从广度与深度两种维度思考材料投放的层次性的案例，但是通常情况下，我们更关注从不同视角来践行材料投放的层次性，那就需要我们对孩子整体发展各方面的核心经验了然于胸，同时对与这些经验相连接的游戏材料以及这些材料玩法的多样性亦要不断拓展，内化于心，外化于行。更为重要的是材料只是“物化的邀请物”，不能代替孩子的“主动的作用”，因此不能因为材料投放的层次性而让孩子仅仅限于这几个层次，这样反而会适得其反，约束了孩子的“大胆创新”，而应该放手，让孩子成为材料投放与摆弄、操作的主人。

（3）如何促进幼儿和材料间的有效互动？

的确，材料多并不代表就一定全部受幼儿欢迎，促进幼儿和材料间的有效互动才能支持幼儿与材料发生联系，才能支持幼儿获得学习与发展。

① 有吸引力的材料投放是促进幼儿与材料有效互动的前提。投放的材料除了安全、环保等要求外，还要关注其是否有趣，是否符合幼儿好奇、好探究的欲望需求，玩法是否多样，是否兼顾平面与立体、无声与有声、购置与自制等，呈现方式是否能够便于幼儿取用与操作等。有吸引力的材料投放需要教师和同伴经常审议，审议其是否符合幼儿的需要，对材料更换的频率、使用频次较多的材料的科学放置以及从未使用过的材料作出科学的甄别判断，从而合理地取舍、增删与调整。

② 对材料的熟知程度是促进幼儿与材料有效互动的拐杖。材料是静态的，要让材料产生动态的运用功能，教师应该支持幼儿尽可能熟知或自主探究这些材料，如主动观察、了解材料的名称、材质等，幼儿间还可以分享材料的使用方法、各种用途等。材料投放过程中，教师一是可以和幼儿一起展开材料的准备，二是可以在投放后组织幼儿小组或个别认识、交流、分享对各区域内的材料的认识，以便幼儿后续能够驾轻就熟地与材料发生互动。当然，熟知的过程并不是教师单方面的告知，而是幼儿在参观的碰撞交流中可以对材料的多种使用方法展开更多创想与延展。

③ 提供适宜的挑战是促进幼儿与材料有效互动的助推剂。根据不同年龄段的身心发展特点和不同幼儿的兴趣需求及发展需要，投放多元的、不同挑战层次水平的材料，这样能够吸引幼儿较长时间专注于与该材料的互动，在循序渐进犹如“闯关”式的参与中，能够促进幼儿获得多元经验以及多层次经验的递升。

④ 教师适宜的介入是促进幼儿与材料互动的引擎。教师要随时观察幼儿与材料的互动，了解幼儿使用了哪些材料，使用不同材料的次数、时间，使用这些材料都做了哪些事情，有哪些语言或行为，材料有没有助推其经验延展，需不需要与其他材料的组合、删减等支持幼儿后续与原有材料的更多元互动等。教师可通过视频、观察记录、便签条等真实再现儿童游戏现场，并把握适宜介入的时机，以等一等、隐性介入、语言激励、角色扮演等给予幼儿当下支持或从幼儿深度学习发展的角度出发，给予持续的、跟踪的情感陪伴支持、物质资源支持、时间支持、经验支持等。

⑤ 材料互动中的分享与反馈是促进幼儿与材料有效互动的加油站。游戏中或游戏后，教师除了给予幼儿正向的自我检验以反馈与激励，让幼儿体验与材料互动的成功感外，还可以鼓励幼儿通过自主演示、语言表达、图示表征等方式分享材料的多元使用方法，从而激发幼儿进一步探究各种材料的创意用途。

综上，兴趣是首要导向，熟知与挑战程度是重中之重，适宜介入与分享反馈是强劲力量，只有互为融合，才能真正促使幼儿主动与材料发生互动，支持幼儿在环境中学习与成长。

6. 教师如何正确地介入和指导幼儿游戏？如何把握“适时支持”与“适度支持”？

虽然游戏是幼儿的自主活动，但是这并不意味着幼儿的游戏不需要教师的指导。相反，教师的指导在幼儿的游戏中起着重要的作用。但首先需要明确的是，教师对幼儿的游戏指导必须以尊重幼儿游戏的“游戏性”为前提，即尊重幼儿在游戏中获得的满足感、愉悦感和趣味体验，否则，一切指导都有可能是徒劳的，甚至是幼儿游戏发展的障碍。

① 教师的指导应以丰富儿童游戏的意义世界为前提。幼儿的生活经验既是狭隘的、片段的和零散的，也是丰富的、直觉的和灵动的。而游戏就像一块磁铁一样，能够积聚和维系着无限广阔的经验世界。在游戏中，幼儿们日常经验的复现不再是瞬间的事情，而是获得了“持久的实质”，教师应该为这种“持久的实质”作好准备和努力，使得幼儿的经验向外延展。例如在“开出租车”的游戏当中，因为司机总是只做一个转动方向盘的动作，未免有些无聊。这时候，有教育智慧的老师就可以走过去，通过麻烦“司机师傅”搬运行李、走高架上还是走高架下比较快、没有带现金怎么支付等系列对话，唤起幼儿对生活的直接兴趣，支持幼儿尽可能地认识到生活中的这些联系。

② 教师的指导应该以科学观察儿童游戏的情景为前提。观察不仅仅是为幼儿创设游戏环境，进行游戏准备的基础，而且还是教师参与幼儿游戏，进行游戏指导的前提。教师可以从观察儿童的表现和发展水平以及观察游戏本身两个方面入手。在判断儿童的表现和发展水平时，可借鉴相关游戏水平量表，从幼儿现有的游戏表现中概括幼儿的发展现状。此外，教师还可以通过观察儿童的游

戏主题、游戏内容、游戏材料、游戏持续时长等，判断幼儿的游戏兴趣和投入程度，思考是否需要介入，应该如何介入等。正如《幼儿园保育教育质量评估指南》中所提及的，教师要根据一段时间的持续观察，对幼儿的发展情况和需要作出客观全面的分析，作出有针对性的支持，不要急于介入或者干扰幼儿活动。

那么，如何进行适时的介入和指导呢？

教师的介入应当合理把握介入的时机。首先在介入前，教师可以询问自己即将开展的介入是否尊重了幼儿的游戏意愿？如果介入只是为了完成某项教学任务或目的，干扰了幼儿本身的游戏体验，那么这并不是介入的合适时机。其次介入能否提供新的信息，拓展幼儿的背景理解？如果介入的要求太高，幼儿在接受的时候感到困难，那么这样的介入也是无效的。最后幼儿是否表现出了需要被关注的行为？例如长时间出现了游戏行为低水平的重复，或者较大年龄的幼儿表现出了脱离游戏、无所事事的现象，又或者幼儿在游戏期间出现了某些危险的行为，有可能伤及自己或者他人等。如果出现了此类表现，那么教师可以考虑介入幼儿的游戏。

教师的介入应当以间接的介入为主。如果直接告诉幼儿怎么玩、下一步怎么开展、某事物的原理是什么，这是一类正面消耗式的介入，将游戏视为工具性手段的层层递进无疑会直接消磨儿童的兴趣和好奇心。更妥帖的做法是让幼儿发现游戏中各种联系之间的趋势。比如在创造性游戏中，用一个与游戏环境相关的新身份参与幼儿的游戏，以丰富幼儿的游戏情节；在科学探索游戏中，引导幼儿把某类物体置于系统之中，以进一步探索该物体与其他事物间的关系；在艺术类游戏中，教师可以以自身丰富的素养介入游戏，带领幼儿探索各类艺术符号的新的意义和内涵，扩展他们的理解。当然，间接的介入也需要间接的离场，当幼儿已经重新沉浸在有目的的活动当中，有了聚精会神的态度和新的游戏目标时，教师就可以悄悄离场。既然教师一开始就是为与幼儿共同交流和探索的兴趣而来，而不是以压迫式的命令和直接的传授为指导形式，那么教师的离场也并不会引起儿童群体的惊慌和无措。

7. 如何看待自发游戏？如何处理自发游戏和主题课程的关系？

自发游戏是指在自由活动中，幼儿经常会自发开展的一些游戏。这类游戏的出现是随机的、不在教师预期中的。

在幼儿园阶段，一类典型的自发游戏属于机能性游戏，例如在餐后休息的时候，有一名孩子发现自己的鞋底很滑，于是就开始开心地在教室地面上“滑来滑去”，一边滑，一边嘴巴里大声喊道：“哈哈，我在雪山滑雪咧！”其他孩子也被逗得哈哈大笑起来。或者在室内活动的时候，几个大班孩子抱着走廊上的柱子乐此不疲地转圈圈等。这类自发游戏出现的时间不固定，游戏行为往往较为简单，以身体的动作为主，而且游戏水平常被教师视为低于本年龄段孩子应有的发展水平。另一类自发游戏则往往出现在角色游戏、建构区等这类为孩子提供了丰富低结构材料的活动场景中。譬如，教师本来规定了建构区的任务是跟随主题内容搭建一座城堡，然而区域里的孩子们却拿积木当成了手枪假装打来打去，另外有几个孩子开始在区域的一角给想象中的小猫搭房子……当出现这样的场景时，我们需要明确以下两点。

① 自发游戏是一类具有内在动机性的游戏，活动的目的并不指向外部、不指向结果，它不受外部的控制和约束，游戏活动是自愿自发的。因此从这个角度来看，只要是幼儿开展的游戏都属于内在动机驱动的游戏，都是自发游戏。如前文提到的机能性游戏，这类机能性游戏可能会被某些教师视为“胡闹”，或者认为无益于幼儿的发展。其实幼儿在游戏的过程中收获了官能上的满足感，产生了一种自由的心向和主体性态度。如果教师打断了幼儿的这种体验，那么就忽视了儿童的需求，破坏了幼儿的愉悦感和满足感。同理，在后者看似脱离了任务的游戏场景中，驱动幼儿本身的一定是游戏内在的目的，而非外在价值。

② 自发游戏的教育价值其实是成人或者教师由于教育的需要而赋予游戏的。这类游戏的目的并不是由幼儿自己所决定，而是成人或教师从“为了儿童好”的角度而从外部强加于游戏的。所以教师才会有这样的困惑：如何处理自发游戏和主题课程的关系？如果教育的内在目的与游戏的目的达成一致，那么双方都将皆大欢喜。如果出现了割裂，那么教师需要注意，除非主题课程的内容在某一点上融入了幼儿心中，成为他自己所欣赏的东西，否则所谓的主题课程与自发游戏的结合不过是一种虚假的结合，是表层的结合，幼儿也许能够遵循教师的指示，玩规定的游戏，但是这种分裂有可能会造成幼儿无意识的虚伪和性情的不稳定。

当然，这并不意味着主题课程的开展就不能使用游戏的形式。事实上，自发游戏和教学的关系就像一条线段的两个端点，而活动开展的形式可以采纳线段上的任何一点，体现出游戏的不同结构层次。关键是要使得游戏的内在教育与教育目的相一致。例如在“我是中国娃”的主题课程的开展当中，幼儿就通过自发制作“中国旅行棋”的游戏，将各个城市的代表性建筑图标作为旅行棋棋子，并在上面标注价格供买卖使用。这就是一个典型的将游戏融入主题课程的案例。“中国旅行棋”的游戏有助于幼儿深入了解各地的风俗人情，并且以大富翁买地的形式，趣味呈现了他们对各地的了解，反映了《幼儿园保育教育质量评估指南》中“寓教育于生活和游戏”的要求。

8. 如何理解幼儿自主自由与规则意识培养的关系？

自主性是现代社会的基本特征，未来社会需要培养有主见、能独立做事、不断迎接挑战并创新的人才。幼儿是独立的个体，他们有自己的需要、兴趣和想法。

自由自主和规则意识何以对立？问题的关键也许在于：我们所有人都生活在群体之中，每个人自由自主的底线就是不能干预其他人自由自主的权利。规则与自主、自由与秩序是唇齿相依、相辅相成的，幼儿园一日生活中各项规则不是为了限制、约束幼儿，而是为了保证幼儿在园的活动安全、维护幼儿园一日生活的有序进行、保证所有的环境空间对幼儿的保护，通过规则让幼儿感到环境的安全、活动环节的可预知，从而消除焦虑恐慌等心理。

（1）自主不等于放任自流和随心所欲

幼儿期的自主是指给幼儿提供选择的机会，并且由幼儿为他们所力所能及的事情负责任。例如《幼儿园保育教育质量评估指南》中就多次提及到“自主”，如幼儿“自主饮水”“拥有自主游戏的时间”“支持幼儿自主选择游戏材料”等。从中可以发现《幼儿园保育教育质量评估指南》中的“自主”指幼儿在一日生活中有机会按照自己选择的方式行动，了解自己正在从事的活动，知道自己期望做什么事情，从而对自己的选择负责任。因此幼儿期的自主可以理解为是幼儿对自己生活的主体性参与，获得一种主人翁参与感和自我负责的意识。除了强调“主体性的参与”以外，自由自主也并不等于“想干什么就干什么”，如果我们老师仅仅认为自由自主就是放手让幼儿“爱做什么就做什么”，那么我们就会被引向一个荒谬的结论，最自主自由的幼儿也许是身处在空无一人的、摆满玩具和零食的大屋子里，没有任何人打扰的那个幼儿。然而对所有的幼儿来说，生活的必需品除了玩具和食品以外，还包括同伴之间的交往、有序规律的生活、温馨融洽的班级群体等。当涉及不只有“我”的场景出现时，规则就诞生了。

(2) 规则不等于约束和限制

在幼儿园生活中，首先需要明确一点，任何人自由自主的底线在于不能干预、侵犯其他人自由自主的权利，这应当成为制定幼儿园规则的核心依据。然而现实中，幼儿园的规则已经异化成了各种各样事情开展的前提甚至是教育目的的本身，比如“保持安静”的规则。教师总是要等到所有的幼儿都安静下来，才开始集体活动。教师寄希望通过这样的行为让幼儿养成专注听讲的好习惯，但是忽略了如何在引发幼儿的兴趣和自主学习的动机上下功夫。在这样的情境下，规则不仅成为活动开展的前提，而且成为了教育目的本身。又或者，把规则视为对幼儿行为的限制。“不要讲话”“不要乱扔玩具”“不要……”如此，规则成为了限制性语句，失去了指引的作用。幼儿并不知道究竟该做什么，反而会因为被教师频繁地否定而感到无所适从。把约束和限制作为规则本身，那么规则和自主必然是矛盾且对立的，因为教师只是培养了一群机械遵守规则、把规则视为最高等级完成任务的幼儿，约束和限制的表象背后其实是以牺牲幼儿的自觉性和主动性为代价的。

(3) 正确理解自主自由和规则的关系

因此在有规则的场景中，教师需要考虑：第一，规则是必须的吗？是否是基于不侵犯他人的自主权利而提出的呢？第二，规则是一般性的规则，还是发现班级存在某种问题而自然生发的？第三，幼儿是否真正理解班级规则？曾经有这样的情境：过去小班娃娃家一直由教师指定人数前往。这天到了区域游戏时间，老师说可自由选择区域游戏，话音一落，平时最多只能容下六名幼儿的娃娃家，人数增至十三人。随后接二连三的告状、抢玩具、争地盘现象开始出现。那么在这个案例里规则是谁的？自主又是谁的？很显然，规则是教师制定的，但这样的规则并没有被幼儿所认可。因为在教师的保护之下，他们从来没有感受过娃娃家人多拥挤的后果究竟是什么。而教师指定人数的本质还是不相信幼儿的自觉性和自主性。“指定好的人数”不是幼儿的规则，而是属于教师的命令和控制。而《幼儿园保育教育质量评估指南》中提及要相信幼儿是积极自主的学习者，支持幼儿参与与自己有关的一日生活决策。所以如何正确理解自主自由和规则的关键在于教师首先要放手,应当在考虑幼儿年龄特点的基础上,由幼儿体验集体生活中的规则和自主之间可能存在的联系与冲突,再由幼儿主动发起参与制定班级规则。制定规则的过程既是规则意识的体现,又是幼儿自主性的体现。总之,自由自主和规则并不矛盾,都是幼儿共同生活的重要组成部分。

9. 如何在班级规则和尊重幼儿自主之间寻找平衡?

从问题的描述来看,教师是否感觉到这样的矛盾冲突:当强调规则时就限制了幼儿的自主,而当幼儿自主时规则形同虚设。如果是这样,可能我们对规则、自主的认识都存在偏颇。

(1) 规则不是限制

规则,即规范,是相关部门或主体制定出来供大家共同遵守的制度或章程。常言道:“国有国法,家有家规”,为了保证幼儿在园的活动安全、维护幼儿园一日生活的有序进行,幼儿园也有一定的园规、班规。规则如果得不到承认、遵守,就失去其存在的价值。《指南》在社会适应“子目标二”“遵守基本的行为规范”里对规则的表述如下:“3—4 岁在提醒下,能遵守游戏和公共场所的规则;4—5 岁感受规则的意义,并能遵守基本的规则;5—6 岁理解规则的意义,能与同伴协商制定游戏和活动规则。”幼儿园并不是要用规则约束幼儿,而是通过规则令幼儿感到环境的安全、活动环节的可预知,从而消除焦虑、恐慌等心理。例如,教师会通过多种形式引导新入园的幼儿认识他们自己的座位、喝水的杯子、毛巾、小床等,建立简单的生活常规以保证幼儿有序地生活。

(2) 规则和自主相辅相成

幼儿园一日生活中规则无处不在,“没有规矩不成方圆”。良好的班级规则有助于幼儿养成良好的习惯,更好地发挥他们的自主性。可以说规则与自主是共生共存、相辅相成的关系。就如交通信号灯一般,红绿灯交替作用保证交通的安全和有序,如果没有红灯的约束,就没有绿灯的畅通。只有红灯或绿灯单独存在,信号灯的作用就不复存在,混乱无序拥堵的场面可想而知。富有教育价值的规则应该是由幼儿共同商议、自发制定的规则,是在幼儿真正感受到规则对共同生活的重要性之后所制定的制度,在规则制定之后,他们还能积极内化规则、遵守规则要求。在这样的规则指引下，班级生活得以有序开展，且每一个人都能在有秩序的班级生活和相互交往中感受到自由和愉悦。

10. 活动中如何对待幼儿偏区的问题？

在日常生活中，教师常常困惑于幼儿区域活动中的“偏区”现象，总觉得“偏区”可能会影响幼儿的全面均衡发展，于是在行动上或采取渐进式引导，或采取强制式要求，以至于幼儿在教师的强迫性均衡选择下失去参与区域活动的热情。

（1）理解并接纳幼儿的“偏区”行为

偏区与幼儿的认知方式有关。认知方式又称认知风格，指个体不同的理解、记忆和思维方式，包括感知方式、个性、智力和社会性行为的因素，其中场依存型和场独立型这两种认知风格对儿童的游戏行为有普遍影响。有关学前儿童游戏爱好的研究发现，场依存型认知风格儿童的社会性兴趣更加明显，自主游戏时会花更多时间玩社会性游戏，能更多地运用社会性线索去解决问题，更多地参与合作游戏或联合游戏；场独立型认知风格的儿童更喜欢单独游戏，遇事有自己的标准，分析问题能力较强，对非社会性刺激的记忆能力和解决问题的能力较强。科茨研究发现，认知风格影响儿童的游戏行为。她为女孩们提供了积木、娃娃家、绘画、纸工粘贴、拼板等玩具，研究结果发现场依存型认知风格的女孩选择娃娃家，玩几个人合作的非社会性游戏；场独立型认知风格的女孩全部选择娃娃家以外的活动，喜欢自己一个人玩非社会性游戏。

偏区与幼儿的兴趣有关。兴趣是指幼儿对事物喜好或关切情绪，是幼儿行为发生的动力倾向，也是直接推动幼儿游戏的内部动力，幼儿的兴趣表现出个性化、动态化与阶段性等特点。兴趣对幼儿选择区域游戏活动有着明显的影响，如热衷于建构游戏的幼儿，在选区时就会偏向选择建构区游戏，或选择与搭建相关的游戏，如纸杯搭建、纸牌搭建等。

偏区与幼儿的经验有关。经验是幼儿对客观事物现象和外部联系的一种反应，是认识的开端。幼儿的经验在内容范围、构成类型、内外驱力、各种经验的整合性等方面体现出个体差异性。经验范围广、内容丰富、善于整合各种经验的幼儿往往喜欢挑战有难度、有挑战、值得冒险的区域，常表现为喜欢选择新材料、新区域或有创造性挑战的游戏；经验范围小、内容不丰富的幼儿易出现偏区问题。

如，一位幼儿的父母是汽车工程师，幼儿生活在一个汽车世界，玩的是汽车玩具、看的是汽车杂志与图画书、穿的是汽车元素的衣服，亲子交往的内容大多围绕汽车。幼儿关于汽车的经验十分丰富，周围的成人因此认为该幼儿喜欢汽车，因此常常将汽车作为礼物送给他。这名幼儿绝大多数时间是在建构区中玩搭建汽车的游戏，他搭建的汽车类型多样、创意十足，常常得到伙伴和老师的赞扬，在这个游戏区幼儿获得了强烈的自我效能感，发生了很多关于汽车的深度学习。偶尔几次被同伴或者老师邀请去其他游戏区玩的时候，该幼儿则表现出"游离"游戏的情况，常常是在同伴的安排下进行一些简单材料的操作。

偏区与游戏区的环境有关。游戏区的环境包含了空间、时间、材料、玩伴、成人等各种要素。那些基于儿童的视角所创设的空间开放、时间动态、材料低结构的游戏区更容易受到幼儿的追捧，如面对室内和户外游戏区时，幼儿更偏向选择户外游戏区；面对成人设置的按步骤操作的科学探索区和来源于幼儿生活的角色区，幼儿更偏向选择角色区。又如，那些教师经常根据幼儿兴趣需要丰富材料的区域更加受到幼儿的"偏爱"。

（2）提供适宜的"支架"，化发展不均衡问题为个别教育契机

提供适宜的"情感"支架。教师要以关怀、接纳、尊重的态度面对幼儿出现的"偏区"问题，在分析幼儿偏区原因的基础上，提供适宜"支架"，偏区问题也可以转化为个别教育的宝贵契机。如果幼儿是受认知方式影响，就为幼儿提供与有不同认知方式的伙伴交往的机会，多与幼儿交谈了解幼儿的感受与想法。简单使用数据统计幼儿游戏区选择频次，进而采用劝说、诱导甚至强制分配等方式纠正幼儿的偏区问题，这可能会给幼儿造成较低的自我效能感。

提供适宜的"环境"支架。对于那些由于受到游戏区环境吸引而出现幼儿偏区的问题，教师要善于发现、分析、总结这些游戏区环境的特征，为了更好地了解幼儿对游戏区环境的需要，班级可以创设"留白区"，让幼儿自主规划游戏环境、设置内容、投放游戏材料，基于儿童的视角对那些遭受"冷落"的游戏区环境进行适当调整。

提供适宜的"经验"支架。对于那些因为经验内容不丰富、经验范围不广泛等出现偏区问题的幼儿，教师可以通过邀请他们作为"小小观察员"观察其他游戏区的游戏，观察不局限于旁观观察，还可以鼓励幼儿参与游戏进行观察。通过近距离的观察，幼儿在观察其他游戏区的同时丰富了相关经验，自然也会产生对

其他游戏区的兴趣。

提供适宜的"深度学习"支架。对于某一个或一组幼儿热衷于某项探究而出现的偏区问题，教师要以"支持者、合作者、引导者"的角色为幼儿提供适宜的支持，敏感地觉察到幼儿的探究需要，形成合作探究式的师幼互动。如一位教师发现，班级有三名幼儿每天都会到建构区拼搭"高塔"，持续观察一段时间后教师发现幼儿是在探究"高度"，于是教师和他们一起购买梯子、一起玩幼儿园的攀岩游戏、去社区参观水塔、去政府大楼实地参访，与幼儿一起进行了一场关于"高度"的深度学习之旅。

蒙台梭利最早提出有关区域活动的概念，将幼儿的活动室设置出不同的区域，通过环境创设以及投放适合幼儿的材料达到促进幼儿发展的目的。区域就是为每一个幼儿提供延伸经验、丰富经验的机会而产生的，希望更多的教师能在理解、尊重和接纳的基础上，给予幼儿适宜的支架，让偏区问题转化为宝贵的教育契机。

第四部分

课程游戏化的评价

一、课程评价的目的

不同社会角色的人进行评价的目的有广泛的差异，因此“评价”也涵盖了从“评分与排名”到“研判事实、估量方案”等一组各不相同的近义词、相关词。参加课程游戏化改革的幼教工作者需要首先了解课程游戏化项目关于评价目的和类型的主张。

对于每一所幼儿园的课程改革进程而言，最有意义的评价莫过于持续地弄清本园幼儿当下的发展状况及对幼儿园提供的各种学习机会有什么反应，进而研判从哪些方面调整幼儿园的课程，即所谓“发展性评价”，通过这种持续的研判来确保课程改革向着正确的方向稳步前行。无论是幼儿园外部的管理或专业咨询人员，还是幼儿园内部的管理层、带班教师，都应树立这种以园为本的“研判”意识，避免把评价简单化地理解为用统一标准甚至统一工具去评分、排名、奖惩，当然更不能以单个人的意志去评分、排名、奖惩。应该有这样的认识，推进改革并不只有评分奖惩这一条路，“以评逼建”的思路常会催生形式主义的拔苗助长！改革需要从多方面综合施策。

1. 进行课程评价的目的只是为了鉴定课程的效果吗?

通常，课程管理者（无论是幼儿园层面的，还是地区层面的）会担心教师课程设计与实施的质量，会对课程究竟给幼儿的发展带来了什么影响心存不确定感，因此，往往产生强烈的鉴定幼儿园或教师课程设计与实施效果的需求或目的，希望对效果的不同“水平”加以区分，以便奖优罚劣。这种目的虽然并非全然不合理，但需要处理好这种重结果的倾向与实现理想结果的过程建设之间的关系，这也正是国务院《深化新时代教育评价改革总体方案》所提示的。

从根本上说，好的教育效果不是用标准评出来的，而是明确儿童发展的方向一步一步做出来的。与其对于不同的园所、班级、儿童在横向比较的基础上奖惩，不如接纳差异，强调自我研判、稳步前行的过程，支持所有人在自己的基础上向前迈进。这也是“发展性评价”的本意，是“为了更好地学习与教育而评价”。

因此，即使需要对课程的特征及儿童发展结果进行面上的阶段性了解和追踪，也要处理好这一目的与更重要的“及时研判以改进”的目的之间的关系，而且这两种目的的评价在内容、方法和结果处理上各有侧重，不能混为一谈。

以鉴定为目的的终结性评价与以及时反馈为目的的形成性评价区别表

	终结性评价	形成性评价
目的	结果/成效鉴定	当下情况研判，给后续行动反馈
时机	较长阶段	随时，持续
内容	参照预期的较大结果	对后续行动的决策有重要影响的各种信息
方法	可抽样，相对经济的一次性信息收集方法；或者基于日常收集的信息进行汇总综合	对所有个体，通过日常多种渠道、多种方法（日常自然观察、谈话、作品、向关系人咨询）收集的与个体成长有关的各种信息
结果形式	概括性的数据或评语（参照标准去解释）	前因后果的推理（能勾勒出个性化形象及发展脉络）
结果运用	个体间的比较、发展危机筛查、群体状况的概括性把握及相关政策改进	为目标定位、活动设计或下一步调整提供线索
备注	将儿童发展结果完全归因于教师和幼儿园的工作绩效，对幼儿园或个体教师进行奖惩，是一种简单化的做法。需要对与特定儿童群体发展结果有关的所有因素进行综合考量并采取增值评价的设计，才可得出有关“绩效”的科学结论	外来人员参与形成性评价时，需要注意主动了解与作判断有关的“足够”信息

2. 课程游戏化的评价是为了衡量幼儿的“游戏水平”的高低吗？

很多人对“评价”有固定的理解：既然是评价，就一定与衡量水平高低、好坏联系在一起。这种“评价观”在课程游戏化项目中需要扭转。

首先，需要澄清的是，“游戏水平”这一概念不成立，没有明确的内涵与外延，这个表述常常想表达的意思，实际上是“幼儿在游戏中的表现所反映出的认知、动作、社会交往能力等方面的水平”，想评价的是幼儿在各个学习与发展目标上的水平，“游戏水平”这个词组可能还会引发关于“游戏指导”的不恰当理解，即按照“高水平游戏行为”去教幼儿如何游戏。

其次，如前所述，课程游戏化项目主张的形成性评价或发展性评价，首先关注的不是鉴定“水平”，而是注重教师在各种游戏情境、生活情境中通过幼儿自主活动的表现，去推论幼儿在该情境中的活动需求、对活动情境的关注点、活动中的内在思考过程及作为背景的前期经验。只有分析清楚这些，才可以进一步判断幼儿或模糊或清晰的目的与教师预期的课程目标之间有什么关联，找到幼儿自发活动的价值点，也才知道幼儿的哪些表现（表达的观点、疑问，表现的受挫、努力）可以作为课程进一步演进的着力点。在这个研判的基础上，进行课程计划、环境创设、活动组织，并在课程实施的过程中追踪幼儿活动的演进，进一步分析幼儿在那些价值点上的进展与困难，为确定教师在幼儿学习中的恰当角色寻找启示。相当多幼儿的游戏活动并不需要教师过多干预，因此，通过观察研判来决定何时需要教师介入、推动至关重要，可以避免很多盲目的忙碌、干预。

最后，课程游戏化项目也关心各园在课程实施的较长阶段后鉴定和统计幼儿的整体发展状况，但这种评价不能与教师日常进行的形成性评价混为一谈、主次倒置。幼儿园可以通过给教师提供方便分门别类汇总日常点滴评价结论的数据平台，使终结性评价建立在持续的形成性评价的基础上。对于汇总后的评价结果的解释，注意不能简单化地归功或归咎于教师个人或个体幼儿园的绩效，需要结合幼儿园或班级生源背景情况、入园时的基础水平以及幼儿园可能获得的物质和培训资源等其他方面的数据作综合分析。绩效评估不能仅仅依据关于幼儿发展水平的评估结果，而且当绩效评估与给教师或幼儿园分配资源的决策挂钩时，这种评价的研判过程就需要更加严谨，避免不公正的评价结论伤害教育事业的进一步发展，产生负面效应。

3. 课程审议算不算课程评价？

如前所述，课程游戏化项目中所主张的课程评价，不是用标准化的测试或量表给幼儿、教师评分，也不见得体现在包含大量条目的统一格式检核表的填写上，恰恰体现在贯穿于整个课程建构过程中的持续审议、反思，体现在幼儿园教师团队对儿童学习状况的关切，体现在有关如何调适课程以便与儿童学习需求相呼应的持续思考上。课程审议过程中，研判本班儿童的近期学习需求与状况，以便恰当地定位课程目标，这本身就是课程评价。嵌入式的课程评价要为关于目标、资源和活动组织的决策提供前提，为实施过程中的调整提供线索，而不只是在课程实施告一段落之后来评价效果。

课程游戏化中的课程设计与实施，赋予教师很大的自主权。即使是借鉴他人设计的现成活动方案，也需要经历一个细致审议的过程。教师团队要对所调查（观察到或访谈到）的本班儿童关注点、已有经验、态度与能力发展现状等进行充分分析，这样才能拟定一个阶段课程的主题、目标、系列活动的大方向，预见活动进程中需要进一步关注的儿童表现。如果采用类似项目课程的大框架，教师不从他人编订的活动方案出发，而以本班幼儿的兴趣和需求为起点延展成为课程，那么，更会自然而然地将评价贯穿整个课程审议的过程，教师为了确保生成的课程有依据、负责任地呼应幼儿的学习需求，必定会关注幼儿的表现并试图理解其意义。可见，无论采取哪种课程框架，课程审议过程理应包含着相当多的评价工作。

对关心幼儿园保教过程质量的外部管理者而言，与其因担心园本课程质量而设计一堆统一的表单去评价课程，并要求幼儿园提供证据，或者要求幼儿园测试儿童发展水平以证实其课程有效，不如通过教研网络扶助幼儿园建立起日常的集体课程审议机制，促进基于证据的教学决策。

实例——南京市实验幼儿园园本课程班本化实施的审议过程：

① 对原有文本内容的解读和审议（主题目标、主题线索、主题活动内容）；② 对儿童主题进入前的已有经验和问题加以调查，并整理调查内容；③ 在专家的引领下分析调查内容，判断儿童的经验水平、兴趣和发展需要；④ 再次审议主题目标、主题线索，确定班本化的目标和线索；⑤ 围绕主题目标和线索组织具体的主题活动；⑥ 主题活动实施后进行再评估，分析幼儿经验的发展及班本化目标的达成度。

4. 教师每次活动后的反思算不算课程评价？

教师的活动反思就是个体所作的课程评价，但反思不是回顾一下做过什么，而要联系儿童的表现，从活动对儿童学习动机、学习过程中的投入状态和学习结果的影响上，来评议自己在计划和实施过程中的决策与行动。

反思可能发生在活动过程之中，也可能发生在活动结束之后。在活动过程中，教师可能敏感地从幼儿对活动组织的反应上，发现现实出乎自己的预计，感觉自己预先的设计或者对幼儿的估计存在问题，从而迅速思考如何对预先计划的方案进行调整，而不是刻板地执行原先的方案。

在活动结束后，一些教师也会“复盘”整个过程，分析哪些地方与自己预想的不同，活动过程和结果哪些地方令人满意、哪些地方令人感到遗憾甚至犯了错误，思考相关的原因，比如，是不是自己对幼儿的表现有理解错误、自己的知识结构是否需要补充新内容，等等，从自己的实践中“学到”以后课程设计和实施中需要记取的经验和教训。

这些当然都是课程评价，这些评价直接影响到教师后续课程设计与实施质量的改进。从有些教师撰写的不同形式的反思文本中，可以看到大量对幼儿学习过程和成果的分析，对自己创设环境、互动方式及活动设计组织等的“复盘”，教师在周密思考中提出下一步活动计划。

幼儿园应该有意识地利用园本教研，为支持、促进教师的反思习惯搭建一个集体的平台。个体反思的意愿、感知自己行动过程和整理思路的能力各不相同，如果能有一个宽容、平等的同事交流平台，在无威胁的情况下，就事论事地围绕个体教师的活动进行集体探讨，深入探查该教师活动背后对幼儿表现的理解和行动的思路，梳理出大家共同感兴趣的问题交流经验、教训，使每位教师都能在相互的支持和交流中取得点滴收获，使这样的交流得以持续，这不仅会在整体上提升教师队伍的课程设计和实施水平，还有助于促成个体教师形成自我反思的习惯。

活动过程中反思的例子——《小蝌蚪的故事》（田浦，南京市鹤琴幼儿园）

进一步了解小蝌蚪：我们把孩子们带来的蝌蚪都倒进了透明的收纳箱里，安置在自然角窗户边的架子上。小蝌蚪在自然角里安家之后，孩子们早上来到班里都会和小蝌蚪打招呼，下午放学的时候会和小蝌蚪说再见。每天的区域游戏时间和过渡环节，自然角都围满了来观察小蝌蚪的孩子们。

小蝌蚪住到我们班的第四天，在区域游戏的时候，有孩子跑到我面前说：“不好了，不好了！小蝌蚪掉到地上啦！”我跟着他们来到自然角，看到小青青手里拿着小网兜，手足无措地站在蝌蚪箱子边，地上有好多水和几只小蝌蚪。小青青看到我，说：“老师，我刚刚看到有一只小蝌蚪在吃叶子，我想看看它的嘴巴在哪里，我要捞它，可是它跑掉了，我找不到它了。”

我一边和小青青一起把地上的小蝌蚪送回水里，一边开始思考：小朋友对观察蝌蚪充满了兴趣，可是我却没有为他们仔细观察蝌蚪的细节提供有力的支持。收纳箱里蝌蚪很多，而且一直游来游去，小青青是在自己想办法观察蝌蚪的细节啊！我意识到，应该为孩子们更加近距离地接触和仔细观察蝌蚪创造条件，所以决定把蝌蚪请到集体活动中，引导大家一起来观察。

活动结束后反思的例子——《建构我们的幼儿园》(大二班史力元，南京市鹤琴幼儿园①)

感悟与反思：整个活动过程是幼儿主动学习和老师积极引导、支持的过程，实现了幼儿科学领域关键经验学习与主题学习的融合，在问题解决的过程中发展了幼儿的科学学习能力，丰富了幼儿的科学学习经验。同时，幼儿的艺术创作能力、表达能力、探究能力、合作学习的能力以及主动性、坚持与专注等学习品质都得到了发展。尽管如此，在幼儿建构的过程中，我的指导和支持还是有一些不足和可以改进的地方。

① 由于缺乏木工活动的经验，在遇到一些技术上的问题时，我不能及时给予幼儿适宜的指导，但通过这次活动，我收获了很多有益的经验，为以后开展更多的木工活动打下了基础。我也会加强对相关理论的学习，多实践，以便更好地支持幼儿。

② 在活动过程中，个别幼儿通过自己的主动探究获得了有益的学习经验，但我没有抓住契机，及时通过集体交流等形式将这些有价值的个别经验分享给其他幼儿。以后需要更加重视经验的分享，让更多幼儿在思考问题和探究学习中获得同样甚至更多的发展。

③ 对活动过程中的一些细节和有价值的地方记录不够充分。比如，在每次解决问题的过程中，幼儿之间都有一些有意思、有价值的对话，幼儿园模型建成之后老师和幼儿一起回忆、反思了探究的过程，这些内容都能带给我们更多的思考。所以，在今后的活动中，作为参与者，同时也作为研究者，我会增强记录和收集的意识，以便回顾和分析幼儿的行为表现，更好地了解他们的发展水平，作出更好的教育决策。

---

① 摘自张俊主编的《看得见儿童，找得到课程》，江苏凤凰教育出版社 2021 年 4 月。

二、课程评价的标准

以下关于“标准”的理解，都源于上一部分所坚守的评价目的，不是确立“达标尺度”，在一把尺子上对幼儿和教师进行比较、排名，而是为“理解幼儿行为透露出的学习”“理解有哪些课程要素可能引发幼儿活动意愿、推动活动进展”提供视角。

对于幼儿园进行课程评价而言，主要承担的不是“筛查”的任务，因此没有必要排高低、设定正常范围，也就不需要这种意义上的“标准”；更需要的是一套有意义的“成长地图”，像引导我们辨认旅途方向与当下定位的 GPS（全球定位系统）一样，帮助所有教育者明确儿童的当前方位和后续方向，以便评价自己的教育行为对于儿童的意义，从而明智地做计划和调整环境与活动过程。由应该关切的学习目标构成的成长地图，就是课程游戏化项目中所说的“评价标准”，为教师思考儿童表现的意义、自己扮演的角色与行动的抓手提供视角。

此外，课程管理者需要意识到，即使没有外来制定的统一评价标准，每个教师内心也会有自己的评价标准，有共识也有分歧，这些由教师个人生活经历造就的标准，才对教师理解儿童表现和评价自己对儿童学习所起的作用发挥着真正的指导作用。因此，纸面标准必须变成教师内化的视角，经与自己原有标准和认知相碰撞，能让自己认同或部分认同，才真正可以成为他们评判事物的标准。

“评价标准体系”不能只是专家制定，让教师去“操作”“参照执行”的文本、表格，要真正通过讨论机制，让其背后的指导思想与教师头脑中原有的思考互动起来。

1. 课程评价依据什么标准体系进行？是评园本课程的设计、教师的课程实施还是评幼儿？

课程的根本目的是促进儿童向教育目标指引的方向不断发展，无论是课程的设计还是实施，评价它们的有效性，当然要以课程文本或实施过程与目标的一致程度以及实际上儿童在这些目标上取得的进展为参照。

不同的人对目标或“什么学习是有价值的”会有不同的取向，但在特定时代、特定地域也应该有一些共识性的期待，这些期待集中体现在国家制定的早期学习指南中，在我国就是《3—6岁儿童学习与发展指南》。《指南》是对《纲要》中目标的进一步阐发，二者是评价我国所有幼儿园课程的根本标准。无论是幼儿园对本园课程的自我评价，还是园外人员参与对幼儿园课程进行评议，都不能背离这个根本标准。

当参考国外现成的“课程评价标准”体系时，需要特别注意分析其背后的相关国家或组织对幼儿学习与发展的价值取向，注意与我国的共识和差异。应理解不存在一套世界范围内普适的课程评价标准！

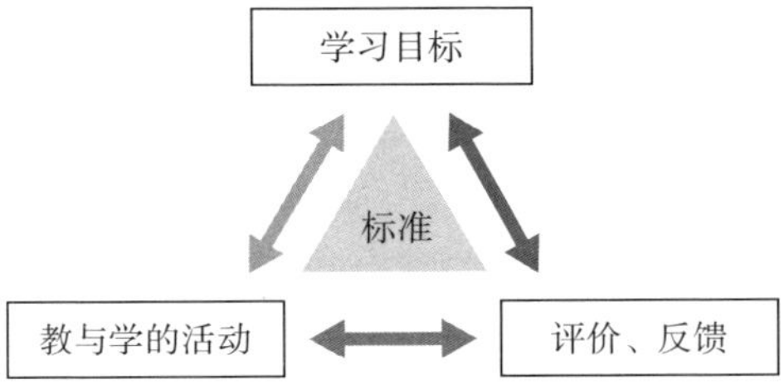

课程评价应将对儿童学习与发展的评价和对教师的课程决策以及幼儿园的课程管理制度的评价联系起来系统地进行，对教师课程设计和实施的评价必须参照对儿童学习与发展所起的作用加以评价。在日常持续评价中，如前一部分所述，参照儿童的学习评估反思课程设计、活动过程中的得失，从而进一步向预期方向推进下一步的课程，确保课程有效地促进幼儿稳步进步。即使是以一年或三年为期限对一所幼儿园课程的效果进行终结性评价，也并非简单用儿童发展水平或“达标率”作为标准，需要采取“增值评价”的严谨设计，对课程实施前后幼儿各领域的发展变化与幼儿园可以获得的资源、利用这些资源开展的活动以及师幼互动质量之间的关系进行详细的分析。只有这样，才能找到幼儿园进一步改进课程的着手点，因为课程不是孤立的，需要资源的支撑。

园外人员也需要参与幼儿园课程设计和实施的评议，提供改进课程的有益视角和思路。但必须注意，若缺乏对所评议班级幼儿基础和幼儿园资源背景的了解，应在评议时努力了解更多的背景信息，且最终的整改意见应与幼儿园的教师经充分研讨作出。需杜绝以行政管理的方式对待幼儿园课程的评价，为幼儿园形成持续研究儿童、课程的真实问题的态度树立一个榜样。

不要把与课程有关的文本材料视为幼儿园实际实施的课程，仅审读文本是不能对幼儿园的课程作出评价结论的，反而可能导致文牍主义之风。国务院《深化新时代教育评价改革总体方案》中，特别对评价的专业化建设提出了相应的要求，如何更好地收集幼儿园实际实施的课程和幼儿发展的信息，同时又不过分增加教师的负担，值得园外的评价人员进一步研究。

2. 评价标准与评价工具、量表有什么区别？没有工具、量表能不能进行课程评价？

评价工具是为了帮助教师沿着实际步骤来完成评价工作，是在标准基础上进一步制订的评价实施指引，包括了对标准的进一步解读，指导使用者如何准确理解和掌握标准，如何作相应的观察、收集信息，有的地方开发出的“评价指引”就属于这种“工具”，而《指南》则是评价标准。

量表是评价工具的一种，最终的评价结果要汇总成数字形式，即“量化”，如把目标的层级或阶段标示上数字，通过某种计算方法得出总分或各分量表的合计分，然后参照数字常模或量表制订者对于数字段意义的解释框架，对这些分数作出相应的解释，得出评价结论。

显然，对于前述课程游戏化的主要评价目的而言，使用预制的量表对儿童发展作出概括性量化判断，无法帮助教师找到特定情境下的课程决策所需要的诸多细致依据。

而基于《指南》开发出能指导教师理解标准内涵、方便他们举一反三地将标准与面前幼儿实际情境中的表现相联结的评价工具，当然是很好的，但需要注意，不要期待教师只要“操作”工具，即通过机械比对工具预先提供的儿童表现就能解释所观察到的行为的意义，这有可能导致理解上的偏差甚至歪曲。

必须明白，工具是辅助教师内化评价标准的，并使其建立头脑中的解释框架。在实际观察过程中，教师需要对在教育情境中的儿童表现保持开放态度，完整客观地感知儿童活动中的表现，而不是从工具出发去寻找“相关行为”，去作行为检核。这种工具不应像心理学研究中的测评工具，直接操作某个标准的步骤得出确定的解释。不能让教师被工具束缚了手脚，形式主义地作评价。

如果教师已经知道了在课程建构中需要评价的时机，透彻准确地理解了标准，无须他人制订的评价工具也一样可以进行评价。

实例1——上海安庆幼儿园对《上海市3—6岁儿童学习与发展观察评估指

引》的纵横解读分析表①

质量领域三：自我与社会性 子领域二：人际交往				
标准1：愿意与人交往，能与同伴友好相处		表现水平1	表现水平3	表现水平5
		1. 愿意与同伴共同游戏，参与同伴游戏时能友好提出请求	1. 喜欢和同伴共同游戏，有较稳定的玩伴	1. 有稳定的好朋友，还喜欢与新朋友交往
	横向解读	“愿意”和“喜欢”等词表示交往态度的变化，表示意愿递增的变化 “同伴”“较稳定的玩伴”“新朋友”是交往对象的变化，表示对象趋于稳定		
		2. 愿意接受身边的成人的照料和关心，并共同活动	2. 喜欢和长辈交谈发生的事情	2. 有问题能询问别人，遇到困难能向别人寻求帮助
	横向解读	“接受”“交谈”和“询问”表示幼儿交往态度的变化，从被动到主动到更具有目的性 “身边的成人”“长辈”“别人”表示交往对象的变化，从熟悉的对象到陌生人		
		3. 在成人指导下愿意分享玩具	3. 能运用简单的交往技巧加入同伴的游戏	3. 愿意与大家分享交流高兴或有趣的事
	横向解读	“成人指导”“运用技巧”“分享交流”表示交往能力上的变化，从一开始需要帮助到能够主动想办法解决问题，到最后会思考交流自己的体验		
		4. 与同伴发生冲突时，能听从成人劝解	4. 知道轮流、分享，会适当妥协。能在成人帮助下和平解决与同伴之间的矛盾	4. 能想办法结伴共同游戏，活动中能与同伴分工、合作、协商，一起克服困难、解决矛盾
	横向解读	“听从劝解”“在成人帮助下”“想办法”表示幼儿解决交往问题的变化 “轮流”“分享”“妥协”与“分工”“合作”“协商”表示幼儿交往能力的提高		
			5. 能谦让比自己幼小和体弱的同伴	5. 能谦让和照顾比自己幼小和体弱的同伴，也不让别人欺负自己
	横向解读	“能谦让”“能谦让和照顾”表示交往态度的变化，从谦让到主动关注别人的感受 “也不让别人欺负自己”是幼儿交往能力的变化，除了关注他人感受，也会关注自身与他人交往的自尊		
	纵向解读	纵向来看，“愿意与人交往，能与同伴友好相处”这条指标主要由以下纬度组成： (1) 与同伴交往的友好态度　(2) 与熟悉成人交往的主动性 (3) 与同伴交往的方式和能力　(4) 解决矛盾的能力和主动性 (5) 向他人求助的能力　(6) 与他人交往中的自我意识 (7) 对待幼小和体弱同伴的态度和方式　(8) 自我保护意识		

① 表格摘自温剑青编著的《发现理解支持——指向个性化教育支持的幼儿发展评价实践》，上海教育出版社2019年，第98页。

表现水平的描述从横向来看，措辞的差异实际上指向幼儿群体发展水平与年龄特点的变化；纵向来看，一条评价内容由多个维度构成，展现了幼儿发展的不同轨迹；纵横比对的解读方法可以呈现幼儿完整的、立体的个性全貌。整个解读的过程可以说是"促使教师对问题的深入思考，寻找联系，尝试分析问题"的过程。

实例 2——《幼儿教育・教育教学》2021 年第 6 期中有关南京市鹤琴幼儿园如何带领教师团队，围绕《指南》结合本园实际制订《儿童发展观察评估指引》的一组文章，描述了教师如何参与工具的制订以及如何使用工具。

张俊：《"活"的儿童观察评估：南京鹤琴幼儿园的研究与实践》"我们的任务就是帮助教师更好地理解和实施《指南》，解决《指南》落地的'最后一公里'问题。于是，我们从教师理解和实施《指南》过程中存在的现实困难和误区出发，开始研制《儿童发展观察评估指引》……教师借助《指引》进行观察评估时，并不是简单地按图索骥，进行一一对应式的行为检核。相反，他们需要在真正理解'发展进程'内涵的基础上举一反三，并基于儿童复杂多样的真实行为表现，进一步丰富自身对'发展进程'的理解。教师所积累的典型评估案例，反过来又成为《指引》中行为示例的来源。从这个意义上说，教师不仅是《指引》的使用者，更是《指引》研制的参与者。""教师通过(案例)研讨越来越能看见儿童行为背后所隐含的意义，对儿童发展进程的理解也越来越丰富。他们拥有了观察儿童发展的'显微镜'和'望远镜'。同时，《指引》也通过教师的共同研讨得以不断完善。"

3.《指南》能作为课程评价的标准吗？按照《指南》中的学习与发展目标评价儿童，会离幼儿园生活很远，不能反映我园幼儿发展怎么办？

《指南》就是我国现时代 3—6 岁儿童学习发展的共识性期待，当然应该作为课程评价主要的参照标准，作为各个幼儿园课程评价的整体设计参照的标准，但《指南》的表述并不直接与特定幼儿园的环境与课程内容相挂钩，提供的各年龄段"典型表现"也有限。因此，很多教师觉得它与本园的课程还有距离，觉得自己面前幼儿在课程活动中的表现在《指南》所提供的表现中找不到对应。

运用《指南》进行评价确实需要一个转化的过程，需要教师对《指南》进行认知深加工，结合自己幼儿园的情境、社区儿童的生活内容实际，来转化为本园各领域目标的“典型表现库”。幼儿园应该引领教师团队一起做这样的认知深加工，遇到难点可以向教研人员咨询或集体研讨。幼儿园不要试图定出“操作方案”，把教师当成方案的“操作工”。评价是每个教育者头脑中加工信息作判断的高级认知过程，如果不亲身经历克服认知困难，就难以磨练判断力，指望简化地机械操作，注定会落空。

在幼儿园各类情境与各学习目标之间建立更清晰的联系，可以从对《指南》文本进行再加工开始。首先，从“各领域目标”“各年龄段典型表现”和“教育建议”中，提取特定学习可能发生的“情境”，检视本园是否存在这些情境。为了帮助教师重视这些学习情境，还可以把幼儿园的情境与小学学习情境和现实社会职业、生活情境之间的相似性作一类比，理解早期学习如何为后期发展奠定基础。

实例 1——《指南》“科学”领域涉及情境列表

目标	值得关注的情境	《指南》位置
1. 亲近自然，喜欢探究	周围的各种事物和现象 遇到新事物、新奇现象 在有玩具材料或废旧材料的环境中	典型表现 教育建议
2. 具有初步的探究能力	各种事物及它们发生变化时 感到疑惑或遇到难题时	教育建议
3. 在探究中认识周围事物和现象	自然物、生活中事物和现象，包括： 动植物及其生长变化现象 物质或材料特性（沙、水、空气） 自然现象（如天气变化） 科技产品	典型表现 教育建议
4. 初步感知生活中数学的有用和有趣	用到数的生活环境 面对按照一定规律排列的事物（旋律、图案、儿歌故事、时间等）	教育建议
5. 感知和理解数、量及数量关系	日常生活中需要比较事物多少、大小、高矮、长短的情境 日常生活中需要按一定规则整理摆放物品的情境 日常生活中需要按人派发物品或给事物配对的情境 买东西付钱的情境	教育建议
6. 感知形状与空间关系	用小零件组合/拼装成图案或整体造型或事物（确保稳固） 用东西填充一个空间，充分利用空间 日常生活中需要给特定事物定位或描述移动方向的情境	典型表现 教育建议

实例2——《指南》"艺术"领域涉及情境列表

目标	值得关注的情境	《指南》位置
1. 喜欢自然界与生活中美的事物	自然环境或人文景观中悦目、悦耳、触动情绪的事物	典型表现 教育建议
2. 喜欢欣赏多种多样的艺术形式和作品	各种形式的艺术作品(音乐、舞蹈、戏剧、绘画、剪纸、泥塑、工艺品……)	典型表现 教育建议
3. 喜欢进行艺术活动并大胆表现	有艺术活动的场景 对事物有感触/感悟,想用材料或媒介表现出来的时候	教育建议
4. 具有初步的艺术表现与创造能力	幼儿自发的、乐在其中的表现与创造活动(唱、跳、模仿人或事物、涂画、塑形、装饰自己或环境、制作有趣的物件……)	典型表现 教育建议

其次,教师在明白各种"有价值学习"(即学习目标)发生的情境的基础上,需要对每个学习目标本质的特征了然于胸,不断在实践中收集面前儿童与学习目标有关的各不相同的表现,扩充属于自己的"典型表现库";同时,也要能对所观察到的一连串具体表现进行归纳,抓住对该事件而言的"核心"行为,只有这样,才能把观察到的事件中的幼儿表现恰当地归入某一种或两种学习中,不会归错了类。

下面的列表显示了如何对《指南》各领域学习目标的文本进行重新梳理,支持教师做情境-行为与学习目标的联结练习。第一栏提取的是"情境",第二栏提取的是"典型表现",特别是一些动词,第三栏将对应的学习与发展目标呈现出来,第四栏则对学习与发展目标中涉及的态度、能力等心理学概念的内涵作了解释。

这样,当教师头脑中对第一栏中的相关情境非常熟悉时,可以有意识地在相应情境中观察幼儿的表现,看幼儿一连串表现中最核心的部分,是否可以利用第二栏中哪个领域的动词来描述;或者按照最后一栏对各领域学习目标内涵的解释,是否应该把教师观察到的新表现用新动词添加到某个领域的典型表现中去。这样,就可以结合本园的情境,把《指南》转化为本园可观察的幼儿典型表现了。

实例3——《指南》"社会"领域的联结提示

情境		《指南》提示的幼儿典型表现	学习与发展状况分析的方向	学习与发展目标释义
与个人有关	涉及个人评价、选择及决定的情境	自己的事自己做 愿望明确，选择自己想做的 有任务时，会自告奋勇承担 自己有想法，为活动或任务出主意，还会理直气壮地阐述自己的理由来争论 自己做得好时，会显得高兴、自豪；感到出丑或犯错时会羞愧、懊恼	1. 具有自尊、自信、自主的表现	自尊是个人基于自我评价产生的一种自重、自爱，并要求受到他人尊重的情感体验 自信指个人对自身有能力成功应对特定情境的估价，又称自我效能感 自主指个人自己做主，作决定，不受他人支配，保护自己的物品和自己不受伤害，也为自己的决定带来的过程和结果负责
个人与他人	师幼交往 教师发指令、提要求	愿意跟老师谈话	2. 愿意与人交往 3. 能与同伴友好相处 4. 关心尊重他人	心中有他人，把他人常放在心上 对他人平等相待，认为他人与自己有同等权利
	幼幼交往 加入游戏 发生冲突	与同伴一起玩、一起活动 轮流、分享玩具、物品 不欺负别人 能听别人的想法 在成人调解下和平解决或独立协商解决 有礼貌地与人交往 对他人遭遇、情绪表示同情，愿意给予帮助，不打扰别人，征求别人意见 不排斥/接纳与自己习惯不同的人	5. 愿意与人交往 6. 能与同伴友好相处 7. 关心尊重他人	
	亲子交往	对长辈有礼貌	8. 关心尊重他人	
个人与小团体	在一个团体中生活，与多人共处	愿意到群体中来 积极参与班级共同活动	9. 喜欢并适应群体生活	群体：个体组成的共同体，共同活动和交往 适应：个体调整自己行为，符合群体共同生活的需要
		诚实、爱惜物品、节约、尊重物品归属、犯错能承认错误和弥补、对自己的任务负责	10. 遵守基本的行为规范	行为规范：社会认可和人们普遍接受的

续表

情境		《指南》提示的幼儿典型表现	学习与发展状况分析的方向	学习与发展目标释义
个人与小团体	在一个团体中生活，与多人共处	知道自己是某群体的一员，在这里有安全感、信赖感，见到群体成员有亲近感 知道与自己所属群体有关的标识、称号等，见到这些会激起亲近的情感 为群体的成绩感到高兴，感到与自己有关系	11. 具有初步的归属感	归属感：自愿把自我归入某群体的一分子
个人与大社会	社会一般公共生活	按照公共场合行为规范行事	12. 遵守基本的行为规范	
	不同范围的所属社群或者其标识凸显	用团体名称描述自己 对所属社群有亲近感，乐于参与社群活动 见到群体标志会表现出亲近感 对群体的成就表现出自豪感	13. 具有初步的归属感	

注：以上表格摘自郭良菁著《社会认知视野中的儿童观察评价》，南京师范大学出版社2020年12月。

三、课程评价的过程

1. 教师不会观察儿童怎么办？观察分析很主观怎么办？怎样提升教师解读幼儿学习与发展的能力？

“教师不知观察儿童哪些行为，分析很主观”，这只是一个现象，管理者应该仔细分析导致这种现象的原因，而不能简单用一句“教师能力差”来归因，要分析造成这个情况的深层原因，才能找到能力改进的起点。

造成这种现象的原因恐怕有两个：

一是课程管理者没把教师定位为“课程决策者”，甚至不允许教师自行根据面前的儿童进行课程调整，而要求教师忠实地实施编好的教材，这妨碍了教师体验观察评价对教育教学工作的意义。

教师观察评价动机的激发，即他们想去了解幼儿想做什么、怎么想、怎么做，需要这样一个任务情境：教师必须根据对面前幼儿表现背后的学习兴趣需求和认知与行动能力水平加以准确判断，来决定自己在儿童活动和学习中扮演什么样的角色才是明智的。如果仅因“教师不会观察”“分析很主观”这样的理由，便剥夺了他们的课程调整或决策权，那么，就等于剥夺了教师在做中不断提升这方面能力的机会。多方证据表明，任何学历的教师都可以在理解幼儿情境中行为的意义上有进步的空间，关键是要给他们机会和支持。

二是不理解“观察评价”这一认知过程本身就具有“主观性”的特征。教师永远都是用自己头脑中对情境、事物和人的表现的已有理解、经验，来感知与解释当前情境及观察到的事物的。当教师“不知观察什么有意义”时，是因为教师头脑中没有一套清晰的“意义体系”，因此眼前接触到的一切都是浮光掠影、转瞬即逝。当教师对于儿童的一切学习和发展都无所谓，只满足于执行环节、操作任务时，当然不知道该观察什么。因此，帮助教师树立目标意识是改变这一状况的主要途径。

不能用“主观”这个词简单否定教师的判断或评价能力，而要看这个主观的判断在多大程度上接受所观察到的事实的检验，是不是仅被单个刺激简单地触发或者仅仅是出于过去经验、刻板印象等得出的。要降低因不顾事实或剪裁事实而导致评价“偏差”的可能性，则要通过更多双眼睛帮助教师发现事实的过程、更多个头脑提供其他可能的看法来促进教师反思与修正原有的看法。

总之，要想提升教师的观察评价能力，需要搭建由若干拼板组成的学习平台。

拼板一：将课程决策权赋予教师，允许教师根据对班级幼儿“发展需求”的判断来决定实际开展的课程系列活动，激发教师观察和倾听幼儿兴趣、关注点的内在动机。

拼板二：搭建多方参与的讨论“判断”的平台，用视角碰撞来丰富教师的理解、纠正对幼儿和课程的理解偏差及刻板印象。

通过年级组教研、全园密集的常规教研活动、各种形式的“高频次讨论”，结合《指南》目标，分析幼儿在当下所处的环境中的游戏兴趣、游戏中的关注点、游戏投入状态和游戏中遇到的瓶颈等，对课程的内容、目标定位、时空安排、资源利用有什么样的含义，讨论出一周或两周的活动方案，并在活动开展过程中继续观察幼儿的反应，留作事实依据来分析反思最初对幼儿和课程所作的判断。这是持续课程评价的核心部分。

提升教师“评价能力”，准确地说，是逐渐降低“误解儿童表现”的概率，并不是操纵预定工具得出简化判断的能力。教师对幼儿能力水平和课程的点评在日常工作中一直存在，只不过由于每位教师头脑中对幼儿的期待五花八门甚至模糊不清，对幼儿同一种行为表现得出的判断也是五花八门，其中不乏因个人偏见、刻板印象而无法“客观”评价的情况。但这种状况必须通过差异化视角的碰撞来逐渐纠正，鼓励教师依据观察到的事实表达各自不同的判断，并对判断失误保持必要的宽容（因为每个人在复杂情境中的认知都有可能犯错），鼓励彼此分析对方判断背后可能隐含的对《指南》目标的理解或者个人成见，鼓励在下一步的实践中对前期的判断进行检验。只有经历了相当长时间的结合自身教育经历的讨论，教师对幼儿和课程的判断才能越来越以《指南》的合理期待为参照、才能越来越提醒自己更加多地收集关于儿童表现和课程过程的事实，使判断更加到位且对课程的持续演进有意义。

拼板三：整合专业力量，给教师准确地理解《指南》目标提供持续的支持。

如前文所述，《指南》将人的早期发展划分成多个领域、许多目标，然而并未对一些心理特征的术语作明确的内涵界定，教师要通过自学准确地把握每一个目标的内涵及一个领域的目标之间有什么样的关系，在不同的生活情境中各领域的素质又是如何组合起来发挥作用的，有相当大的难度，需要给他们提供较长时间持续的专业支持。

拼板四：确保教师有整理所收集的儿童表现信息并认真思考作出判断的充足时间。

阻碍教师投入评价工作的一大现实障碍，就是创设环境、指导幼儿、班级常规工作几乎占据了教师所有的在园工作时间，而且这些直接对幼儿产生影响的工作更加紧迫、更优先，因此要记录幼儿活动过程中的表现、整理获得的信息并思考判断，这方面的工作只能有精力就做，没精力只能搁下，反正课程活动总要不断向前进行的。对于课程管理者来说，需要设法在工作安排上给教师做这项重要工作创造一定的条件，特别是不要求教师紧锣密鼓地完成一个个课程活动，必须在每个活动中都达成特定的目标。而允许教师放缓脚步，更从容地倾听、观察、与面前的幼儿对话，记下自己的灵感和心得。毕竟，课程改革不只是行动，还需要思考。

2. 教师感觉《指南》对于评价没有可操作性怎么办？对《指南》的理解把握不知是不是准确怎么办？

《指南》本身就不是“操作手册”，不能期待直接“操作”它，如前所述，需要对它进行认知深加工，通过文本学习、结合实践的学习，才能将它化为解读儿童行为的眼光。

关于《指南》，既有“解读”的书籍，也有视频系列讲座，还有“实施问答”，这些都对教师在进行观察时如何恰当运用《指南》作了一些提示，需要认真学习领会。更关键的，要在幼儿园中形成扎扎实实学习的氛围，不能指望一时一刻便学完。不能满足于每个字都认识，简单将眼前看到的表现与《指南》中罗列的有限的典型表现表述去比对。

对《指南》的学习理解要能达到如下程度：

首先，能回答诸如“五个发展领域对人生存和变化发展的意义、每个发展领域为什么划分成那几个子领域、某个子领域又为何单定那几个特定的目标(不能有其他目标了吗?)”“在一个生存情境中，会需要哪几个领域的哪几个目标能力交织着起作用，才能在一定程度上应对任务和挑战?”之类的问题。

其次，对每个目标中涉及的关键概念，务必清楚它的内涵。纵向看，“典型表现”代表着内涵中包含的哪些要点，横向看，该种态度或能力发展经历了哪几个阶段。还要不断地试着在自己的工作情境中找到该目标的表现，不同幼儿在同一情境中的不同表现是否能定位在不同的发展阶段上，幼儿园同事之间需要充分加以讨论，有不同看法时，可以进一步查找参考文献或向教研员提问、向相关专家提问。只有解决了自己头脑中的困惑，才算是在理解的道路上又进了一步。

理解是无止境的，使教师头脑中的案例库日益丰富、把概念的外延现象恰切归类、发展阶段定位日益准确，都需要一个长期过程，教师需要慢慢在《指南》指导下形成科学的儿童发展观，具有评价儿童表现的眼光。这样才能把面前幼儿身上发生的事日益敏锐而准确地与“学习”领域和目标挂上钩，在评价时便不会觉得“《指南》没有操作性”了。

3. 如何对班中所有幼儿进行全面评价？是不是每次评价都要兼顾五大领域？

一谈及“对每个幼儿进行观察和评价”，就容易被推向极端的任务想象而变得越发不能实现。比如，将达到这个目标理解为：每天要对班里每个幼儿的每个发展领域进行评价，或每个主题中对每个幼儿在所有目标上的学习情况进行评价。这种显然的“力所不能及”很容易引发反弹，转而以“关注全体”为理由而局限于作“扫描式的观察”，结果只能形成对幼儿的模糊印象，离最初的目标越来越远。

了解班中的每个幼儿各方面的发展不是一时就要完成的任务，是在与幼儿们朝夕相处的以几个月计的时段中逐渐积累的，很重要的是提醒自己，不要只将注意力放在那些引人注目的幼儿身上，要阶段性地检查自己是否忽略了某些幼儿或某个重要的发展领域或学习目标。

根据形成性评价的目的，在课程推进的不同阶段，评价的关注重点有所不同，最初主要需对幼儿的兴趣、关注点、已有经验（已知已会）进行评价，教师可以采取亲子调查表、集体谈话等形式收集每个幼儿的信息，运用电子表格辅助自己高效汇总，采取归类汇聚的方式作分析，由此确定课程的目标方向及后续一段时间的活动线索。

在具体活动展开的过程中，教师就不必采取这种一次性收集信息并进行分析评价的方式了。主题活动是连续不断的，班级中每天会发生很多互动、进行多项活动，很可能在同一情境中一项活动还会延续若干天，如果在一天中的不同情境能聚焦一至两个活动或互动的过程，就可以对当事的几个幼儿的学习与发展作较清楚的分析了，也没有必要在一个活动中机械地套用五大领域的目标进行分析，这种机械表面的评价并不能称为“关注全面发展”，应该聚焦对当前学习或对这个幼儿最有意义的一两个学习目标。如果随着课程的演进，教师持续地围绕主题的重点目标关注着若干幼儿的进展，那么积累两三个主题下来，教师就会对该时期中每个幼儿在《指南》诸多目标上处于什么样的阶段有清晰的认识。关键是要把不同时间的分析及时记录下来，形成连续不断的了解、理解，而在这一点上需要想些办法，对如何借助信息技术或分工合作作些预先的规划。

幼儿园的课程与生活都是持续不断的，只要教师有意识地关注每个幼儿，并不难做到在几个月内对每个幼儿有清晰的了解，无需一时集中完成。而对于具体的主题或活动而言，也没有必要每个细节都了解到，关键信息的抓取才最重要。

4. 怎样评价围绕儿童兴趣生成的活动的质量？

这个问题，有可能是出于管理者对教师自己根据儿童兴趣需求生成课程的能力感到担心。但如前所述，提升观察评价能力、生成课程的能力或改善生成课程的质量都不能通过评价来解决，而要借助教研支持教师通过研究儿童和认真审议课程来解决！提升教师的课程领导力，以集体智慧来支撑个体教师生成系列活动的质量。

单就评价而言，生成课程的质量评价，跟一般对预成课程计划与实施的评估标准并无不同，根本评价标准是考查课程在多大程度上帮助儿童主动参与活动且在预期目标上有所进步，或者还产生了哪些预期之外的好结果。

5. 怎样开展基于儿童观察评价的教研活动，提升教师的课程反思能力？

"反思"这个词近年来高频出现，但很多人把它理解成回想与随便找到点"问题"说说。真正的反思要有前提，那就是目的与计划，如果教师事前并没有明确行动的目的是什么，更没有系统地思考行动的步骤与目的之间的关系，那么就完全谈不上过程中与事后的反思。反思也不是在表格的"反思"栏随便写上几句了事，否则很容易导致"反思不到点子上"。

反思的对象就是自己原来的目的合理与否及行动是否指向目的，行动的结果哪些在预期中、哪些是出乎意料的，这样的结果是由什么导致的。是自己对情境的认知错误（包括对孩子需求与能力的把握）、期望不合适，还是在活动过程中哪些行为不当，对孩子的学习产生了消极影响或干扰？即使一切都很完满，也值得回顾与总结，把自己在这次经历中得到的新认识（或是对原有认识的拓展）归纳得更利于未来提取。

有些教师本来就有反思的习惯，他们真的把儿童的发展放在心上，对待工作极其认真，在活动前有充分的准备，明确定位活动的方向，认真对待目标的实现（思考行动步骤）；更重要的是他们关注和接收儿童在活动中给予自己的"反馈"，而不是只关注自己的期望儿童有没有配合达成，从而利用这些反馈信息及时调整行动，确保自己在儿童的学习过程中扮演明智的角色。

但很多时候，单个教师的视野、能力总是有限的，单枪匹马的反思往往会被局限在个人思路的范围内，当手头事务众多而一切事务似乎也都能按部就班地进行时，反思上述课程问题的动机也会被削弱，对问题的感受能力也会渐渐淡化。如果幼儿园层面能够稳定地安排一段集体反思的时间，对保持教师个体反思意识、提升教师对课程计划与实施中重要问题的思考和处理能力都可能产生益处。要知道，即使是受过专业训练的教师，要能在具体教育情境和条件下作出明智的课程决策，也不是容易的事，管理者要充分体会到教师的难处，借助教研活动，利用集体的智慧帮助教师克服课程决策中举棋不定的无力感，也通过不同观点的碰撞，重新唤起教师对一些原本觉得理所当然的观点和处理方式的关注与讨论。

基于儿童观察评价进行园本课程审议应作为教研活动的核心，要让教研不空洞，就要直面、认真审视教师在课程决策过程中遇到的"真问题"，紧扣他们自己提的事例来"研"，如：到底怎样分析判断一个主题对儿童发展的价值？怎样决定课程演进延伸的线索？如何处理班中孩子在某主题上五花八门的兴趣点？主题目标、活动目标怎样定位才是"合适的"？如果一个书中预成主题的课程资源由于种种原因缺失，怎么办？小班儿童提问较少，怎么发现他们的兴趣和疑惑？……这些"永恒的课程问题"，在每一届不同儿童群体的不同经验背景下，都需要重新被认真对待。教师对这些问题常研常新，也就造就了反思能力和专业发展。

这样的教研，需要与课程决策问题有关的儿童活动实录、儿童作品，作为激发讨论的引线，激发教师们进入共同的情境，共同观察、理解儿童的表现，分析活动过程中儿童正在发生的学习、取得的学习成果、产生的困惑或困难等等，基于各自的理解提出自己认为恰当的支持推进儿童学习进程的课程决策。任何表演式的观摩、教师个人的叙述都起不到相同的激发作用。

研讨不分身份、不简单化地评判任何教师的判断水平高低，所有人针对"案例”提供自己的思考。可以把讨论的共识和分歧记录下来，以备进一步尝试与研究。有分歧的意见，可以允许在小范围中各自试验，去收集幼儿的反应，以便下一次讨论。使多次教研活动对课程问题的研讨自然而然地保持连续性，直至教师对问题形成更清晰、更深入的认识，形成处理这些问题的工具箱。如果幼儿园形成这样的认真研究课程问题的氛围，便很容易带动教师形成反思的习惯，反思能力自然也就会稳步提升。

实例——南京市实验幼儿园课程组结合儿童观察分析对课程进行审议的教研实录音频（见二维码）

四、实现课程评价对课程建构与调整的作用

1. 如何以评价来推动课程的发展和幼儿经验的提升，而不是为观察而观察、为评价而评价，又多出来一项“笔头工作”？

如前所述，如果评价的目的端正、明确，便不会以写观察记录作为评价工作的终点，而只是作为最终作明智课程决策、在儿童学习中选择扮演恰当的角色的思考过程的一部分，“笔头工作”或其他媒介的记录工作，只是为后续的分析和课程决策开了一个头而已。

一方面，人在复杂的行动中，有时会忘记为什么出发，只是埋头做事。在评价工作中，尽管“发展性评价”人人都在讲，但一旦真地扎进评价任务中，便忘记了目的本身，不参照目的来评估各种工作方法的适宜性。因此，课程管理者和教师们都需要时时互相提醒、自我提醒，不要忘记观察评价的初衷并把这种实现初衷的过程进行到底。

如果幼儿园能落实上文中描述的“嵌入式评价”，也就是真教研，扎实地结合自己的情境去研究课程计划、实施带给儿童的影响，自然不可能落入为评价而评价的误区，填写大量表单却少有实质性的思考，更没有思考后的尝试和进一步思考。

另一方面，由于评价一定牵涉到收集充分信息的过程，单纯靠头脑记忆不可能做到，所以需要如实记录，以便反复回顾，形成有价值的认识，再作行动决策。不能把记录工作简单视为“浪费了与儿童互动的时间”，而应意识到记录工作具

有“磨刀不误砍柴工”的必要性。

但评价绝不等同于笔头记录或给等级、写评语、写感想，记录是为了加工信息、是为了思考，结合对儿童的了解和理解作明智的课程决策。记录也未必用“笔”，有许多现代技术如录音、录像等手段可以更高效地辅助记录。

建议同样录音留存围绕记录的集体讨论过程，里面会显现不同教师围绕具体课程决策的出声思考——对教育情境的感知、理解以及决策的思维过程。不仅可以反复回顾讨论过程，寻找教师在与课程有关的专业素养上需要什么样的支持，也可以作为幼儿园关于园本课程的课题研究非常好的素材。

2. 在课程评价中，教师怎样联系、处理收集到的关于儿童的多方面信息，才能作出明智的课程决策？

在课程设计与实施的过程中，教师常常要在很多环节作出大大小小的选择和决定，有关课程的决策点，参见前面的设计与实施部分。如果作决策时，完全不考虑本班儿童当下的学习与发展情况（需求和已有经验、认知及行动能力），只依靠固定流程、以往经验，显然是盲目的，可能导致忙碌终日却无法对幼儿的学习与发展产生积极的作用，徒劳无功。

但是评价的信息收集过程，往往会让教师面临海量的信息，反而给决策带来思考上的负担。因此，教师需要学习有目的地去提取与不同决策“相关联”的信息。比如：从儿童的言谈、行为倾向性、画的调查表等得到的信息，可以集中作如下问题的分析：儿童对某议题的关切点及其共同点与差异，儿童对相关现象或事物的前期接触、态度及理解程度，对做某事已有尝试和行动能力。

然后结合教师对该议题（无论是不是教材中的）对本班儿童经验的获得与深化拓展可能有哪些价值的预期，寻找与儿童可以相互呼应的契机，作为主题最初的切入点，同时确定恰当难度的目标期待，为初步筛选哪些资源（材料、场所、人物）可以带给幼儿体验的加深或拓展、修正认知或提升行动能力确立方向。这样，最初课程设计中的决策就可以基于对儿童的评价研判所得的认识，变得审慎明智。

在课程实施的过程中，追踪儿童在最初一项或几项活动中的表现，可以集中分析儿童的投入状态、取得的成果、遇到的困难、关注点是转移了还是仍然保持。

这样，教师可以进一步思考决策，原来预期的目标是否合适、是否需要调整期望，给不同的表现以什么样的反馈或互动（旁观欣赏、激发推动、支持还是限制），需要给当前的活动更多的时间（包括反复多次）还是应转向其他活动，需要集体讨论还是需要小组或个人探究，需要现场实践还是需要阅读书籍、查阅资料，需要在环境中增添什么还是减少什么。

在课程的系列活动进行相当长时间后，教师需要回顾整个活动历程，对儿童的态度、认知、行动能力等进行各种分析，对照课程实施之初有关儿童的分析，是否发生了变化，与预期目标对照是否仍存在距离（未达、达成、超出）。

这样，教师就可以有根据地决定：后续的课程如何处理相关目标，是延续在下一阶段仍然换种议题或情境渗透这一目标，直至期望达成，还是搁置、调整期望，还是提出更高期望。总结对于本阶段课程决策的经验教训，尝试用到后面课程的建构细节中去。

3. 怎样让家长、幼儿都参与到课程评价中来，使课程评价更好地发挥推动课程发展和幼儿经验提升的作用？

课程游戏化的项目改革将教师、家长和幼儿看成共同体，希望建立共同体，增进相互了解、增进有关目标价值的共识，这很大程度上要在参与评价的过程中来实现。因为收集各方面信息需要多方参与，而有关幼儿的判断及实现什么目标的讨论、有关行动选择的评议，又会让大家一条心，群策群力地推动课程不断前进，助力幼儿经验的深化和拓展。

但是首先应该理解什么叫“参与评价”，这并不意味着填写由琐碎问题组成的表格，或者在家园联系册的模板表格中由多方给幼儿画星；而是日常主动倾听家长和幼儿对课程的体验与评议，分析不同人目标期待中的共识与分歧、对课程资源利用的切身体验、反馈、建议，从而对原来的课程计划作必要的调整，使课程更好地调动幼儿的学习积极性，更好地实现预期的目标。同时，也要认真对待不同人的观点分歧，在必要时，改变沟通的方法，增进家长对课程设计背后意图的深入了解和理解。

只有幼儿园表现出这样的倾听和认真对待的态度，家长才有可能被真正调动起来，日益深入地参与进来。各方沟通对儿童学习需求和学习状况的理解，群策群力地设法为幼儿创造更好的学习情境和条件，与幼儿更恰当地互动与讨论，才是多主体参与课程评价的真意所在。

在这方面，一些幼儿园探索利用幼儿成长档案的电子平台，由教师把课程意图或价值分享给家长，听取家长的建议，邀请家长提供幼儿前期经验和提问的信息，然后把由分析这些得到的目标和计划呈现在家长群中，邀请家长对课程资源提供信息、点子甚至实物，或实际参与到带孩子个别进行某项探访的活动中去等等。教师和家长都会把活动观察记录及分析、感触发到平台，教师可以追踪幼儿在活动中的进展；教师也会在过程中与幼儿有很多的交谈或者集体谈话，了解幼儿表现背后的想法、认知，谈出自己的理解和对课程进一步演进的启示。

这样的做法，不仅使课程设计和实施基于幼儿学习与发展评价，更重要的是，建立了一个学习共同体，家园协作为幼儿提供了更有利的成长环境、更有意义的实践活动，从而促成了更高质量的课程。

4. 怎样把日常持续进行但零散的观察评价串联起来，以便阶段性地审视课程的效果？

对于阶段性的终结性评价而言，需要对个体幼儿在不同时间的评价结果进行比较，以发现其发展变化，也需要对班级中甚至全园的所有幼儿在不同目标上的发展进行汇总，这都需要基于日常的观察评价。除了质性的分析之外，还要参照学习与发展标准作概括化的结论，如所处的发展阶段、符合标准期待的程度等等。这样才便于在一个阶段积累了大量观察分析之后，简便地汇总。

因此，如果有一些辅助教师整理平时结果并转化为数字的电子评价平台（电子成长档案），会更高效地通过后台的统计功能实现这个目的，使终结性评价建立在日常形成性评价的基础上，一举两得。

但需要提醒的是，课程管理者不可简单化地解读这些数字的意义，进行简单排名，用于对教师绩效的考核。需要更深入地去追溯和理解这些数字背后的“实因”，不能简单地归咎、归功于教师的工作绩效。否则，有可能会给教师客观地观察评价带来心理负担。

第五部分

课程游戏化中的家园共育

一、家长关于课程游戏化及家园共育的认识

1. 家长怎么看待课程游戏化？在家园合作中扮演了什么角色？为什么？

我们针对江苏省各地多所幼儿园在课程游戏化理念中开展家园合作的现状进行了调查。调查显示，江苏省幼儿园经过近几年不断推行课程游戏化理念，家长对课程游戏化理念的认识不断深入，越来越多的家长明确表示对理念的认可和支持，家园共育已初显成效。但理念的宣传仍需加强，仍有部分家长对课程游戏化理念抱有不理解和不赞同的态度，集中表现为家长认为“孩子在幼儿园就是玩”“孩子学不到东西”“孩子不能尽快适应小学生活”等。由于家长对课程游戏化理念的误解，家园合作中存在家长参与不足、配合度较低和被动参加等问题。幼儿园在课程游戏化推进过程中仍需重视对家长进行正确理念的宣传，引导家长正确看待课程游戏化，理解游戏对幼儿发展的重要作用和价值。

家长在家园合作中应扮演参与者、支持者、合作者等角色积极参与幼儿园各项工作。根据调查，幼儿园教师对家长应扮演的角色有较为明确的认识。教师希望获得家长的支持和理解，从而更好地推动课程游戏化理念的落实。调查也显示了家长对自身角色的认识，多为被动参与、较少作为等情况。有家长认为“家长提供生活照顾，教育是老师的责任”，也有教师表示家长扮演的是“旁观者”角色，家长在家园合作中的积极性还没有完全被调动起来，家园合作的关系目前仍以幼儿园方单向输出为主，课程游戏化倡导的双向共赢的家园合作关系尚待进一步探索。

究其缘由，首先是家长对学前阶段在个体终身发展中的重要性缺乏认识，对作为家长在孩子发展过程中所能起的积极影响缺乏重视；其次是家长不了解学前儿童学习和发展的规律，对于儿童游戏和日常生活的教育价值没有足够的认知；再次是部分家庭经济条件不够宽裕，家长为生计奔忙，没有足够的时间来照

顾和陪伴孩子。幼儿园需要了解家长的差异、把握家长的需求，有针对性地对家庭进行指导和帮助，做好理念宣传和专业知识、技能的引领，让家园在理念一致的情况下开展合作。

2. 当前家长的育儿观念有何特点？为什么？

家长和幼儿园具有较一致的育儿观念对开展积极有效的家园合作起着关键作用，更好地实施课程游戏化理念需要家长育儿观念与幼儿园育儿观念的“同频”更新，了解当前家长们的育儿观念为家园合作工作提供依据和发展方向。

通过调查分析，参与调查的不少家长在观念上仍存在以下问题。

① 部分家长认为孩子的学习和游戏是对立的。对家长教育观念的调查结果显示，部分家长认为孩子在幼儿园“只是玩，学不到东西”，不理解为什么要实施课程游戏化理念，对幼儿园开展的各项教育活动产生担忧，不信任幼儿园教师等。

② 不少家长更希望获得孩子学业学习是否提高的及时反馈。许多家长也希望孩子养成良好的行为习惯。但更期待孩子在幼儿园能学到拼音、写字、数学等具体的学科知识和技能，调查也显示了存在家园沟通不及时、信息不互通等情况，家长们没有获得自己所期待的信息和反馈，从而降低对园所活动的支持和信任。同时这也会使很多家长选择“课外班”进行课外学习，增加了孩子的学习压力和家庭的经济负担。

③ 大部分家长对孩子入学准备有焦虑。有相当多的家长会在幼儿园阶段就开始为孩子步入小学作准备。恰当的幼小衔接对孩子顺利进入小学和适应小学生活有很大的帮助，但违背孩子发展特点，使孩子提前进行小学教育只会适得其反。在调查中很多家长对孩子是否能适应小学生活表示担忧，希望孩子能在认读拼音和识字等方面获得更多的训练。

家长通常认为孩子进入小学是真正开始上学了，很重要，幼儿园阶段是为小学作准备的，这样的认识是可以理解的。但家长没有认识到幼儿园阶段儿童游戏对儿童发展以及作好科学的入学准备的意义。家长以为只要会拼音、会算数、坐得住就等于作好了上小学的准备，这样的理解是极其狭隘的。针对以上情况，幼儿园须发挥积极引领的作用，加强和家庭对话与合作，运用教师自身的专业素养向家长和大众传播现代儿童教育的理念，更新家长的学前儿童学习观、教育观和课程观，引导家长和幼儿园配合，一起帮助孩子作好入学准备。

3. 家长自发的“幼小衔接”都做了哪些工作？有何启示？

家长对“幼小衔接”大致有两种不同的看法。一部分家长对幼小衔接的理解比较片面，认为只有提前学习小学数学、拼音知识才是幼小衔接。因此这些家长通过各种渠道让孩子学习小学知识。有的家长与幼儿园沟通，希望幼儿园能适当教授小学拼音及数学，这样既可以让孩子掌握知识，也可以减少参加辅导班的高额费用；有的家长看到其他人报了辅导班，也为自己孩子报了课外的幼小衔接班，让孩子提前熟悉小学课程。另一部分家长认为培养孩子良好的生活和学习习惯才是最重要的，让孩子学会自主、专注地上课可以帮助他们习惯小学生活。因此这些家长从心理适应、身体适应、行为习惯适应、物质环境适应着手，高质量陪伴孩子，和孩子一起做好了上小学的准备工作。这些家长会主动带孩子参观小学，同时也会积极与幼儿园沟通，支持教师的工作。

除了围绕孩子进行一系列升学准备，部分家长也进行了自我学习，主动了解育儿知识进行自我提升。也有家长认为孩子的幼小衔接应该是贯穿整个幼儿阶段的，而不是大班冲刺，所以他们从一开始就对孩子的幼小衔接有具体的规划。

针对家长关于幼小衔接参差的认知和不同的做法，幼儿园开展幼小衔接的宣传工作不应一刀切，而是要加强摸底调查，将家长差异视为教育资源，因势利导，具体可从三方面展开。

① 推广优秀家长的理念和行为。幼儿园可通过对一些家长的优秀理念和做法的宣传，使家长认同基本原则，也让部分家长知道自己做法的误区在哪里。家长们首先要明白“幼小衔接”不是单纯的小学知识传授，而是“身心准备、生活准备、社会准备和学习准备等方面的有机融合”①。家长应和幼儿园携手帮助孩子作好入学准备。

② 对焦虑型家长进行针对性辅导。幼儿园教师要对家长“补了担心孩子压

---

① 教育部部署推进幼儿园与小学科学衔接工作. 中华人民共和国教育部政府门户网站.

力大，不补担心孩子不适应小学生活”的矛盾心理进行疏导，尽量让家长熟悉小学的学习情况，让家长有针对性地帮助孩子进行适应。

③ 通过各种活动让幼儿对入学充满信心。幼儿园应开展参观小学、体验小学生活等多种形式的活动，让幼儿体验上小学跟上幼儿园的区别，激发他们对小学生活的向往。幼儿的积极心态会影响家长，减少他们的焦虑。

家长和幼儿是共同面对小学生活的，所以家长和幼儿是同一趟旅途的旅客。家长和幼儿坐在同一辆车上，双方都需要明白这辆车从哪里开、开向哪里，既做好出行准备，又明白去目的地后要做什么。幼儿园则要做好路线规划，让家长和幼儿少走弯路。

二、课程游戏化理念下的家园共育观念与宣传

1. 什么是课程游戏化理念下的家园共育？

家庭是人生的第一个课堂，父母是幼儿的第一任教师。家庭、父母对幼儿的一生发展有着关键的、不可推卸的责任与作用。而幼儿园是对 3 周岁以上学龄前幼儿实施保育和教育的专门机构。园所与家庭之间的关系，对幼儿的身心发展产生直接的影响。

《中华人民共和国家庭教育促进法》第四十条、第四十一条、第四十二条都提到了幼儿园应通过建立家长学校、根据家长的需求，邀请有关人员传授家庭教育理念、知识和方法等方式开展公益性家庭教育指导服务活动。幼儿园应当主动与幼儿家庭沟通合作，为家长提供科学育儿宣传指导，帮助家长创设良好的家庭教育环境，共同担负教育幼儿的任务。

为落实《指南》的要求，让幼儿园课程更加适合幼儿发展的需要，提升幼儿园整体质量，江苏省推行了“幼儿园课程游戏化”项目，践行“自由、自主、愉悦、创造”的游戏精神，让幼儿的亲身体验和实际操作更生动、更丰富、更有趣、更多元。这也给家园共育注入了新的内涵。

在课程游戏化理念指引下的家园共育应包含以下内容。

① 家园共情，目标一致。幼儿园应本着尊重、互惠的原则，主动、积极地与家庭做好沟通、交流，关注每一名成长中的幼儿的个别差异，理解并尊重幼儿身

后的家庭背景，不歧视不冷落、不给任何家庭贴标签，公平公正地看待每一个家庭，并在此基础上，明确家庭是幼儿园重要的合作伙伴，以达成育儿目标的一致性。

② 家园同理，观念统一。幼儿园应通过观察、分析、交流、解读等多种方式，向家长传递课程游戏化理念，表达对家长的期待：成为“园丁”式的家长，为幼儿营造一个充满爱且安全、稳定的环境，与幼儿园携手为幼儿的成长建设健康的生态，积极地鼓励、引导，让充满无限可能的幼儿蓬勃发展。谋求家园育儿理念的统一。

③ 家园互通，交流顺畅。幼儿园应采取主动询问、亲子调查等途径互通信息，了解每一个幼儿在家、在园的具体行为表现，帮助家长和教师多视角、多维度、多渠道地了解幼儿，对幼儿的发展作出客观、全面的评价。指导家长如何正面引导、尊重、激励，选择“不娇纵不惩罚、温柔地坚持”等适宜的育儿方式，帮助幼儿获得自我成长与完善的能力。

④ 家园共计，教育同步。幼儿园关注每一个家庭的真实需求和现实问题，为家长出谋划策，提供正确、有效、适宜的解决策略。创设各种机会，让家长有机会走进园所、让教师有机会深入家庭。邀请家长共同参与幼儿园课程的计划、实施和评价，并指导幼儿园课程在合适的时间进入到每一个幼儿的家庭中去，实现教育的家园同步，也使得课程针对个性化的家庭更具指导价值。

综上所述，课程游戏化理念下的家园共育，在理解、信任、接纳和尊重的基础上，呈现出沟通信息的顺畅性和有效性、目标与观点的一致性、育儿方式与课程实施的个性化和适宜性等特点。这样的家园共育，让幼儿、家长和教师均能收获成长，“育儿”即“育己”，彼此尊重、彼此参与、彼此支持，也彼此成就。

2. 如何让家长了解并认同课程游戏化理念？

家长是教师的同盟军，幼儿园要落实《指南》的精神，推动课程游戏化落地生根，就要与家庭形成教育合力。

那么，如何让家长了解并认同课程游戏化理念，与园所达成观念统一呢？我们有以下建议。

① 发放一本《指南》口袋书。为每位家长发放一本《指南》口袋书，通过教师

领读、交流、家长分享感悟等方式，帮助家长不断领会《指南》精神。利用班级QQ群或微信群以及幼儿园公众号向家长传达相关的幼儿教育政策、法规及幼儿教育的先进理念和知识，促进家长学习。

② 开放一次游戏体验场。邀请家长走进幼儿园，走进幼儿园的游戏现场，开启“回忆儿时游戏—亲身体验游戏—观察幼儿游戏”三部曲。让家长静下来、想起来，通过回顾自己的童年游戏，感受幼儿对游戏热切的盼望和需求；让家长蹲下来、玩起来，用儿童的视角去体验自由自主的游戏带来的愉悦和创造；让家长坐下来、看起来，观察幼儿在游戏中的行为表现，并尝试结合《指南》目标解读幼儿行为产生的原因。从“看”到“看见”，从“知晓”到“认同”，发现幼儿积极主动、坚持勇敢、敢于尝试等美好品质，从而让家长了解幼儿独特的学习方式，接纳、认可和尊重幼儿按照自身的特点、发展的需要来建构自己的认知。

③ 建立一个育儿工作坊。在平等、互惠的基础上，以班级为单位，建立育儿工作坊，定期开展活动。工作坊先期可通过阅读幼儿信息表、问卷调查、家访、接送环节观察等方式，初步了解每个家庭的成员结构、爱好特点、家庭的育儿理念与方式及家庭的需求等，并据此形成明确的活动目标和内容、丰富多样的活动形式。如专家讲座、读书分享、育儿话题沙龙、亲子游戏、答疑解惑等，以此建立沟通、亲近、信任、合作的家园关系，帮助家长剖析问题、化解亲子危机、更新教育理念，为家长提供支持。

④ 记录一名幼儿的“碎碎念”。教师要利用与家长个别交流互动、班级群、公共空间、社区活动、家长会、开放日、宣传栏等，向家长充分展现幼儿的作品、活动的照片，以及记录下幼儿自己表述的话语。从作品的单一到多元，从材料使用的简单到复杂，从语言讲述时的单个不连贯的词语到成段丰富完整的话语，让家长看到幼儿在想象、思维、创造、表达中的发展和变化，也越来越坚定“儿童是天生的主动的有能力的学习者”。

总之，幼儿园要利用一切时机，积极、主动地向家长宣传、宣讲课程游戏化理念，让家长也通过直接感知、实际操作、亲身体验等方式看见幼儿的学习、看见幼儿的成长，从而信任教师、认同理念，最终成为课程游戏化的拥护者。

3. 怎么帮助家长理解游戏对孩子发展的价值？

前文提到我们通过调查了解到家长是将儿童的学习和游戏对立起来看的，“业精于勤而荒于嬉”的传统文化影响根深蒂固。家长最关心的是孩子在幼儿园学到了什么，希望孩子尽快学习数字的计算、学拼音、学外语，好“不输在起跑线上”。他们不理解为何幼儿园那么强调让幼儿玩游戏，他们认为“小孩成天玩，学不到东西”。《指南》中明确指出：“幼儿的学习是以直接经验为基础，在游戏和日常生活中进行的。”因而学前教育倡导“要珍视游戏和生活的独特价值，创设丰富的教育环境，合理安排一日生活，最大限度地支持和满足幼儿通过直接感知、实际操作和亲身体验获取经验的需要，严禁‘拔苗助长’式的超前教育和强化训练”[①]。教师的家长指导工作，很重要的一点就是要让家长知道孩子在一日生活中、在游戏中到底发生了什么学习，这样的学习对他终身发展有什么价值。

要做到这一点，需要教师具备较高的专业素养。具体而言就是能“放手游戏”“读懂游戏”和“支持游戏”。为了提升教师这方面的专业能力，首先必须放手幼儿的游戏，在游戏中学习解读幼儿的行为，即理解行为与发展之间的关系，然后寻找幼儿行为与教学目标的连接点。面对幼儿的游戏，教师要先放手，如果不放手，是找不到幼儿的创造性行为的。其次教师要思考“我在幼儿的游戏中看到了什么？（分享游戏故事）”“我看懂了什么？（分析行为与发展的关系）”，然后再思考“我该做什么？（建立游戏与教学的关系）”。这三步不是一下子走的，先走第一步，如果教师不能分享精彩的游戏故事，那说明还没有放开，分享的游戏故事多了，才能分析这些精彩的故事背后蕴含了怎样的学习和发展，当教师会分析了以后，就会想到该做什么，这个情况该不该介入，是不是需要生成教学。[②]

当教师具备了上面所说的放手游戏、读懂游戏和支持游戏的专业素养之后，才有底气去向家长解释幼儿园为何要“坚持以游戏为基本活动”。

方法是多元的。教师可以通过向家长分享日常工作中对幼儿游戏活动的观

---

① 教育部关于印发《3—6岁儿童学习与发展指南》的通知. 中华人民共和国教育部政府门户网站.

② 华爱华，朱佳慧. 游戏与教学融合的关键：游戏与教学互为生成. 华爱华教授访谈录[J]. 江苏幼儿教育. 2017(1)：4—5.

察解读，让家长了解幼儿看似寻常的游戏其实蕴含了多方面的发展价值；也可以引导一些喜欢在朋友圈"晒娃"的家长逐渐晒得更"专业"；分享能关注孩子游戏并能在游戏中给予孩子适当引导的家长育儿故事……总之方法多种多样，但归结到一点就是教师要引领家长怀着谦虚的心态，抛开自以为是的成见，真正去关注孩子游戏，努力读懂孩子游戏，并能参与孩子游戏，和孩子一起享受游戏带来的快乐和成长。

4. 如何加强家长作为家园共育支持者与合作者的角色意识？

"婴孩有机会长大成人，不但要得到适当的营养，还要得到适当的教育。这件重要的工作一定要有人负责。我们若观察任何地方孩子的生活，总能见到他周围有不少人向他负责的，并且这些人各有各的责任，不紊乱，也不常逾越。在这些人中，最重要的人物是这孩子的父母，父母是抚育孩子的中心人物。"①这段话表明，父母在孩子成长过程中所扮演的角色至关重要。我们都知道：儿童的性格、情感、价值观、学习态度以及学习习惯基本是在家庭环境中形成的，家长的教育理念和言行会直接影响孩子身心发展。家长与幼儿园的有效合作，对孩子的发展会产生积极而深远的影响。但遗憾的是，还有部分家长对孩子教育、对幼儿园工作不能很好地理解，在家园共育中容易扮演错误的角色，甚至导致家园矛盾现象的屡屡出现。我们发现家长们在角色定位上会出现以下两种问题：一是角色认识偏颇。部分家长越来越重视"科学育儿"，会主动通过各种媒体搜索共享育儿信息。然而，很多提供育儿信息的平台背后可能是追逐利益的商业链，其科学性值得怀疑。另外，每一名幼儿都是独特的，方法只有适合的才是好的。如果忽略对自己孩子的观察和聆听，一味照搬网上的"育儿良方"，很有可能做的越多错的越多。家长首先要关注、了解自己的孩子才能支持孩子的兴趣和发展需要。家长首先应当做什么、怎么做，他们仍旧存在认识上的不足。二是角色错误定位。"不能让孩子输在起跑线上"，这一观念在很多家长心中根深蒂固。他们给尚年幼的孩子带来巨大的学习压力，甚至不惜牺牲孩子休息和游戏的时间。有研究者指出"现实中的家长们的教育观念更多地强调工具理性，家庭教育观念

① 费孝通. 生育制度[M]. 上海：华东师范大学出版社，2019：49.

‘窄化’”①,有很大一部分家长把家庭教育理解为家庭学习,也就是在平常和孩子相处的过程中,谈论的话题基本以学习为主,这一点在大班孩子的家长身上尤为明显。

《中华人民共和国家庭教育促进法》第五条明确规定家庭教育应当符合以下要求:

(一) 尊重未成年人身心发展规律和个体差异;

(二) 尊重未成年人人格尊严,保护未成年人隐私权和个人信息,保障未成年人合法权益;

(三) 遵循家庭教育特点,贯彻科学的家庭教育理念和方法;

(四) 家庭教育、学校教育、社会教育紧密结合、协调一致;

(五) 结合实际情况采取灵活多样的措施。

父母及其他监护人要承担起家庭教育的职责,必须有意识地进行角色学习。而《中华人民共和国家庭教育促进法》第三十九条、第四十条、第四十一条也明确规定了中小学校、幼儿园应采取多种形式对未成年人的父母或者其他监护人提供家庭教育指导。

幼儿园教师应发挥其专业优势引领家长在家园共育中扮演好适宜的角色。

① 引导家长成为班级课程的参与者。家长比其他任何人更了解自己的孩子,掌握着课程设计最重要的依据。家长来自社会各行各业,在某些方面知识比老师更专业、更丰富,这都为孩子的学习提供了保障。因此,家园密切配合,利用自己的专业优势,参与到课程设计和建构中来,在课程设计中发挥主体作用。比如,在“恐龙”主题探究活动时,一位从事古生物研究工作的家长,能够从专业的角度提出建议,和老师一起架构课程内容,梳理出主要价值点。这样,家长在活动设计中的参与,拓展延伸了课程的内涵和外延,更加促进了孩子全面健康地成长,也让家长更加了解幼儿园教育的重要性与本质。

② 鼓励家长成为幼儿园活动的志愿者。家长来自社会各行各业,他们或有娴熟的生活技能,或有专业的职业技能,或是热心幼儿教育的学科教师。鼓励这些家长参与到课程实践中,能给教学带来新鲜的经验,在一些领域有比老师更专

① 蔡翮飞,余秀兰.工具理性和表达理性下家庭教育观念及其“窄化”问题的研究[J].当代教育论坛.2021(6):16—24.

业的见解或更独特的教学方法。例如：幼儿园博物馆活动中的“家长志愿者”，便能充分发挥拥有一技之长的家长的优势。有从事媒体工作的家长在绘本馆开展绘本讲演，有动手能力强的家长在纸博物馆跟幼儿一起造纸，或创作各种纸艺作品，还有对植物颇有研究的家长在根博物馆可以作为义务讲解员。

③ 支持家长成为孩子学习的拓展者。班级课程的拓展包括在课程实践前和实践后两个阶段。活动前，家长与孩子共同收集材料和铺垫前期经验。有了活动前的准备，孩子在活动中主动性会增强，并在互相交流中，也能够积累更多有关探究内容的知识。那么，幼儿园教育活动同样需要在家庭中丰富和延展开来。当然，这一角色的定位与达成，还需要教师的支持。家长对于该做什么、能做什么没有清楚的认识，只是按部就班地听从教师的安排。因此，帮助家长跟进教育理念、提高育儿水平，才能真正支持家长成为孩子学习的拓展者。比如通过家庭教育茶话会、家园约谈、爸爸俱乐部等形式，打破传统家园共育的局限，充分发挥家长们，尤其父亲的教育作用。

清晰家长作为“参与者、志愿者、拓展者”的角色定位，激发家长参与活动的热情，开发家长资源，将家长纳入到幼儿园课程建设中，这些方式都能让家庭和幼儿园教育优势互补，形成有力的教育合力，促进幼儿的全面发展。

5. 如何引导家长转变“幼小衔接”的观念并帮助孩子作好“入学准备”？

为入小学作准备，是幼儿园、家庭和小学共同的任务。“大部分小学一年级老师都和蔼可亲，小学也在改变自己的作息时间、教学方式。很多小学老师写的论文关注小学教育游戏化、小学语文情境化等，这体现出小学教育是活泼的、生动的、有趣的。按道理，幼儿园的孩子到了小学应该很好适应的，那么今天入学准备的问题从哪儿产生的呢？”

主要源自以下三个问题。

① 对儿童发展和教育规律认识把握不足。家长的认识非常重要，家长需要了解和理解孩子发展和教育的基本规律。作为教育工作者来讲，无论是幼儿园老师还是小学老师，更需要了解幼儿的发展特点。

②《标准》和《指南》没有落实到位。按照国家制定的课程《标准》或《指南》

来教育，是遵循发展和教育规律的具体体现，也是防止幼儿园、小学教育抢跑和超前的重要保证。教育部要求实施小学教育“零起点”，防止幼儿园教育“小学化”，就是要求小学和幼儿园按照国家的规定实施教育。

③ 科学衔接没有真正有效落实。科学的入学准备是建立在有质量的教育之上的。对幼儿园教育而言，强化训练、超前教育是不可能有质量的，因为它是违反规律的。幼儿学习的过程，是一个发展的过程，是一个不断获得新经验的过程，是一个挑战的过程，所以提升质量非常重要。入学准备，幼儿园是可以做的，但是入学适应，是一定要小学对空间、时间、制度、方式甚至内容作适当调整的。[①]

部分幼儿家长对以上三个问题没有正确的认识，因而对幼儿“幼小衔接”表现出深切担忧和集体焦虑，从而上演了“鸡娃”大战。2021 年 3 月 20 日，教育部发布《关于大力推进幼儿园与小学科学衔接的指导意见》，坚持科学导向，提出了“坚持儿童为本”“坚持双向衔接”“坚持系统推进”“坚持规范管理”四项基本原则，确保幼小衔接工作沿着科学方向推进。

幼儿园如何坚持“四项基本原则”引导家长转变“幼小衔接”的观念并帮助孩子做好“入学准备”呢？下面这个例子可以给我们提供启示。

2020 年“新冠”疫情停课期间，小一班的家长群里，笑笑家长发了一条笑笑背古诗的视频，引来一众家长的追捧，可老师却犯了难，视频里的笑笑就像是一台没有感情的背诵机器，这样的古诗学习对孩子的发展究竟有多大价值需要画上问号，引起的热议可能还会对一部分家长产生负面效仿效应。相比于直接在群中否定笑笑家长的做法，班级教师对笑笑妈妈主动分享的疫情居家生活这一行为肯定之后，分享了其他班级一位家长对古诗、识字教育的“正确打开方式”。马上升大班的辰辰妈妈疫情防控期间也和孩子一起学习古诗、识字，但是相比于追求孩子有没有把古诗背诵下来，更在乎孩子是否理解了古诗的意思，对古诗的选择也尊重孩子自己的喜好，在和孩子一起探究古诗里字、词、句的意思后，辰辰自然而然地萌发了学写汉字的兴趣，甚至还主动为古诗配上插图。而辰辰妈妈引导辰辰学古诗、写汉字的方法，也在小一班家长群中引发了家长们的“反思潮”。

---

① 虞永平. 聚焦质量——幼儿园课程改革的思考[M]. 北京：教育科学出版社，2023：341—342；345.

由此可见，没有“冥顽不化”的家长，只缺未能打动家长的案例。如何持续地引发家长科学“幼小衔接”观念的建立，具体指导方法与策略可以从以下四个方面加以延伸。

① 巧用观察评估，引导家长理解儿童学习的特点。相比于坐在书桌前的学习，儿童更多需要的是直接感知、实际操作、亲身体验，利用观察评估可以帮助家长看到儿童行为背后的发展与学习特点。如果幼儿穿衣服、吃饭、做家务等事情被家长完全包办代替，那他们上小学后就很难独立完成作业，因为家长并没有重视对幼儿自主性的培养与教育。在观察评估的支持下，引导家长发现生活中的教育契机，寓学习于生活与游戏之中。如果家长能看懂儿童、看到儿童的学习，就容易树立科学的幼小衔接观。

② 盘活多方资源，帮助家长拓宽教育眼界。“幼小衔接”的偏见，往往植根于家长对孩子升入小学后“不适应”“跟不上”等问题的担忧，缺少系统性思考，就常见的“背古诗”现象，如果家长的眼光只局限在“会背”的记忆层面，那么理解诗歌内容与情感、对诗歌感兴趣、体验诗歌的艺术性等更重要的发展目标与价值就会被忽略，诸如此类的短效衔接，必定得不偿失。拓宽家长教育的眼界，帮助他们将教育的眼光放长远，偏见才有可能发生转变。

③ 深入学习《指南》，助力家长知行合一。《指南》是助力家长提高家庭教育质量与升级教育观念的重要工具，支持幼儿形成终身受益的生活习惯、情感态度、基本能力等才是幼儿阶段最重要的事情。对大部分家长来说，语言、科学（数学）等是需要学习的，随着人们生活水平的提高，对儿童健康、艺术能力的培养也日益得到重视，但是儿童社会领域的发展往往最易被忽视。因而需要通过《指南》帮助家长充分认识到，过分追求提前学习学科知识的做法是不可取的，儿童的发展是一个整体，存在个体差异，应该关注儿童发展的方方面面，用发展的眼光看待每一位孩子。

帮助家长理解儿童的学习方式，把教育的眼光放长远，让家长充分意识到做好看得见的“衔接”固然重要，但是把看不见的“准备”做实才是奥义所在，因为“幼小衔接”不仅仅为小学一年级而准备，更是为儿童的终身发展而准备。

④ 给予具体指导，提升家长“游戏力”。为了激发孩子上小学的热情和愿望，家长可以和孩子玩“上学”的模拟游戏；还可以利用日常生活中的契机激发孩子做“小学生”的自豪感，如称赞孩子：“你长高了，就要成为一名真正的小学生

了，祝贺你！”“你能自己整理学习用品了，真能干，像个小学生！”“我们家要有个小学生了。”这样能让孩子觉得上小学很光荣、很自豪，也能促进孩子形成小学生的角色意识。千万不要吓唬孩子，如“上学就不能玩玩具了”“上了小学就要收收心了”，这样的话对孩子有害无益。

家庭、幼儿园、小学、社区构成了儿童“入学准备”的生态环境，随着儿童年龄的增长，家长需要形成相应的教育观念，掌握相应的教养技能，有相应的教养行为；社区需要为家长和儿童提供必要的支持和服务；幼儿园需要在“入学准备”理论的指导下关注儿童的全面发展；小学需要为迎接“入学准备”水平不同的儿童提供因材施教的教育环境。对于处境不利儿童，政府应强化职能，开展“入学准备”干预和促进项目。只有各方各司其职、各尽其能，才能在全社会普及“幼小衔接”的正确理念，切实帮助幼儿作好“入学准备”。

幼儿园中的幼儿转变成小学里的小学生，是儿童成长历程中一次重要的身份转变，这是儿童在人生的长坡上继续前行的一个里程碑。从幼儿园到小学，不是翻山越岭，不是跳跃大沟深壑，也不是进入天壤之别的生活，而是童年生活的一种自然延伸和过渡。幼儿园教育本身就有为入小学作准备的功能，小学也有创造积极氛围、改进课程与教学，帮助学生适应小学生活的责任。因此，只要幼儿园老师积极鼓励，小学老师笑脸相迎，家长真心陪伴，就能顺利地实现幼小衔接。①

三、课程游戏化理念下家园共育具体问题及对策

1. 如何建立和谐家园关系，赢得家长支持？

小柠是班级最小的男孩，八月份出生的他在自理能力、人际交往等方面的发展，相比班上其他孩子显得慢一些，班级教师出于好心，和小柠家长的联系十分频繁，可是在一次离园后和小柠家长的日常约谈中，小柠妈妈突然问了一句：“老师你经常找我们，是不是就是我家小孩不好？”为什么在幼儿园教师看来是特别

① 虞永平. 聚焦质量——幼儿园课程改革的思考[M]. 北京：教育科学出版社，2023：341—342；345.

关注，到家长那里非但不领情反倒变成心理负担了呢？究其原因，家长对教师还缺乏信任。

信任是和谐关系建立的前提，开展家园共育取得家长信任尤为关键。如何取得家长的信任，可以从以下三个角度加以思考与实践。

① 尊重家长，用共情力敲开信任大门。教师相比于家长而言，具有更多幼儿教育相关知识与背景，越是如此，越要在和家长交流沟通的过程中运用共情力、同理心换位思考，信任关系的建立一定是从相互坦诚、彼此尊重开始的，否则一切沟通技巧都是空谈。教师在进行家园沟通时，应有计划、有针对性地了解每个家庭的家庭教育现状与切实教育需求，在此基础上还需要教师看到家长的个体差异，在开展家长工作的过程中因人而异，共同构建出家园共育的"一百种语言"。如案例中的小柠妈妈，在育儿过程中已经承担了对自家孩子发展焦虑的情况下，教师如果一味抱有"我也是为了你、为了孩子好才经常找你交流"的想法，就会让真诚的关心变成口号，从而无法让家长感受到被理解与被支持。

② 热爱儿童，用专业性巩固信任桥梁。家园关系的出发点是家长与教师的关系，落脚点是"一切为了孩子"。教育的良好环境离不开双方的共同努力。一方面，在和家长沟通的过程中，爱是前提，教师赏识每一名幼儿，肯定他们的优点，让家长感受到老师对孩子无条件的爱。另一方面，随着家长受教育水平普遍提升，教师对家长家庭教育的引导也要具有"前瞻性"。授人以鱼不如授人以渔，教师支持家长掌握幼儿教育领域的诸多原则，如因材施教、循序渐进、尊重学习者的学习兴趣与发展规律等。另外，幼儿园不应该只提供给家长具体的活动指导，而是应该抓住儿童发展关键性事件，引领家长科学解读儿童行为，通过具体案例将游戏活动的意义、幼儿发展规律等渗透其中，帮助家长开启"儿童视角"，看到幼儿主动探索和主动学习的价值，自觉自愿地成为家园共育最坚定的合伙人。在小柠的案例里，教师可以从和小柠妈妈分享小柠的点滴进步开始，用具体生动的案例让家长恢复育儿信心，进而建立与教师之间的信任关系。

③ 共同生活，在信任和爱里共同成长。共同面对真实生活，除了沟通是交互的，成长也是双向的。因而在面对家庭教育中很多令我们感到局促的时刻时，在所谓"正确理念"和"骨感现实"打照面时，诸如："抽象的学科知识该不该提前教？到底该怎么教？"观点与立场的对立并不是问题所在，重要的是教师和家长坦诚相待，以探讨问题的态度去对待问题，进而才有可能解决问题。正如《纲要》

所提出的“家庭是幼儿园重要的合作伙伴”，教师和家长一直是同一战线上的盟友，是彼此信任与支持的育儿合伙人。

2. 如何发挥好祖辈家长在家园共育中的作用？

无论在农村还是在城市，隔代抚养现象都是相当普遍的。调查发现，隔代抚养的幼儿中，很多幼儿不同程度地存在任性、自私、冷漠、忧郁多疑，缺乏热情和爱心，缺乏同情心，逆反心理较强，性格孤僻，以自我为中心，合作意识差，怕吃苦，缺乏自觉性、主动性、积极性等问题。部分祖辈家长的确存在溺爱幼儿、不能科学喂养、教育理念和教育方法落后等问题。他们习惯从自身感受出发，受限于经验主义及传统习惯，接受现代教育新理念的能力较差。而农村的祖辈家长文化程度较低甚至是文盲，教师和祖辈家长很难交流，更别谈家庭教育指导了。

根据调查我们发现祖辈家长抚养幼儿大致有三种类型。

第一类，“偶尔代管”。即父母偶尔请祖辈代为照顾。这类祖辈认为自己作为幼儿的隔代长辈，偶尔代管最重要的就是照顾好幼儿的衣食起居，不必过多干预幼儿的学习与教育。他们认为父母作为幼儿的亲代长辈需要教导幼儿，对幼儿有直接的教育责任，而祖辈负责幼儿的生活照顾即可。

第二类，“不完全隔代抚养”。即父母与祖辈共同照顾、抚养幼儿，这个时候祖辈对幼儿的干预会增加，因为他们不再是偶尔带带幼儿。一方面，祖辈认为需要对幼儿的安全和成长负责，照顾好幼儿的日常生活；另一方面，祖辈基本会听从父母和幼儿园的安排，为父母减少麻烦。这个时候隔代抚养的祖辈将自己定位成“抚养者”，但又是不完全的“抚养者”，会承担一部分依赖自身经验即可教育的内容，只是想为子女减轻负担。

第三类，“完全隔代抚养”。祖辈认为幼儿父母将幼儿完全交由自己照顾就已经让渡出了一部分的教育权，自己对完全待在自己身边的幼儿便有教育责任。这种情况下的祖辈会将自己定位成“教育者”。祖辈会在日常生活中抓住一些教育契机，对幼儿进行一些学习和生活习惯的培养。这不是祖辈刻意而为之的，是在遇到一些教育时机的时候顺势进行的教育，而教育原则主要依赖于祖辈自己的生活经验。

因此，教师在应对隔代教育这一问题时，应更有针对性地思考有效对策。

① 鼓励祖辈转变角色。祖辈在隔代抚养中的角色定位多倾向于生活照顾为主，没有明确的教育意识。教师可向祖辈传递幼儿在生活中学习的理念，幼儿与祖辈经常接触或生活在一起，无论是生活习惯还是思维方式，以及情感、态度、价值观都会受到祖辈潜移默化的影响。通常因祖辈更能包容孙辈，故祖辈与孙辈更容易形成比较温暖和睦的祖孙关系，这其实是开展教育的有利基础。教师可主动将祖辈家长群体纳入到幼儿园的教育资源中，充分挖掘、有效利用祖辈家长的教育资源，动员鼓励祖辈家长积极主动地以合作伙伴的角色参与到幼儿园的各项活动中，提升祖辈教养角色的胜任感。

② 建立与祖辈家长良好的家园联系。由于祖辈家长对科技产品如智能手机的使用不像年轻父母那样擅长，教师可利用入离园的时间，主动与幼儿祖辈作沟通交流，适时做家访，增加祖辈对幼儿在园的动态、学习、生活状况的了解。教师与幼儿祖辈亲切的交谈拉近了彼此的距离，还可以利用半日活动和家长开放日活动，鼓励祖辈家长大胆参与。带动祖辈共同教育幼儿，提升幼儿的综合能力。

③ 通过好操作、高效益的活动增强祖辈的体验感。教师可合理利用祖辈家长资源，将祖辈请进幼儿园，在丰富活动内容的同时增进祖辈对幼儿园教育活动的体验。例如，在建党七十周年之际，邀请祖辈家长中的老兵，为孩子们讲述当年的故事，请他们向孩子们介绍自己的所见所闻与所感。同时，邀请其中的艺术爱好者，向孩子们展示传统艺术文化，等等。另外，还可以结合“重阳节”“新年”等节日，邀请祖辈家长来园参与活动，鼓励祖辈和孩子同台，不仅增加了祖辈与孩子之间其乐融融的体验，也能更好地践行教育生活化的理念。

④ 水到渠成更新祖辈的教育观念。我们常常对祖辈们的教育理念报以苛责，但实际上我们更应该看到祖辈作为养育者对幼儿有更多的陪伴时间和更温和的态度。祖辈的教育理念问题常常是因为没有把握“适宜”的问题。我们要通过幼儿园的各项活动让祖辈家长理解什么是“给孩子适宜的爱”。当祖辈家长在他们的能力依然得到认可和尊重时，我们更能让他们体会到孩子的能力也需要得到尊重和信任才会更加自信和独立；当祖辈参与到幼儿园和班级的各种生活、游戏活动中来，而老师又能让他们看见孩子们在其中的学习时，他们就能更好地领会幼儿园课程游戏化理念。幼儿教师一方面引导祖辈了解当前学前教育相关理念，另一方面创设良好的教育教学环境，提供丰富的活动材料，让幼儿通过平

日在园活动感染祖辈。祖辈们在实践中亲身体验感受幼儿教育的革新，从思想上紧跟幼儿行动发展，顺应幼儿的天性，水到渠成地更新幼儿教育理念。

3. 如何引导家长配合幼儿园帮助幼儿养成良好习惯？

陈鹤琴先生说："人类的动作十之八九是习惯，而这种习惯又大部分是在幼年养成的，所以，幼年时代，应当特别注重习惯的养成……习惯养得好终身受其福，习惯养得不好则终身受其害。"这些话都道出了培养良好行为习惯的重要性。《纲要》明确提出，幼儿期各种良好行为习惯的养成对人的一生影响巨大，这是由这个时期幼儿的心理特点所决定的，这一时期一旦养成良好的生活、学习、自我保护、品行、健康心理等习惯，能让幼儿终身受益。《指南》中健康领域涉及习惯的目标有："帮助幼儿养成良好的饮食、睡眠、排泄等个人生活习惯以及爱护公共卫生的习惯。"社会领域中涉及习惯的培养目标有："幼儿乐意与人交往，礼貌、大方、对人友好。"语言领域中提到要养成幼儿"注意倾听的习惯"，教育幼儿"使用礼貌的语言与人交往，养成文明交往的习惯"等。

习惯是指在长时期里逐渐养成的、一时不容易改变的较为稳定的行为倾向。幼儿的良好习惯是指幼儿在科学引导的基础上，在日常生活中经过多次练习所形成的、符合幼儿身心发育特点的良好行为倾向。幼儿良好习惯的养成需要持之以恒、不断推进，因而尤其需要家园双方携手合作方能起效。

家长对孩子的早期教育越来越重视，这种趋势是十分可喜的，但是有不少望子成龙、望女成凤心切的家长，只注重开发孩子的智力，却不注意孩子早期行为习惯的培养。幼儿园应在幼儿良好习惯养成中发挥专业引领作用。

① 加强培养幼儿良好习惯的理念宣传。幼儿园可以通过家长学校、家长园地等途径向家长进行必要的宣传。疫情防控期间可以依托网络在线直播或录制视频等方式向家长强调幼儿各方面习惯的培养在健康人格养成中的奠基意义，以及家园在幼儿良好习惯培养方面各自承担的责任。

② 共享幼儿良好行为习惯的具体内容。幼儿园可以将学前阶段幼儿应养成的良好习惯整理成文，发给家长阅览和参照，让家长明确幼儿不同阶段应养成的良好习惯的具体内容。

③ 多途径家园互动共促幼儿良好习惯养成

具体有如下举措：

第一，自然连接，家园同步。

作为幼儿的第一任老师，家长自身对生活习惯的态度与行为，会在无形当中影响幼儿习惯的养成。在幼儿园生活中，主动邀约家长参与家长开放日、家教沙龙等活动，一方面家长亲历现场直接感受幼儿园良好、规律的作息，了解幼儿保持有规律的生活、养成良好作息习惯的重要性；另一方面通过家园分享、家长之间的互动交流，传递经验与方法，达成家园同步培养的共识。习惯养成的话题是教师和家长共同的话题，在自然互动中建立相互间信任的关系，"少小若无性，习惯成自然"，在良好的关系下，家长主动连接幼儿园，自然带动家庭、幼儿逐步向幼儿园科学、规律的作息靠拢。

第二，幼儿为本，量身定做。

在作息习惯培养的过程中，家长要尊重幼儿权益，以幼儿为主体，充分调动和发挥幼儿的主动性。有家长反映为孩子定下的睡觉时间，孩子通常不满意，造成每次到了该上床睡觉的时间，孩子却一点都不想睡。因此，家长可以跟孩子一起商量，定出一个彼此都能接受的时间，规定中加入自己的意见，孩子会较乐意接受。例如：和幼儿商量制订生活作息时间，幼儿用自己的方式记录，五点的格子里画一个碗表示吃晚饭时间；六点画电视，表示看电视时间；七点画浴缸洗澡；八点画书讲故事；九点画小床睡觉。家长主动倾听孩子的需要和表达，和孩子一起商量形成的规则具有幼儿主体特质，也体现出个体差异，更利于幼儿积极自觉地遵守，从而逐步养成习惯。

第三，爱的叮咛，做好表率。

孩子有晨昏颠倒的习惯，常与父母本身不良的生活作息有关，例如孩子周末在家作息不规律，周一入园表现出注意力不集中、没精打采。因此在幼儿园里形成的良好作息习惯，在家里也应该严格要求。周末家庭时光，和孩子一起规划作息——早晨爱心叫早，午间爱的问候，睡前爱心晚安。日子久了，习惯内化在孩子心中，当孩子从小就习惯了按时按点地做每一件事：起床、吃饭、游戏、运动、阅读等，到了上小学时才能自律自己的学习和生活，更加有规律地进行娱乐和学习，达到两者的平衡。家庭教育渗透在生活的方方面面，潜移默化地影响孩子的发展，家长爱的表率，更是习惯养成的催化剂。

良好的习惯、规律的作息时间，不仅能让家庭生活更简捷，对于孩子和父母来说还有很多其他的益处。孩子需要在他每日的生活中有一些恒定的、连贯性的东西维系，这能让孩子更放松更无忧地去发现和探索世界。让孩子养成良好的作息习惯，对孩子的学习也是十分有益的，特别是幼儿时期的作息习惯对过渡到小学阶段特别重要。家长应发挥家庭生活的文化浸润，全面配合幼儿园帮助孩子养成良好的作息习惯。

4. 如何指导家长在家庭生活中开展家庭教育？

我们常常说“一日生活皆课程”，在幼儿园如是，在家庭中亦如是。这一方面是指我们的日常生活是蕴含着丰富的教育资源和教育契机的，另一方面是说幼儿的学习实际是无时无刻不在发生着的，他们是天生的有能力的学习者。长期研究表明，无论家庭的种族、社会地位或经济如何，温暖和有良好回应的教养方式、结构化的环境和包含丰富材料的富有启发性的活动，加上儿童在使用这些素材时家长的参与，能支持儿童朝富有成效的生活方向成长。相反在有些家庭生活中，教养方式和习惯削弱了儿童对知识的自然追求和正面发展。所以教师可从以下几个方面引导家长在家庭生活中开展家庭教育。

① 引导家长有意识观察亲子互动方式，觉察家庭养育方式。亲子的互动质量是家庭教育中的关键，这一点需要家长充分认识。近年来比较热的“高质量陪伴”和“正面管教”，其目的都是为提升亲子互动质量，从而增进家庭教育的成效。

家长的养育方式受文化及家长自身成长经历影响很大，因而各不相同。家长需要了解养育的一般模式，比如美国发展心理学家戴安娜·鲍姆林德经过研究发现决定养育者教养方式的两个主要因素是要求（demandingness）和回应（responsiveness），根据这两个因素构成的四个象限，提出了权威型、专制型、放任型和忽视型四种家庭养育模式。① 中国家庭的行为模式则以“支配与顺从”“规矩与控制”为代表。②

了解一般养育模式，有利于家长觉察自己的养育风格，就可以将潜意识流露

①② 缪建东. 家庭教育学(第2版). [M]. 北京：高等教育出版社，2015：67，160—161.

的养育行为转变为有意识控制的行为，通过不断提醒自己，有意识地作出调整，重塑家庭中的互动模式。

② 启发家长营造有教育意义的家庭环境。除了亲子之间的互动，家庭中时间和空间的使用、家庭日常杂务、兴趣和技能的分享、家庭宗教仪式及家庭和外界的接触，都会支持儿童的家庭学习。这就充分说明了家庭生活是孩子们开展有意义学习的源泉。

家庭物质环境应根据孩子的发展需要来调整。如要考虑到孩子是好动的、好游戏的、好成功的，家庭物质环境要给孩子留有活动的空间、孩子的家具要考虑孩子的身高尺寸，这样利于孩子自己能做的事情都自己做，养成自我服务和管理的习惯。孩子也喜欢户外活动，因而家庭要充分利用社区适宜的场所和设施来支持孩子到户外进行活动。

家庭成员可以通过家庭会议的方式来制订一日作息。将幼儿的一日活动划分为运动消遣、玩玩具游戏、阅读、使用电子产品、家务劳动、进餐及睡眠等多个板块，合理安排家长与幼儿的共享活动时间和幼儿的单独活动时间。家长和幼儿共享的活动可以有阅读、看电视、运动消遣、家务劳动等，幼儿也需要学会“自己玩”，通常建构活动（如乐高、积木或废旧纸箱纸盒拼搭）或角色扮演游戏（“照顾小宝宝”“变身奥特曼”等）这类玩具游戏活动幼儿可以独自进行，需要提醒的是这类活动最好移到客厅，以使幼儿能在监护人的视线范围内。

③ 鼓励家长让儿童参与家庭生活习得技能和智慧。家庭的日常活动会涉及方方面面。食物是家庭生活中的重要组成部分，需要采购、准备、烹煮，这里面还有针对不同家庭成员的营养搭配、餐桌礼仪等方面的内容。让孩子参与日常饮食管理可以奠定孩子健康生活的基础。大部分农村家庭都还有土地，家长也应鼓励孩子到田间地头，看播种、育苗，耕种、收获，孩子自然能获得关于农作物生长的大量经验。而在家庭中饲养小动物，则能培养孩子的爱心、同情心和责任心。

再比如家庭的网络购物对孩子而言已经司空见惯。孩子可以参与领取快递，了解快递物件上的很多秘密，这是不可多得的了解一个社会结构运作机制的机会。购买的许多物品需要自己组装，这样的过程是不可多得的观摩学习机会：洗衣机是怎么能工作的？空调是怎么上墙的？柜子是怎么站立起来的？……这些生活中的“项目”活动都是孩子们丰富的经验来源。

家庭就近或远程的外出旅行也都蕴含着大量的学习机会。比如出行前的准备工作是重要的学习经历，孩子们可以参与讨论旅游目的地，通过网络来了解目的地的气候及交通、住宿等各方面情况，预估各种困难，做好充足准备。在旅行中需要适应全新的环境、品尝不同的食物，还可以记录经费的使用，画（写）旅游日记……不仅能增长见识，还能提高多方面能力。

最后，教师还可以通过对家庭日常动态的关注及时捕捉有意义的家庭生活活动，邀请家长来分享过程中的思考和做法，共同反思如何能在日常生活中给孩子创造更多亲身参与的机会，以及自身如何给孩子更有价值的潜移默化的影响。

5. 什么是"正面管教"（积极教育）原则？如何引导家长基于"正面管教"理念进行亲子沟通，并建立起良好的家庭亲子沟通模式？

"养不教，父之过"，在中国传统的养育文化中，家长对孩子的管教是天经地义的，不仅如此，传统还形塑了专制、威权型家长的管教方式。当然，随着时代的变迁，家庭养育文化也在不断变化，尤其是始于二十世纪七十年代末历经了近四十年的独生子女政策，在改变家庭结构的同时也重塑了养育文化。独生子女家庭对孩子赋予大量的教育投资、殷切的希望、浓烈的关爱，尽最大力量使其拥有较好的生活条件，同时对孩子的学业高度关注和严格规训，期待"唯一的希望""成龙""成凤"。升学和就业的压力层层下移，学前阶段的孩子也难逃"鸡娃"命运。家长"以爱的名义"粗暴干预幼儿的成长过程，于是在此过程中冲突频频，亲子之间的关系常常"剑拔弩张"。许多家庭中的隔代抚养现象也增加了家庭养育之间的复杂性。惩罚和娇纵的方式在家庭中轮番上演、不断较量。"如何管教孩子"令许多家长大伤脑筋。

正如老师们在幼儿园需要专业的素养和能力面对幼儿的挑战性行为一样，家长也需要有适当的"管教工具"帮助自己走出困境。"正面管教"（Positive Dicipline）是美国心理学家、教育家简·尼尔森于二十世纪八十年代出版的同名著作中提出的养育理念，以奥地利人本主义心理学家阿尔弗雷德·阿德勒和美国心理学家鲁道夫·德雷克斯的思想为基础，结合家庭教养、学校教育的实践案例总结出的家庭教养的理论和实践体系。正面管教是一种既不严厉也不娇纵的方法，它以相互尊重与合作为基础，把和善和坚定融为一体，以此为基石，在孩子自我控制的基础上，培养孩子的各项技能。正面管教的原理可以比作一幅由很多概念组成的拼图。以下为拼图中的几块拼板：

· 理解孩子的四种错误行为目的

· 和善与坚定并行

· 相互尊重

· 错误是学习的好机会

· 社会责任感

· 家庭会议和班会

· 让孩子参与解决问题

· 给予鼓励

"理解孩子的四种错误行为目的"可以让我们避免滑入"孩子做错事就一定要惩罚"的积习。孩子存在的错误观念和错误行为大致可以分为四种类型，被称之为"四个错误观念和错误行为目的"。

① 寻求过度关注。

错误观念：只有在得到你的关注时，我才有归属感。

孩子的目的：操纵别人为自己奔忙或得到特殊服务。

② 寻求权力。

错误观念：只有当我说了算或至少不能由你对我发号施令时，我才有归属感。

孩子的目的：我说了算。

③ 报复。

错误观念：我得不到归属，但我至少能让你同样受到伤害。

孩子的目的：以牙还牙。

④ 自暴自弃。

错误观念：不可能有所归属，我放弃。

孩子的目的：放弃，且不愿别人介入。

当我们理解了孩子令成人抓狂的"错误行为"背后的目的，就会发现这四种"错误行为"都来自于孩子未能获得令他感到足够安全的归属感。"归属感"和"价值感"是每个孩子追求的首要目的。孩子的不当行为只是对如何达到目的的错误想法——于是孩子就将他们的聪明才智和精力全用在了操纵别人、反叛和逃避上，而父母又太习惯于用惩罚、说教或其他形式的责难、羞辱和使孩子痛苦试图促使其变好，因而孩子与父母期待的目标渐行渐远。然而正面管教理论告诉我们，鼓励才是改变孩子行为最有效的方法，一个受到鼓舞的孩子不需要通过行为不当来寻求归属感和价值感。

所以教养孩子首先是大人的自我修炼和改变。正面管教的方法需要大人作出调整，改变要么严厉（有规矩没自由）要么娇纵（有自由没规矩）的非此即彼的方法，而对孩子作出主动的、鼓励性的回应，如：撤离冲突、让自己先冷静下来，专注当下、积极倾听，共情理解。让孩子感受到被关注和被尊重，在此基础上，再和孩子一起面对问题、解决问题，如：制订对双方有利的规则，共同决定在遇到问题时对大家都有益的解决方案。

和善而坚定是正面管教中的核心原则。我们对“和善”最大的误解是由于父母不想惩罚孩子而变得对孩子过于娇纵，认为“和善”就是取悦孩子，满足孩子一切想法和要求，不让孩子有任何失望。这样的“和善”实际上就是娇纵，既不尊重孩子也不尊重我们自己，它剥夺了孩子培养“抗挫折力”的机会，也让孩子缺乏规则意识，不尊重别人的人也无法得到他人的尊重。真正的和善是当孩子遇到问题、困难或犯错、沮丧时，我们用语言表达出对孩子感受的理解，并且相信孩子能够经得起挫折并能由此培养出对自己的信心。

大多数成年人习惯性地认为“坚定”就意味着惩罚、说教或者其他形式的控制，这也是误解。“坚定”不是当孩子出现问题时，大人当时的反应，而是要让孩子参与到制订和实施限制中来。孩子不仅要参与，还要尽可能成为规则制订中的主导者，家长应是限制或规则制订的协助者。协议制订后不因孩子的哭闹、乞求或耍赖就轻易妥协、破坏协议规定，亲子间逐渐在潜移默化间树立起了尊重规则的意识，这也是对家长“坚定”功夫的考验。

以上两条是基本原则，首先要弄清楚孩子所谓“不良行为”背后的错误想法，然后以和善而坚定的态度去面对。

学习正面管教的最终目的，是为孩子提供发展和实践“七项重要的感知力和技能”的机会。

① 对个人能力的感知力——我能行。

② 对自己在重要关系中的价值的感知力——我的贡献有价值，大家确实需要我。

③ 对自己在生活中的力量或影响的感知力——我能够影响发生在自己身上的事情。

④ 内省能力——有能力理解个人的情绪,并能利用这种理解做到自律以及自我控制。

⑤ 人际沟通能力——善于与他人合作,并在沟通、协作、协商、分享、共情和倾听的基础上建立友谊。

⑥ 整体把握能力——以有责任感、适应力、灵活性和正直的态度来对待日常生活中的各种限制以及行为后果。

⑦ 判断能力——运用智慧,根据适宜的价值观来评估局面。

以上七项能力和技能恰恰是当今乃至未来成功人士必备的人生技能。为孩子营造出和善而坚定、有尊严、受尊重的生活氛围,不剥夺孩子以负责任的方式作出贡献的机会,不替孩子做任何他自己能做的事情,允许孩子在为家庭生活做有意义的事情时与父母并肩做事、边学边干,让孩子从感到自己很能干中获得价值感和归属感,他们就会自然而然地培养出这些感知力和技能。[①]

传统的管教方法关注的是教给孩子不要做什么,或者因为别人是"那么说的"而去做什么。正面管教关注的是教给孩子要去做什么,当孩子们专注于学着解决问题时,就学到了如何与他人相处,并且拥有了应对下一个挑战的工具。具体的正面管教方法有很多,但只要基本的原理和原则把握了,具体的方法还是可以灵活使用的。比如尊重孩子、将每一次错误看作成长的机会、家庭会议、让孩子参与解决问题等。

正面管教的理念和方法在幼儿园的教室中同样适用。在美国,正面管教是在家长中先得到响应继而对学校教师提出要求的。教师们可以采用与家长共读一本书等方式来领会"正面管教",澄清对"棍棒底下出孝子"等传统严厉型教养方式及"放任无规则"的所谓"自由民主"式新教养方式的认识误区,通过实践反思、案例分享等方式提升自己和家长对不假思索就会进入的习惯性"管教方式"的觉察能力,通过交流,反思改进,从而改善师幼互动和亲子互动方式,达成家园共育的合力。

---

① 简·尼尔森著,正面管教(第1版)[M].玉冰,译.北京:京华出版社,2009:5,7.

6. 什么是高质量陪伴？如何引导家长对孩子作好高质量陪伴？

原教育部副部长韦钰院士曾特别澄清中国家长对“不能让孩子输在起跑线上”的认识误区，她指出：“这(起跑线)绝不是指让孩子早些认字、背诗、读英语，而是父母要给孩子提供一个稳定的、温暖的、健康的、互动的环境。”她还指出：“这个时候，父母不应该忙着去赚钱，说等我赚了钱再来陪你，到那时就已经晚了。你情愿少赚一些钱，要多陪陪孩子。由于脑的发展是连续的，后期的发育需要在前期发育的基础上进行，如果错过了一些脑发育的关键期，一生都很难弥补。”①父母不想让自己的孩子输在“起跑线”上，这就对父母陪伴孩子成长的品质提出了要求。法国知名儿科医生卡特琳娜·盖冈根据近年来全新的社会与情感神经科学研究成果，指出一种“园丁”结合“引路人”式的高质量陪伴方式：我们必须像园丁了解自然、种子与土壤一样，掌握情感与大脑发育之间关系的基本知识，更好地理解孩子的行为方式；同时又不要让所谓的“关心”束缚住孩子的手脚，而是指出路标、制定界限，平静地加以说明，自己也同样遵守。② 近年来逐渐风靡的“高质量陪伴”一词即源于此。

高质量陪伴有最重要的三个关键特征。

① 专注。高质量陪伴需要父母全身心投入，给孩子全部的注意力。这意味着在陪伴孩子的时候不能玩手机，如，发短信、接电话、浏览社交媒体。因为这些行为都会影响和孩子的互动，“身在曹营心在汉”的陪伴不会给孩子真正带来爱和温暖的感受，相反孩子会感觉到父母并不真正关注自己，这种“近在咫尺却远在天涯”的陪伴，只会让孩子体会到更大的悲哀。

② 共情互动。高质量陪伴是能让孩子感受到爱、温暖、理解、参与的陪伴，因而父母与孩子共情互动非常重要。孩子天生具有社会互动的需求。陪伴过程中亲子间发生的互动行为才是陪伴的根本，也是衡量陪伴质量的重要体现。互动随时随地可发生，形式也是多种多样的，可以是直接的面对面的语言和动作的互动；但如果家长因出差等工作原因，确实无法在孩子身边，也可以通过网络与

---

① 韦钰. 别再误读那条“起跑线”. 科技. 人民网. 解放日报(第13版). 2015—01—23.

② 卡特琳娜·盖冈. 如何高质量地陪伴孩子[M]. 徐晓雁，译. 北京：新星出版社，2016.

孩子实时互动。无法实时也可采用视频、录音等方式对孩子表示关注和关爱。但关键是家长要学会与孩子共情互动。减去对孩子主观评判和贴标签，建立开放的交流氛围，专注地倾听，善意地理解。

③ 共同成长。高质量的陪伴是引导和支持孩子成长的。成长表现为在父母或其他养育者的陪伴中孩子的情绪得到接纳认可，变得更积极愉悦；对外部世界的兴趣和热情得到鼓励；孩子各方面的认知经验得到深化或拓展；孩子在各种活动中表现出更强的独立性和主动性；也表现出对自我情绪和行为的调控力。而这样的陪伴不仅会加深父母或其他养育者对儿童的认识和理解，也会使得养育者不断增进对自我的认识，不断完善自我。高质量陪伴赢得亲子共同成长。

了解高质量陪伴的关键特征可避免实践中的一些误区。卡特琳娜·盖冈说："真正高质量的陪伴，不是一直在场，也不是溺爱式地围着孩子转，而是取决于父母是否掌握了符合孩子各年龄阶段的交流方式。"高质量的陪伴并不意味着一定要长时间陪伴，甚至寸步不离，陪伴质量重于频次、重于时长。高质量的陪伴可以随时随地发生，在日常生活的点滴中，如一起看绘本、看动画片，或旅途中谈谈所见所闻，或跟孩子一起准备餐点、动手制作，又或者跟孩子聊聊在幼儿园有什么有趣的事情发生，等等。有研究表明，陪伴时间的质量比时间的数量对孩子的学业成就、行为和情绪健康的影响更重要。

父母应放慢脚步，停留在当下，进入孩子的世界。也有人将高质量陪伴总结为"眼对眼、肩并肩、心连心"，实际上就是说家长要专注当下，与孩子的情感进行联结，然后才能给予有质量的引导。当我们全身心地和孩子在一起的时候，就是在表达我们对孩子的重视和欣赏。高质量陪伴要以孩子为主体，父母或其他养育者要想方设法避免不由自主地干涉和控制，将成人的意志强加于孩子，会让孩子习惯于听从成人的决策而无法独立思考及承担责任。在陪伴过程中成人要善于观察和等待，孩子寻求帮助时再介入。多一些欣赏，少一些指责，接纳孩子的不同方式，享受和孩子彼此身心放松的状态，在游戏中兴奋、大笑，甚至是装傻、逗乐都是很好的陪伴方式。孩子在开心快乐的状态下，更容易敞开心扉，成人也便有了倾听和理解的机会。

父母在孩子的生命里扮演着不同的角色，也传递着不同的爱。父母在陪伴孩子成长的过程中应有所分工，不仅分担养育的责任，还能互补。作为父亲，更应该多陪伴孩子户外运动、冒险探索，锻炼孩子勇敢拼搏、坚忍不拔的品质；母亲则可着重培养和守护孩子的耐心、爱心等细腻的情感品质。

幼儿园可通过家长学校、专题讲座等形式让家长理解在孩子成长的学前阶段应给予孩子什么样的陪伴、可采用什么样的交流方式。班级的教师应对每位孩子背后的家庭有所了解，掌握不同家庭的不同养育方式，通过家长沙龙、工作坊等形式，分享优秀家长的案例，一起讨论一些棘手的问题，在具体操作的层面给家长一些有益的指导。

孩子需要父母陪伴的时期就那么一段，带着爱与理解，给予孩子高质量的陪伴，可能不会占用父母太多的时间，但对孩子健康成长的益处却是无法估量的！

第六部分

课程游戏化中的融合教育

一、理解融合教育的理念

1. 哪些儿童是特殊需要儿童，有些什么表现?

特殊需要儿童是指在身心发展或学习、生活中与普通儿童有明显差异，因而需要给予区别于一般帮助的特殊服务的儿童。主要有三类：第一类是残疾儿童，其中包括盲、聋等感官残疾、智力残疾、肢体残疾、病残和多重残疾等不同类型和不同程度残疾的儿童；第二类是问题儿童，包括学习问题、行为问题、情绪问题等不同类型问题的儿童；第三类是超常儿童，包括有超常智力、能力和资赋优异的天才儿童。

因为特殊需要儿童的类型很多，他们的表现也各不相同。

视觉障碍儿童是由于各种原因导致的双眼不同程度的视力低下并且不能矫正或视野缩小，以致在日常生活和社会参与过程中存在障碍的儿童。具体表现为眼睛瞳孔发白、畏光、流泪，经常会揉眼睛、挤压眼睛；看不见或看不清普通的物体或小一些的文字，或看东西时眼睛靠得很近，好像在“用鼻子阅读”；看东西时歪着头，或固定用一只眼睛看东西；行走时不会主动避让障碍物，经常发生碰撞、摔跤等现象；看东西时需要更多的光线，做需要多用眼睛的事情时，兴趣短暂，容易出现头疼或疲劳等现象。

听觉障碍儿童是由于双耳因听分析器病变或损伤，导致听力减退或丧失，对事物的认识会不完整、不全面；由于他们听不到或听不清周围的声音，严重地妨碍他们语言的形成，从而使他们语言表达不够流畅，语言交流的障碍也会给他们的社会适应造成一定的困难。

智力障碍儿童明显的特征是在智力和社会适应能力方面都落后于正常儿童。

肢体障碍儿童是指那些因四肢残缺或四肢和躯干麻痹、畸形等，导致人体运动系统出现不同程度的功能丧失或功能障碍的儿童；脑瘫是指因儿童大脑发育成熟前受损所致的一种综合征，很多学生的肢体障碍是由于脑瘫而导致。他们有的不能正常地走、跑、跳，有的无法动手完成穿衣吃饭等基本的动作，活动能力受到严重的限制，难以从事正常的学习和生活。

有些儿童由于语言中枢和神经通路障碍造成了语言障碍，有些是因为舌系带异常、唇腭裂等发音器官的伤残造成了不能正常发音，或先天性耳聋导致无法正常矫正自己的发音。这些语言障碍儿童很难与他人进行正常的语言交往活动。

学习障碍儿童是指智力正常，也没有感官等方面的残疾，但在听、说、读、写、思考或数学运算方面显示出能力不足的儿童。如认读字母、数字颠倒或反向；认不出或记不住字，写字经常多一笔或少一画，或字倒写；在画画、书写、使用工具方面表现为动作不协调。这些儿童常常存在着学习困难，在正常的教学条件下无法从事有效的学习活动。

情绪行为障碍儿童是指情绪活动产生变态和失常，在行为表现上与一般同龄儿童应有的行为有明显偏离的儿童。如情绪极不稳定，有的是性格孤僻，有的有打人、咬人等攻击行为，有的存在碰撞东西、抓伤自己的自伤行为，或表现出过度兴奋或沮丧，发出怪声或尖叫等怪异行为。

孤独症儿童主要症状是社会交往、沟通方面的缺陷和重复刻板的行为、兴趣。表现为缺乏恰当的社交技能，无法运用对话交流来分享兴趣和情绪情感，对社会性互动缺乏回应，无法进行自发性的社会活动；缺乏运用面部表情等非言语交流行为进行社会性交往的能力；无法根据需求调节自己的行为，无法进行想象性游戏，对人缺乏兴趣，无法发展同伴关系。刻板地遵守某些习惯、行为，无法接受改变，容易因为细微改变而引发强烈的负面情绪；对声音、触摸等感知觉刺激表现过于敏感或过于迟钝，无法辨别冷热痛觉，对特别的声音或材质反应异常、过度嗅或触摸某些物体，沉迷于光线或是旋转的物体。

超常儿童又被称为天才儿童、资质优异儿童，主要是指智慧和能力超过同龄儿童发展水平的儿童。他们的主要表现是注意力集中，有坚持性；有自信心，积极进取；兴趣广泛，好学强记；有洞察力，善于想象，思维敏捷，有独创性，有较强学习能力和解决问题的能力。或在文学、数学、艺术等某一方面有特殊才能。

2. 普通幼儿园为什么要接收特殊需要儿童？特殊需要儿童上普通幼儿园有什么好处？

首先，特殊需要儿童有权利接受公平有质量的学前教育，因为每一个儿童在人格和人权上都是平等的，虽然特殊需要儿童存在一些发展方面的障碍，但他们也是儿童，在许多方面也都和普通儿童一样，他们也应该和普通儿童一样，平等接受早期教育。其次，特殊需要儿童有机会进入普通幼儿园接受学前教育，就能大幅度提高特殊需要儿童的入园率，因为许多地区并没有专门的特殊需要儿童学前教育机构，或者仅有的机构也都集中在城市，离家较远，许多特殊需要儿童就失去了就近接受学前教育的机会，而上所在社区的普通幼儿园，就解决了他们无法入园受教育的问题。我国的相关法律和政策，也都要求普通的教育机构接纳特殊需要儿童，如 2017 年江苏省教育厅等八部门联合下发的《江苏省第二期特殊教育提升计划（2017—2020 年）》，对特殊需要儿童的学前教育工作提出了明确的要求：要求分别通过普通幼儿园就学、特教学校就学、康复机构和儿童福利机构接纳等不同的安置形式，为残疾幼儿提供适合的教育，要求“优先采用普通幼儿园随班就学方式，就近安排适龄残疾幼儿接受学前教育”“残疾幼儿学前三年入园率达到 80％以上”“融合教育全面实施，各学段在普通学校接受教育的残疾学生占该学段残疾学生总数的 80％以上”。“残疾幼儿进入公办或普惠性民办幼儿园应免收保育教育费、住宿费、服务性收费和代办费等，由当地财政部门按照物价部门核定的收费标准足额拨付到幼儿园”。

特殊需要儿童上普通幼儿园，一是就近入园不需要远离家庭和父母，可以享受更多的亲情和关爱。二是有利于特殊需要儿童适应普通的社会生活环境，如果他们只是在与普通儿童相隔离的环境中生活和学习，一旦离开这样的环境，他们就必须经历一个重新学习和适应的过程，而如果从小就在普通的教育环境里，与普通儿童共同生活和学习，他们就不会产生无法适应普通社会生活环境的问题，有利于培养他们的社会适应能力。三是可以通过模仿习得良好的行为，与普通儿童在一起游戏和活动，特殊需要儿童就有机会去模仿普通儿童，并在与普通儿童的交流和对话中习得语言，掌握正确的运动、社会和认知技能。因此，国内外的绝大多数研究都说明：融合教育有利于特殊幼儿的发展。许多事例也证明，特殊儿童完全可以在普通幼儿园接受教育，如南京首个在普通幼儿园上学的全盲儿童，就在过着她的“快乐生活”，她在普通幼儿园里自信、快乐，生活琐事全都自理，不需要老师操心，甚至在唱歌、用英语复述故事等方面还优于其他的孩子。①

3. 特殊需要儿童的到来，会影响普通儿童吗？

目前我国普通幼儿园接纳的特殊需要儿童数量还不是很多，其中的一个重要的原因是担心特殊需要儿童到了普通幼儿园，会干扰幼儿园里正常的教育秩序，影响到其他普通儿童的发展。那么特殊需要儿童到了普通幼儿园，是否会影响到其他普通儿童的成长呢？事实上，普通幼儿园接纳特殊需要儿童，无论对特殊需要儿童来说，还是对普通儿童来说，都有利于他们的健康成长。

首先普通儿童在帮助别人的同时，自身得到了更好的发展。与特殊需要儿童在一起，普通儿童就有了更多的指导同伴的机会，事实已经证明：同伴指导对双方都是有益的。普通儿童能从中获得的极大的好处是：在帮助别人的过程中不仅提高了自己的技能和理解力，还为自己提供了发展创造力和独创性的具有挑战性的空间。许多专家学者的研究也说明了这一点：“在全纳教育环境中，普通幼儿的语言、认知、逻辑思维等能力的发展，不仅未受到特殊幼儿表现出来的不良模式的影响，而且比起传统普通教育机构中的幼儿，也未见其呈现出发展缓慢的现象，甚至在有些标准化测验中，这些全纳教育机构中普通幼儿所获得的分数还高于那些在传统普通教育环境中就学的儿童。……另外，在全纳教育环境中的普通幼儿，能快速地解读特殊儿童的需要信号并作出恰当的反应，其社会帮助技能水平远高于在传统教育环境中学习的儿童”②。

其次能培养普通儿童乐于助人的社会美德。班里有了特殊需要儿童，有助于普通儿童认识生命的多样性，逐渐体会特殊需要儿童的不便，感受到自己生活的幸福。在与特殊需要儿童的互动中，普通儿童能理解别人的需要，学习帮助别人的技能，体会到帮助别人的快乐，从而可能培养出助人为乐的良好品质。“有

---

① 毛蕾. 芊芊的快乐生活. 金陵晚报，2008，2，9.

② 杨希洁. 关于学前全纳教育有效性的思考. 中国特殊教育，2005(9).

机会与障碍儿童互动、一起成长的无障碍儿童，长大以后会变得更宽容。他们成年后会对社会中的弱势人群具有更深刻的理解和尊重”①。记者从南京首个接纳盲童的幼儿园里观察到：每当盲童面前有障碍物的时候，身边都会有小朋友很自然地拉一把、扶一把、提醒一句，仿佛一切都是出自本能。该幼儿园的园长也表达了相同的观点：自从接收了盲童，“班上的其他孩子都懂事了，知道主动帮助别人了。这一点，家长的感触非常深，不止一次地跟我们说。所以我说，××和小朋友们的作用是相互的”②。

4. 什么是早期融合教育？

融合教育，又译为“全纳教育”，是二十世纪九十年代初期国际特殊教育领域出现的一种新思潮和做法。1994 年 6 月，联合国教科文组织召开的“世界特殊教育大会”通过的《萨拉曼卡宣言》提出的主要内容是：教育要满足所有儿童的需要，为普通儿童设立的教育机构应接收所在地区的有各类特殊教育需要的儿童少年，并为其提供适应需要的以儿童为中心的教育活动；在一切可能情况下，所有儿童应一起学习，而不论他们有无或有何种困难和差异。融合教育兼顾儿童之间的不同需要，顺应不同的学习类型和学习速度，通过适宜的课程、学校组织、教学策略、资源利用及社区合作，确保面向全体儿童的教育质量，旨在消除歧视、创造接纳残疾人的社区、建设全纳型的社会和实现人人受教育的有效途径，同时提高整个教育体系的效益。不同的学者对融合教育有不同的定义：“保障所有残疾学生与其他学生共享学校所有方面活动的一种实践”“对所有残疾儿童提供一种正常化的教育体验”。美国全国教育重构和全纳研究中心（NCERI）的定义是：“对所有学生，包括有重大残疾的学生提供得到有效的教育服务的平等机会，包括得到需要补充的工具和辅助性服务并安置到附近学校与其年龄相适应的班级，以使学生在社会中像所有成员一样富裕地生活。”

融合教育以关注残障和有特殊教育需要儿童为切入点，共同创造平等、接纳

① K E 艾伦等著. 特殊儿童的早期融合教育[M]. 周念丽，等译. 上海：华东师范大学出版社，2005：23

② 毛蕾. 芊芊的快乐生活. 金陵晚报，2008，2，9.

的人文环境以及无障碍的物理环境，让全体儿童受益，促进全体儿童的发展。普通幼儿园的教师在发现特殊需要儿童后，可在家长许可的情况下，进入专业机构或申请专家委员会对儿童进行评估。教师依据评估结果，为其制订个别化教育计划，调整教学内容和教学方式，安排资源教室活动课程等。教育教学的调整以特殊需要儿童为中心，满足其多样化的学习需求。

早期融合教育是指在平等和不受歧视的前提下，将3—6岁的特殊需要儿童安排在所在社区的普通幼儿园就读，让他们和其他正常发展的同伴共同接受学前教育，并根据儿童自身的特殊需要，提供最适合其需要的支持和帮助，使不同残障类型、不同发展程度的特殊需要儿童能够得到尽可能好的公共教育。随着全纳教育思潮的兴起，越来越多的普通教育机构接纳特殊需要儿童，并根据儿童自身的特殊需要提供特殊服务，让他们和其他正常发展的同伴共同接受学前教育。在英美等国家，绝大多数的特殊需要儿童都上的是普通幼儿园，仅有2%的重度残疾儿童在特殊教育机构接受教育。“将特殊幼儿安置在全纳幼儿园，而不是把他们纳入传统的隔离式特殊机构中学习，已成为世界性的教育潮流”①。

5. 如何评估安置特殊需要儿童？

2018年12月，江苏省教育厅下发了《关于加强普通学校融合教育资源中心建设的指导意见》（苏教基〔2018〕25号），里面明确提出了评估安置特殊需要儿童的办法：教师发现疑似特殊教育需要儿童后，应及时与家长、任课教师进行交流沟通，全面了解儿童的生理、心理发展状况，进行差异性教学和个别辅导；必要时商请幼儿园的融合教育负责人，组建园内融合教育团队，尝试在生活、学习、运动等方面进行综合干预；根据实际需要、经园内融合教育团队集体同意，在家长许可的前提下，申请特殊教育指导中心组织，以医学诊断报告为基础的法定教育评估，家长或监护人应全程参与教育评估。

不同类别的特殊需要儿童有不同的评估内容，主要包括专业量表评估、教师观察评估两类。专业量表评估主要目的是了解儿童多方面能力发展的情况、优势与不足的地方，如认知能力、沟通能力、社会交往、生活自理、情绪行为、健康状

---

① 杨希洁.关于学前全纳教育有效性的思考.中国特殊教育，2005(9).

况等。如果是有感官障碍的儿童，要重点评估感官运用的能力，如视障儿童是全盲，还是低视力，如果是低视力，那么残余视力使他能在什么背景下看清多远的东西等；如听力障碍儿童可进行“汉语构音语音能力评估”“听觉理解能力评估”“儿童语言沟通能力阶梯评价”等专业的量表评估，了解听障儿童的听觉与言语发展状况。教师观察评估主要是对特殊需要儿童的学习、行为、语言、认知、情绪、伙伴关系、潜能、缺陷等进行全面的了解。

完成评估以后，要求专家委员会、教育行政部门、普通幼儿园、市区资源中心、儿童家长等共同参与教育评估结果分析，选择最适宜的安置方式。根据法定教育评估结果确定在普通幼儿园实施融合教育的，安排方式通常有完全随班就读（每班不超过两人，普通班级每接收一名特殊学生应减少三个或以上班额）、部分课程随班部分课程在资源教室、进入园内特教班等三种，教育安排应尊重儿童本人（现实条件许可前提下）、家长或监护人的意愿；对特殊教育需要儿童每学期至少进行一次综合性教育评估，根据儿童身心发展状况，及时调整安排方式，做好不同安排方式之间的转介衔接。

教育评估通常由特殊教育指导中心组织专家实施，集体签署评估报告，出现争议等情况可以由教育行政部门委托特殊教育专家委员会实施仲裁。教育评估结果属于特殊儿童少年的隐私，仅用于对其进行教育和康复，所有相关人员均负有保密义务。

二、掌握融合教育的方法

1. 如何创设符合特殊需要儿童的适宜环境？如何满足特殊需要儿童的特殊需要？

不同障碍类别的特殊需要儿童，对环境有不同的要求。

如果班级里有视觉障碍儿童，教室里的所有物品要放在固定的位置，以便于视障儿童能及时找到。减少走道上的障碍物，以避免碰撞。教室内有尖角的地方要进行处理，包上保护套。教玩具选择、室内外的标记、门框及门把手等尽可能选择色彩对比明显的材料，黑板选择无光泽、不反光的纯黑色或墨绿色。有条件的幼儿园，楼梯的起始阶和终止阶三十厘米处铺设不同于周围地面材质和颜色的地板。视障儿童的座位应选择在离教师、黑板较近的位置，以方便教师指导，低视力的儿童也能看清黑板上的内容或教师的演示。

如果班级里有听觉障碍儿童，要确保教室光线明亮。减少电风扇等的噪声，如果教室没有铺地毯，可以用毛毯尽可能多地覆盖一些地方，因为地毯和毛毯能够吸收外界的噪声。如果听障儿童配有助听器，教师应一直用麦克风等设备，还要检查助听器是否工作正常，同时关注儿童是否正在使用它们，应鼓励听障学生使用助听器。把用口头或手势语言陈述过的信息，用视觉的方式再次呈现，如使用图表、语义图、图片、流程图和计算机技术。教师说话慢一点、清楚一点，讲话时双手远离脸面，这样可以使听障儿童清楚看到教师的面孔、口型、面部表情或其他手势，帮助他们了解教师的说话内容。

如果幼儿园有肢体障碍儿童，该儿童所在的班级教室尽可能安排在一楼，有台阶的地方，需要修建坡道，以方便轮椅进出。幼儿园所有通道要能容纳轮椅的宽度和拐杖的幅度，地面防滑。所有楼梯、电梯设扶手，水沟加盖。教室门、厕所门不能太重或装设门弓器，以防止被夹到。设置坐式马桶，室内开关及设备、饮水机等的位置要适合他们使用。将肢体障碍儿童的座位尽力安排在靠门的位置，以方便其进出，老师和同学也能随时给予关心和协助。根据儿童的需要提供辅具，如枕头、夹板、脚垫等，提供相应的学习材料，如插销、磁铁、缠上塑料布的大号画笔等，可以把这些材料放在板上，并把板钉在墙上，便于儿童抓握和操作。

有些孤独症儿童对感知觉刺激表现过于敏感或过于迟钝，或是对环境中的感知觉刺激存在异常的兴趣，有的无法辨别冷热，没有痛觉，对特别的声音或材质反应异常，会过度嗅或触摸某些物体，教师要创设安全的环境，如收好剪刀等尖锐物品，材料和器械都是无毒的，没有裂缝、碎片等。柔和的灯光、舒缓的音乐和偏冷色系的颜色能让孤独症儿童放松。为帮助儿童学习，可提供视觉化支持的学习环境，如有图画的日程表，使用视觉提示和材料组织教学，协助孤独症儿童了解班级环境的图画等。

2. 接收了特殊需要儿童，应注意哪些问题？

第一，尽可能全面了解特殊需要儿童的情况。特殊需要儿童的残疾类型、造成残疾的原因、残疾程度、各方面的发展水平，以及需要的特殊帮助等。如了解视障儿童到底能看见什么，听障儿童在多远的距离能听得清楚；再如不同原因造成的低视力儿童对照明强度有不同的需要，如青光眼、病理性近视、视神经萎缩、术后无晶体的儿童都需要强光照明，所以在这些儿童做书写、绘画等活动时，可以在桌上再放上一盏台灯，补充照明；而白化病、先天性无虹膜的学生则不需要强光，他们的座位应安排在阳光直射不到的地方，如果光线太强时，还应允许他们戴上墨镜或遮阳帽。此外还要了解儿童的兴趣爱好、优势特长，知道了特殊需要儿童的特点和个体差异，有助于教师掌握应对的教育策略和方法。

第二，以信任、友好的心态和表情面对他们，消除他们的自卑、戒备心理。如向视障儿童打招呼时，先表明自己的名字和身份，然后呼唤他们的名字来开始谈话，让他们明白是教师在与他们说话；用正常的语调与他们交谈，但要离开或想终止谈话时，应该事先告诉他们；尽量利用彩色图片、大字印刷的简单图表及字卡来进行教学，并教导他们适当地利用放大镜来学习。和听力损伤学生谈话时，应微笑地提前打招呼，多注视他们的眼神和手势，应时常和他们保持视线的接触。如果需要的话，可以轻拍他们的肩膀，或挥动一下手部，或用其他手势，以吸引他们的注意。

第三，特殊需要儿童的座位尽量安排在适合教师关注的位置，也可以根据儿童的需要、活动的情况作适当的调整，便于在他们有需要的时候能够得到教师及时的帮助。排队时，也要将他们安排在适当靠前的位置。要挑选活泼开朗、乐于助人的普通儿童作为助学伙伴，给予提示、行走等方面的适当帮助，并让特殊需要儿童在行为、情绪、学习等方面获得正面的影响。如果师资条件允许，可由两名教师进行协同教学，帮助特殊需要儿童参与各类活动，达成活动的目标。

第四，掌握简单的方法，对于特殊需要儿童的困难给予及时的帮助。如帮助视觉受损儿童行走时，不要紧抓他们的手臂，推着他们向前走，而应让他们挽着同伴的手，跟随同伴而行；指示方向时，要具体地说“左面”“右面”，不要说“这边”“那边”；如有楼梯，要说“现在上楼梯”或“现在下楼梯”，不要说“这儿有楼梯”。能帮助听障儿童佩戴和取下助听器；讲课时不要背对听障儿童，如果听障儿童不理解或没听清楚操作要求时，教师应适当放慢讲话速度，简化复杂的句子，也可以重复或者演示一遍。给予智力障碍儿童的指令应尽量简单清晰，且一次不超过两个，可以通过多种感官给予提示或教学，复杂一些的学习任务可以分解成多个步骤，强调“小步子、多重复”的训练。了解肢体障碍和脑瘫儿童的矫形器及其他辅助器具的使用方法等。

第五，面向全体保教的同时适当兼顾个别保教。尽可能选取和安排能最大限度满足所有儿童的方法或活动，这样既有利于教师统一安排教学活动，又可以让特殊需要儿童有同样的教育经历，感受到平等参与、平等对待的氛围。但有些活动特殊需要儿童无法参与，或者达不到相同的要求时，教师可通过调整活动内容和活动方式、制订个别化教学目标等形式，为特殊需要儿童搭建学习及展示的平台。

3. 如何在一日活动中兼顾特殊需要儿童的个别教育？

在幼儿园的一日活动中，可以将特殊需要儿童的教育纳入日常的班级管理，包括日常行为规范、制订个别化教育计划，让特殊需要儿童承担合适的班级工作，每次活动为其安排适当的角色等。

在入园环节，教师可以根据特殊需要儿童的语言发展情况选择不同的打招呼方式。如对视障儿童、脑瘫儿童、有口语能力的孤独症儿童等，可以通过言语问好；对于听障儿童，或无口语、低口语能力的儿童，可以通过手势等肢体动作、表情等非言语沟通的形式与其打招呼，培养儿童与他人互动交流的能力。

调整集体活动、小组活动及自由活动的内容和方式，以方便特殊需要儿童参与。有些活动只要稍微调整一下活动的内容或形式，就能让特殊需要儿童很好地参与到活动中去了。如视障儿童参与一些与视觉有关的绘画活动、观察活动，听觉受损儿童参与和听觉有关的活动，如唱歌等音乐活动时，会特别感到困难，教师可根据儿童的视力和听力情况适当调整活动内容，如绘画活动时，安排视障儿童做手工游戏；学习唱歌时，听障儿童可以跟着节奏表演简单的动作等。

调整教学方式。听障儿童可能听不清楚或者听不到老师的讲解，老师可以借助手势、教具、图像或视频等非语言的形式帮助儿童理解。对于有视觉障碍的儿童，老师呈现的文字图画等材料他可能看不清楚，可以把老师的讲解录下来让他多听几遍，在语音、语调，还有老师的语速方面作一些调整，也许就能够帮助他们很好地理解了。在儿童的表达和参与的方式上，我们也可以作一些调整，如有一些语言障碍的儿童，他可能说话口齿不清、表达不是很清楚，老师们请他回答问题时，不仅可以让他讲，也可以让他用图画来表达；再如脑瘫儿童，他用手拿笔进行绘画这样的精细动作可能有困难，可以适当延长他的活动时间等。

在普通儿童与特殊需要儿童都能参与的集体活动中，设计康复训练的内容。如让脑瘫儿童与普通儿童一起边唱歌边做动作“请你像我这样做，我就像你这样做……”，让脑瘫儿童一起从拍头到拍肩再拍到膝盖、脚，这样的活动既能让所有儿童都很好地参与学习，也能让特殊需要儿童在活动中开发潜能，培养他们的运动能力，补偿缺陷，让他们的身体功能得到锻炼。再如利用手指拼图的游戏，设计精细动作的环节，帮助脑瘫儿童的动作康复。

创设不同类型的游戏区域。如针对语言障碍的儿童创设语言区，提供手偶、头饰、点读机等道具，激发幼儿语言表达的兴趣。根据部分精细动作发育迟缓儿童的需要设置生活区，放置带纽扣、拉链的衣服、裤子，以及发卡、项链等装饰品，鼓励儿童给娃娃穿衣服、穿裤子，打扮小娃娃，就可以在游戏的过程中发展手部的精细动作。在每天的区域活动中，还可以安排个别化的教育活动。如语言训练活动，说出感兴趣的玩具名称，认一认生活中的一些物品，再说出这些物品的名称，练习说一些常用的短语，学习正确表达自己的意愿等，在这些活动中还能矫正儿童的发音，培养他们的口语表达能力。

4. 如何引导特殊需要儿童与普通儿童共同参与活动？

保证特殊需要儿童有持续的机会与普通儿童一起玩、一起练习运用技能。如数数歌等声音游戏、手指操等运动游戏，视障、听障儿童都能参与。也可在上厕所、倒水喝等一些儿童共同要参与的活动中，让互动自然地发生。教师要有意识地按照儿童的水平和性格进行配对，为他们的学习和游戏提供支持和强化，保证特殊需要儿童和普通儿童都能愉快地进行互动，并从中得益。

鼓励特殊需要儿童主动参与游戏活动。坚持正面引导和“小步子、多重复”的教育原则，教学态度要耐心，教学方法要直观，当儿童不能理解一些操作要求时，教师可将复杂的操作过程进行动作分解，一小步、一小步地进行操作与指导。对特殊需要儿童的努力，以及取得的进步，要及时给予肯定和鼓励。

特殊需要儿童能做的事，尽量让他学着自己做。除了基本的生活自理，还要让特殊需要儿童在班级里承担合适的工作，鼓励他尽自己所能为班级其他小朋友提供帮助。在每次游戏及表演活动中，为他安排适当的角色，让他感觉到自己是班级里的一个成员，他也能展示自己的能力，从而逐步树立自信心。

利用提问和特殊的材料帮助特殊需要儿童参与学习活动。提问应具有普遍性，面向全体儿童，既不能过多地提问特殊需要儿童，让他们养成需要特殊照顾的优越感；也不能忽略特殊需要儿童，完全不让他们回答问题。请特殊需要儿童回答问题时，要注意提问的方式与时机、提问的难度，如视障儿童看不见教师的表情，如果请视障儿童回答问题，必须先叫他的名字；预设一些特殊需要儿童能回答的问题，让他们逐步建立自信；当提出的问题有一定难度，或需要有一定的实践经历时，要判断特殊需要儿童的实际水平和成长经历，避免回答不上来，挫伤特殊需要儿童的学习积极性。

为特殊需要儿童参与活动提供帮助。如依需要，协助特殊需要儿童离开教室、上下坡道、上厕所。小心协助他们推轮椅或使用拐杖上下车、开关车门、拿取拐杖及随身物品，并记得将轮椅刹住。

了解他们喜欢的运动项目，陪伴他们从事健康与安全的休闲活动。了解他们的体能情况，在一旦发生意外时，能够及时地采取救助措施。他们跌倒或需要协助时，要先问清楚如何协助，以避免按照常人的想法和做法而造成伤害或不舒服，帮助他们注意防范意外的伤害。

5. 如何帮助普通儿童与特殊需要儿童进行交往？

选择幼儿感兴趣的话题或活动，鼓励普通儿童主动邀请特殊需要儿童参与到活动中去。也可安排一个责任心强、具有耐心的伙伴帮助特殊需要儿童，带着他参与班级的活动。

引导普通儿童以亲切、关怀、平等的态度与特殊需要儿童交往，就像和一般小朋友相处一样。也可通过适当的体验方式，如戴上盲罩走一段路、坐半天的轮椅等，帮助普通儿童理解残障给特殊儿童造成的种种困难，要求普通儿童多体谅、关心特殊需要儿童。但也不要用怜悯的态度对待特殊需要儿童，因为如果用怜悯的方式处处照顾他们，就会剥夺特殊需要儿童的学习机会；当然更不能作弄特殊需要儿童，那样就会增加他们的挫折感，使他们害怕上幼儿园，害怕与普通儿童交往。

教会普通儿童与特殊需要儿童交往的方法。如怎样带视障儿童行走，如何用拥抱、拉手、攀谈等方式与特殊需要儿童进行互动；与听障儿童说话时，语速稍慢，但不能对着他们的助听器或人工耳蜗大声喊叫。告诉普通儿童，不能因好奇去玩弄特殊需要儿童的助听器、矫形器、轮椅等助残设备，用通俗的语言让他们理解这些设备的意义和作用，例如告诉普通儿童，“没有轮椅，可能就会像没有脚一样不方便”。引导普通儿童乐于助人，并可采用“好朋友”的结对方式，促进普通儿童与特殊需要儿童之间的交往。

引导普通儿童懂得宽容。当特殊需要儿童有不适当行为出现时，在还没有了解他的意思之前，不要随意作不好的解释，如大力拍你的肩膀，不一定是生你的气，他可能只是跟你打招呼，或者希望你和他玩，请不要太介意。教师也可通过讲故事、情境表演等方式，引导普通儿童懂得谦逊和原谅。

树立特殊需要儿童的正面形象，教师之间进行交流，或教师与普通儿童进行交流时，要注意用词，不能在普通儿童面前表现出对特殊需要儿童的不满，或者说一些伤害特殊需要儿童的话语。相反，教师应多挖掘特殊需要儿童的优点，如听障儿童往往视觉敏锐、观察仔细；视障儿童听觉灵敏，语言表达能力强；有些孤独症儿童的绘画能力出众。教师可多夸奖特殊需要儿童，帮助其在普通儿童面前树立正面的形象。

6. 如何对待特殊需要儿童的问题行为？

首先，了解问题行为出现的原因，以理解和尊重的态度对待特殊需要儿童。

由于生理、心理及疾病等原因，特殊需要儿童往往会出现一些问题行为，如让智障儿童和孤独症儿童长时间地坐着或等待轮流玩游戏很困难，要求他们与人分享和给予也十分困难；很多特殊需要儿童存在言语表达困难的情况，当他们的需要得不到满足时，常常会表现出哭闹、尖叫、打扰别人等“与众不同”的行为；也有些孤独症儿童无法忍受某种声音或存在特殊的异常感觉，如有个孤独症儿童在某一天到了幼儿园以后一直不停哭闹，最后发现仅仅是换了一件带有化纤成分的内衣，而其过去一直穿的是纯棉内衣。

当特殊需要儿童表现出问题行为时，教师要先分析导致儿童问题行为的原因：是儿童无法控制自己的行为而发泄，还是希望得到教师的关注？个别的孤独症儿童用头撞墙、视障儿童不停地按压自己的眼睛，是不喜欢当前的活动，还是仅仅是自我刺激、寻求满足的行为？哪些环境因素容易导致问题行为？弄清了导致问题行为的原因以后，教师应当以理解、尊重的态度看待和处理问题，还有调整对特殊需要儿童的期望，不要强求特殊需要儿童表现出超出其发展水平的能力。

其次，针对特殊需要儿童的问题行为，采取合理的策略与方法。

在处理儿童的问题行为时，教师应采用个别教育的形式，不宜当众进行教育和议论，以免对儿童产生负面的影响。不伤害儿童的自尊心是教师面对特殊需要儿童问题行为的首要原则。当儿童出现问题行为时，教师应根据不同的情况采取不同的策略和方法。

转移法。如果特殊需要儿童是因为无聊或寻求自我刺激而出现问题行为时，教师可以用儿童感兴趣的事物转移他们的注意力。

忽视法。如果特殊需要儿童是为了得到教师的关注，或引起其他小朋友的注意而出现自残、打人、尖叫等问题行为时，只要这种行为不对他自己或其他小朋友造成伤害，教师可予以忽视、不理他。但如果问题行为一旦停止，教师要马上给予关注。

疏导法。有些特殊需要儿童因为语言表达能力差，无法正确表达自我需求，常常会用拍打别人、摔打东西等方式引人注意，或宣泄自己的情绪。对这种行为，教师平时应多给予关心，并对其进行沟通方式的训练，引导他们学会正确表达需求和宣泄情绪。

行为控制。当儿童出现“打人”“打头”“摔物”“扯电线”等手部行为时，教师可用手牢牢握住其“犯错”的手腕，制止其不良的行为，待其挣扎约一两分钟后才放手。当特殊需要儿童出现任意吵闹或四处游走等问题行为时，教师可用“拥抱法”，一边紧紧拥抱使其无法挣脱，一边拍抚或轻言安慰，直到其不再挣扎、自然安静、逐渐放松。

调整环境。教师应为儿童创设安全的、有帮助性的环境，尽可能减少对特殊需要儿童的干扰。如避免出现引发问题行为的物品、声音、气味等，从改良环境入手，达到帮助其控制不良行为的目的。

第三，出现问题行为时，帮助特殊需要儿童寻找解决问题的办法。

教师不仅要让特殊需要儿童知道哪些事不能做、哪些行为不可以出现，更要让他们知道面对同样的问题时如何解决。教师应向特殊需要儿童提出合理的、明确的，而且能够被其理解的行为要求。同时，利用一切教育机会，强化特殊需要儿童的正确行为，帮助其找到解决问题的办法。如一些特殊需要儿童出现因需要或愿望得不到满足而哭闹的行为时，教师可为其制订一份“学会等待”的表扬单，等待时间逐步延长（第一阶段要求其学会等待一分钟，第二阶段学会等待两分钟，并以此类推），当儿童达成了相应的目标，就可满足其需要或愿望，反之就不能满足他的需要或愿望，从而帮助他们逐步消除问题行为。

三、了解融合教育需要的专业支持

1. 特殊需要儿童的融合教育中，幼儿园应提供哪些支持？

建设资源教室。资源教室是为特殊需要儿童提供康复训练、实施个别化教育计划的场所，也能为教师和家长提供咨询和指导服务。资源教室的建设可以参照教育部《普通学校特殊教育资源教室建设指南》，资源教室的设置应充分考虑特殊教育需要儿童的便利性，尽可能安排在教学楼一楼，位置相对安静、进出方便，面积不低于六十平方米，可由两个相邻的教室组成（或在一个教室里划分相对的功能区），地面和墙面全部采用软质材料。功能上，一间侧重于康复训练，应参照《江苏省残疾人康复机构等级认证暂行办法》的要求，根据儿童障碍类别选择性地配置设备，为相应障碍类别的学生配备专业康复设备等；一间侧重于教学和办公活动，可分为教学活动区、办公咨询区，配备相关的办公设施和教学设备、图书资料，还可以根据儿童的特殊需要，量身定制一些特殊需要儿童专门使用的操作平台和课桌椅。资源教室的建设并不局限于专用教室，根据教育和康复的需要，各类功能教室和活动场所都可以成为特殊教育需要儿童的资源教室。

配备组建专业团队。《江苏省第二期特殊教育提升计划（2017—2020 年）》明确提出，“普通幼儿园招收残疾幼儿达到 3 人，应当设置康复个训教室，配备专职特教教师”，并加强康复医生、康复治疗师、康复训练人员及其他专业技术人员的配备。江苏省要求这些专职特教教师原则上还要实行持证上岗，即取得教师资格证和省级教育行政部门组织的特殊教育专业培训考核合格证（特殊教育专业毕业的教师可免考）。接纳特殊需要儿童的融合教育幼儿园还需建立由分管园长、业务园长、后勤园长、特教教师、康复治疗师、任课教师、家长、残疾人工作者、志愿者等组成的融合教育教学与管理团队。还应积极有效利用家长和社会资源，增强融合教育师资团队的力量。

提供特殊教育服务。在依法开展教育评估认定之前，幼儿园应向有关儿童家长或监护人提供特殊教育服务清单，告知评估认定后可以享有的特殊教育服务。特殊教育服务清单至少应包括以下内容：政府和幼儿园及有关部门联合承诺提供的安排方式、专业师资、专有场所、专业设备、专项经费（含康复经费）、个别化教育方案例集等，以及家长或监护人应当配合实施的教育和康复工作等。服务清单保证特殊教育需要儿童得到充分尊重，并最大限度地融入普通教育。

解决融合教育教师的职称评定和待遇问题。《江苏省第二期特殊教育提升计划（2017—2020 年）》提出，"制订我省特殊教育教师分类职称评价标准"，并要求"普通教师职称晋升、校级以上领导职务晋升，原则上应接受过特殊教育专题培训，并具有实施或管理残疾儿童少年个别化教育的经历"。在江苏省教育厅下发的《关于加强普通学校融合教育资源中心建设的指导意见》中规定，"专职特教教师的工资待遇参照特殊教育学校标准执行"，对"承担融合教育工作的非专职特教教师，在绩效工资分配上给予倾斜"。

2. 特殊需要儿童需要哪些康复支持？

不同残障类别的特殊需要儿童，有不同的康复需求。

视觉障碍儿童中，全盲的儿童需要学习定向行走，能利用标记、声音、气味等各种信息，在熟悉的环境中自如行动。低视力儿童需要进行视功能训练，如学会注视、开展辨识活动，认识周围环境中的各种事物，认识字母、数字、文字等；进行视觉追踪训练、搜寻训练，能通过视觉观察运动中的物体，从左到右观察图片和阅读，找到目标物体等。

听觉障碍儿童需要听觉康复、言语矫治和语言教育等康复支持。听觉功能康复从下向上分听觉察知、听觉分辨、听觉识别、听觉理解四个阶段，可以充分利用现代化听觉康复设备，在对听障儿童进行评估的基础上，制订个别化康复计划，进行系统、科学的康复训练。听障儿童还需要进行言语矫治，通过发音训练，使聋儿呼吸、嗓音、共鸣系统协调统一，能够自然舒适地发音与准确地构音，提高语音清晰度，为学说话奠定基础。此外，还要通过强化口语、学词学句、综合运用等方式对听障儿童进行语言教育。

脑瘫儿童需要通过各种训练手段对肢体残疾部位进行功能锻炼，以尽可能发挥其机体的潜能。如通过沙袋、弹力带、骑自行车等进行力量训练；通过移动身体重心及位置，逐步增加躯干运动的范围、速度和难度，进行平衡功能训练、身体协调训练；采用不同难度的活动，如滚球、仰卧起坐、从坐到站，发展活动的控制能力；练习行走中站立、行走时下蹲等各种动作，发展动态平衡的控制活动及技能等。肢体运动功能的改善和提高，能逐渐减少他们对他人的依赖，培养起独立性和自信心，形成健康向上的良好心态。

特殊需要儿童都需要心理康复，需要通过师生日常的接触及各种游戏训练活动减少或消除他们的心理障碍，调整与同伴、与教师的关系，恢复和形成特殊需要儿童正常的心态和人格。所以在融合教育中，要尽可能多地给特殊需要儿童提供成功的体验，及时给予表扬和鼓励，帮助他们树立自信心。不要批评他们因能力所限而造成的失误，在他们遇到困难的时候给予关怀和帮助，用教师的爱逐渐打开他们封闭的心灵，使他们能接纳他人，愿意与他人交往和游戏，也愿意接受教师的康复训练措施。

3. 如何选择和利用特殊需要儿童的辅具？

不同残障类别的特殊需要儿童，需要不同的辅助器具。

低视力儿童需要光学辅助设备，如可以将图像放大、缩小或是改变图像从而将图像投射到视网膜上的各种助视器；也需要一些非光学辅助设备，如大字印刷品、照明装置、阅读架、太阳镜等。还可以为他们准备电子辅助设备、盲杖、导盲犬，大号字体的计算器、地球仪、地图、温度计等声控的教学装置。

听力障碍儿童需要助听器、人工耳蜗等助听设备，教师要掌握帮助听障儿童佩戴和取下助听器的方法，还要通过在儿童后面喊他名字或其他方式判断助听器是否正常。使用人工耳蜗的儿童，教师在其使用前也要先检测机器运作是否正常再让其佩戴。使用时要注意防水、防止外力损伤、防止使用安全绳遗失，儿童午睡前取下体外机，关掉电源，用柔软的干布擦拭干净，置入干燥盒。

脑瘫儿童需要轮椅、身体功能矫形器等辅具，这些辅具的大小应依据儿童的生理状况设计，不可以因为要省钱或怕麻烦，就定做过大的轮椅或其他辅具，这样不仅无法发挥辅具的功能，对儿童也可能会造成伤害。有台阶的地方需要修建坡道，轮椅才能进出。还需要一些其他的辅具，如枕头、夹板、脚垫、旁边有扶手的坐式马桶等，以及相应的辅助学习材料，如插销、磁铁、缠上塑料布的大号画笔等。脑瘫儿童还需要沙袋、弹力带、跑步机、功率自行车、平行杆等帮助体能肢体康复的辅具。在运用辅具进行康复训练时，要注意安全，教师帮助推轮椅时，也要记得将轮椅刹住，并协助儿童开关车门、拿取随身物品。

特殊需要儿童的辅具以及相关的设施配备必须根据儿童的实际需要来配置，切忌追求全面和华丽，还有注意设施设备的安全性，须考虑物理安全（符合幼儿园建设标准、特殊需要儿童的实际要求）、化学安全（装修材料、教育及康复训练软硬件的化学物质符合国家相关规定），还有合理布局，设施设备的性能与师生有较好的心理兼容性，师生乐于使用，也便于使用。

辅具的使用需要经过专业团队（如医生、康复治疗师等）的评估、建议与指导，而且应避免错误使用，以及过度使用。

4. 早期融合教育资源中心如何发挥作用？

《江苏省第二期特殊教育提升计划（2017—2020 年）》要求："每个乡镇（街道）至少建成学前、小学和初中融合教育资源中心各一个。"早期教育资源中心是依托普通幼儿园建设的、具有实施特殊教育的专业能力、为有特殊教育需要的儿童及其家长提供个别化教育与康复服务的机构，旨在通过集中力量配置特殊教育资源，率先探索特殊需要儿童的融合教育工作，让这些儿童能最大限度地融入普通教育，促进其身心更好地发展与健康成长。

提供适宜的保育和教育活动。早期融合教育资源中心应依据教育部颁布的《规程》《指南》等相关要求开展保育和教育工作，并针对不同儿童的特殊情况，制订实施特殊需要儿童的个别化教育方案，让每一位特殊需要儿童都得到适宜的教育。幼儿园还应重点关注将康复融入日常保教活动，提供功能评估、个训、辅助器具矫正等服务。

建立教育方案集体审议制度。对特殊需要儿童实施的个别化教育方案，具体内容应包括课程结构、课时安排、目标要求、活动内容、教学方式、教育评价等。个别化教育方案应由集体（含家长或监护人）审议通过，并签字同意后方可执行。

融合教育资源中心应会同特教指导中心巡回指导教师建立教育方案集体审议制度，特教指导中心应深度参与教育方案的制订与实施，双方共同承担融合教育教研和质量管理工作。制订个别化教育方案既要考虑充分融入普通教育，也要考虑目标内容、方法策略、质量评价的适度调整；既要考虑特殊教育需要儿童的潜能开发，也要针对性实施缺陷补偿。

探索个别化教育策略。探索生活化、游戏化、项目化教学方式，将教育和康复内容融入亲身体验、动手实践、问题解决活动中。探索家园协同教学，统筹安排特殊需要儿童的幼儿园与家庭生活，将发展目标融入一日生活的各个环节。幼儿园也可定期组织教师对特殊需要儿童教育案例进行分析与交流，推广成功的教育经验。

实施个别化教育质量评估。对特殊需要儿童的教育质量评估应依据个别化教育方案设定的教育目标施行，注重“小步骤、多频次”的过程性评估，不断改进特殊需要儿童的教育教学。特殊教育指导中心会同融合教育资源中心，每学期至少对儿童进行一次综合素质评估，可采用儿童发展评估、量表评估、访谈评估等相结合的方式，也可以采纳医学诊断报告等形式，形成综合的报告书。

5. 如何做好特殊需要儿童的评估建档工作？

江苏省教育厅颁发的《关于加强普通学校融合教育资源中心建设的指导意见》要求：幼儿园应通过“评估安排特殊教育需要儿童”“应建立特殊教育需要儿童个人档案资料，包括医学诊断报告、筛查和诊断资料、访谈和观察记录、个别化教育活动记录、分阶段评估和测试结果等”。因此幼儿园要规范特殊需要儿童的评估工作，抓好特殊需要儿童成长档案的建设。

评估流程：教师发现疑似儿童—全面了解发展状况—综合干预—申请教育评估—确定安置方式—制订个别化教育方案—实施个别化教育方案（课堂教学引导、资源教室补救）—中后期评估反馈。

评估内容：不同类别的特殊需要儿童有不同的评估内容，主要包括专业量表评估、教师观察评估两类，专业量表评估了解儿童认知能力、沟通能力、社会交往、生活自理、情绪行为、健康状况等情况，教师观察评估主要是对特殊需要儿童的学习、行为、语言、认知、情绪、伙伴关系、潜能、缺陷等进行全面的了解。

建档流程:初步观察转介—医疗筛查认定—确定安置形式—教育评估与分析—制订个别化教育方案—实施个别化教育方案(课堂教学引导、资源教室补救)—后期评估反馈。

建档目录:

个人资料:医疗报告、个人信息、家庭背景等。

评估资料:团队的报告等。

优秀作业:原件或照片。

活动照片:个人活动的、参与团队活动的。

资源教室补救方案:康复训练、个别训练的计划与记录。

素质评估:多元评估等。

教师也可把自己对特殊需要儿童的一些教育方法、工作效果以动态跟踪的形式进行详细记载,认真分析,资料归档。

注意事项:教育活动过程中的各类文本,涉及特殊需要儿童姓名的,原则上采用代称。教育评估结果属于特殊儿童的隐私,仅用于对其进行教育和康复,所有相关人员均负有保密义务。

6. 融合教育对教师配备与培训有什么要求?

教师配备要求。《江苏省第二期特殊教育提升计划(2017—2020年)》明确提出:"普通幼儿园招收残疾幼儿达到3人,应当配备专职特教教师",并要求这些专职特教教师"应持双证上岗,即取得教师资格证和省级教育行政部门组织的特殊教育专业培训考核合格证"。此外,要加强康复医生、康复治疗师、康复训练人员及其他专业技术人员的配备,幼儿园还需建立由分管园长、特教教师、康复治疗师、家长等组成的融合教育教学与管理团队。

不同的培训对象应有不同的培训要求,建议实施分类培训。

幼儿园管理人员的培训,主要是要了解相关的法律法规,依法开展教育教学的管理工作;学习融合教育管理的相关知识和技能,并从教师的安排、教学资源的调配等方面作出合乎需要的整体性安排,给予接纳特殊需要儿童的普通教师相应的支持和帮助。

幼儿园的专职特教教师也可称为资源教师,是特殊教育和普通教育沟通的桥梁，负责对特殊需要儿童进行个别辅导、补救教学，对普通班教师和家长提供咨询与支援服务。这样的角色定位要求其掌握融合教育的基本理论，熟练掌握特殊需要儿童的心理特点，会使用基本的评估工具开展评估工作，协调实施全园特殊需要儿童的转介与鉴定工作；掌握个别教育计划的制订方法，能与普通班教师、家长一起编拟个别教育计划，并对其执行效果进行评估；了解积极行为支持、课程调整的基本策略，能与普通班教师共同研究解决特殊需要儿童的学习和行为问题。

幼儿园普通教师也需要融合教育的相关培训，他们首先应在思想上认可和接纳融合教育，并对其持有积极的态度，愿意接纳特殊需要儿童。其次应了解特殊需要儿童的心理特点及行为表现，掌握特殊需要儿童的保教策略，能在特教教师的帮助下，解决特殊需要儿童的学习和行为问题；具备初步的康复训练知识，能在专业的康复医师指导下，协助进行特殊需要儿童的康复训练。

在培训的组织方面，可以进行融合教育的通识培训，如特殊需要儿童的分类及不同障碍儿童的特点、特殊教育的政策法规、融合教育的发展、特殊需要儿童的教育策略与方法等。也需要根据本园特殊需要儿童的实际状况，举办专业的培训，如某类特殊需要儿童的早期筛查与诊断、早期干预的方法、个别化教育计划的制订与实施、康复训练的方法等。在培训的具体形式上，不仅要有理论的学习，更重要的是基于问题导向的实践研修，为教师提供充分、广泛参与融合教育实践的机会，这样才能真正掌握普通幼儿园融合教育的实施策略和方法，助力每一位儿童的成长和发展。

7. 融合教育的家园合作方式有哪些？

一个孩子被确认为特殊需要的儿童，家长通常会表现得情绪低落、不能接受。在这样的情绪影响下，家长也难以做到有效配合幼儿园的工作。因此做好家园合作的第一步，必须通过多种方式让特殊需要儿童的家长接纳自己的孩子，然后逐步帮助其掌握教育训练的方法，配合幼儿园做好特殊需要儿童的教育和康复训练工作。

融合教育的家园合作方式主要分为语言交流（如家访、家长会、家长学校讲座、家庭教育咨询、经验交流会等）、文字交流（如家园练习本、宣传栏、问卷调查等)、活动交流(如家长开放日、亲子活动、节庆活动等)。

采取多种培训方式,积极发挥家长对特殊需要儿童教育与康复训练的支持作用。集体培训:针对家长和儿童存在的共性问题,通过专题讲座、教学活动观摩等形式,进行通识性的培训。个别培训:针对特殊需要儿童个体存在的问题进行针对性的培训,主要通过每日交流、每周小结、每月评估、学期综合评估、亲子同训活动观摩、家访等途径进行。网络培训:充分利用现代信息技术的优势,既可以进行集体培训,也能针对个别特殊需要儿童存在的问题进行分析,解答家长的疑问,提出解决问题的建议和方案。多种形式的培训,不仅可以帮助特殊需要儿童的家长对自己的孩子形成正确的认识,对自身在教育康复中的作用和地位形成正确的定位,更可让家长对自己孩子存在的问题有清醒的认识,并充分了解和掌握教育和康复训练的方法与步骤,树立自信心,以积极的态度参与孩子的教育和康复训练。

开展多种形式的活动,引导和鼓励普通儿童家长支持特殊需要儿童。特殊需要儿童出现在融合教育环境中,往往会引起普通儿童家长的关注,他们的态度也会影响到普通儿童对待特殊需要儿童的态度。因此,只有让普通儿童的家长正确认识、接纳特殊需要儿童,用关爱和欣赏的态度看待特殊需要儿童,才能让所有儿童都在一个充满爱和阳光的氛围中生活、学习。所以,幼儿园可以通过开展多种形式的活动,如组织“家长开放日”活动,让家长了解自己孩子在园的活动情况。教师可利用这个契机,让特殊需要儿童积极参与活动,并有意识让其展示其优势,提高普通儿童家长对特殊需要儿童的接纳程度;也可通过组织“亲子活动”,促进普通儿童家长与特殊需要儿童的家长进行亲子交流。在活动中,特殊需要儿童的家长有时会羞于自家孩子与别的孩子不同,出现想参加又怕参加的心理,这时可请普通儿童的家长主动邀请特殊需要儿童的家长参与,以打消特殊需要儿童家长的顾虑;在普通儿童家长的主动关心、爱护下,特殊需要儿童也能体验到普通儿童家长的关爱之情。

参考文献

[1] 虞永平. 生活化的幼儿园课程[M]. 北京：高等教育出版社，2010.

[2] 胡华. 幼儿园教师的教育哲学观——通向幸福的教育之道[M]. 上海：复旦大学出版社，2022.

[3] 高德胜. 生活德育论[M]. 北京：人民出版社，2005.

[4] 刘晓东，卢乐珍. 学前教育学[M]. 南京：江苏教育出版社，2009.

[5] JACKMAN H L. 早期教育课程——架起儿童通往世界的桥梁[M]. 杨巍，译. 北京：中国轻工业出版社，2002.

[6] 詹姆斯·E 约翰逊等. 学前教育课程[C]. 黄瑾，等译. 上海：华东师范大学出版社，2005：178.

[7] 帕特丽夏·韦斯曼，乔安妮·亨德里克. 幼儿全人教育[M]. 钟欣颖，张瑞瑞，杜丹，等译. 南京：南京师范大学出版社，2015.

[8] 维果茨基. 维果茨基教育论著选[M]. 余震球，译. 北京：人民教育出版社，2005.

[9] 虞永平，原晋霞. 幼儿园课程[M]. 北京：高等教育出版社，2014.

[10] 陈秀云，陈一飞. 陈鹤琴全集(第二卷)[M]. 南京：江苏教育出版社，2008.

[11] 原晋霞. 幼儿园教学活动中的幼儿参与[M]. 南京：南京师范大学出版社，2014.

[12] 原晋霞. 关于幼儿园课程资源开发利用的几个基本问题[J]. 幼儿教育(教育教学版)，2019(5).

[13] 原晋霞，汪丽. 试论幼儿园课程资源室建设[J]. 教育导刊(下半月)，2011(11).

［14］ 原晋霞. 论园本课程建设［J］. 幼儿教育，2008(01).

［15］ 虞永平. 论幼儿园课程审议［J］. 学前教育研究，2005(01).

［16］ 汪丽. 课程资源室的建设及资源的开发与利用［J］. 幼儿教育，2012(09).

［17］ 虞永平. 幼儿园课程资源挖掘和利用的问题及解决思路［J］. 早期教育，2020(10).

［18］ 伊丽莎白·琼斯，约翰·尼莫 . 生成课程［M］. 周欣，等译. 上海：华东师范大学出版社，2004：20.

［19］ 冯晓霞. 生成课程与预成课程［J］. 早期教育，2001(08)：2—4.

［20］ 虞永平. 课程游戏化的意义和实施路径［J］. 早期教育(教师版)，2015(03)：4—7.

［21］ 张莅颖，张世锋. 英国开展儿童户外游戏的理论与实践［J］. 学前教育研究，2010(8)：60—63.

［22］ 张静. 幼儿园室内外环境一体化的实践研究［J］. 山东教育(幼教园地)，2020(27)：11—12.

［23］ 丽莲·凯兹，西尔维亚·查德. 开启孩子的心灵世界：项目教学法［M］. 胡美华，译. 南京：南京师范大学出版社，2007：3—4.

［24］ 张俊. 看得见儿童，找得到课程［M］. 南京：江苏凤凰教育出版社，2021.

［25］ 温剑青. 发现 理解 支持：指向个性化教育支持的幼儿发展评价实践［M］. 上海：上海教育出版社，2019.

［26］ 郭良菁. 社会认知视野中的儿童观察评价［M］. 南京：南京师范大学出版社，2020.

［27］ 张俊. “活”的儿童观察评估：南京鹤琴幼儿园的研究与实践［J］. 幼儿教育·教育教学，2021(6)：6.

［28］ 教育部部署推进幼儿园与小学科学衔接工作. 中华人民共和国教育部政府门户网站.

［29］ 教育部关于印发《3—6 岁儿童学习与发展指南》的通知. 中华人民共和国教育部政府门户网站.

［30］ 华爱华，朱佳慧. 游戏与教学融合的关键：游戏与教学互为生成——华爱华教授访谈录［J］. 江苏幼儿教育，2017(1)：4—5.

［31］ 费孝通.生育制度［M］.上海：华东师范大学出版社，2019：49.

［32］ 蔡翩飞，余秀兰.工具理性和表达理性下家庭教育观念及其"窄化"问题的研究［J］.当代教育论坛，2021(6)：16—24.

［33］ 虞永平.聚焦质量——幼儿园课程改革的思考［M］.北京：教育科学出版社，2023—03：341—342，345.

［34］ 缪建东.家庭教育学(第2版)［M］.——北京：高等教育出版社，2015年1月第2版.67；160—161.

［35］ 简·尼尔森.正面管教［M］.玉冰，译.北京：京华出版社 2009年1月第1版.5、7.

［36］ 韦钰院士：别再误读那条"起跑线"—科技—人民网(people.com.cn)，2015—01—23 解放日报第13版.

［37］ 卡特琳娜·盖冈.如何高质量地陪伴孩子［M］.徐晓雁，译.北京：新星出版社，2016(07).

［38］ 杨希洁.关于学前全纳教育有效性的思考［J］.中国特殊教育，2005(9).

［39］ K E 艾伦.特殊儿童的早期融合教育［M］.周念丽，等译.上海：华东师范大学出版社，2005.

［40］ 盛永进.特殊教育学基础［M］.北京：教育科学出版社，2011.

［41］ 威廉 L 休厄德.特殊儿童——特殊教育导论［M］.孟晓，等译.南京：江苏教育出版社，2007.

［42］ 秦奕.特殊需要儿童早期干预［M］.南京：南京师范大学出版社，2014.

后　　记

自2010年国务院颁布发展学前教育“国十条”以来，江苏作为教育大省，学前教育的改革发展走在全国的前列。在江苏省委省政府的高度重视和领导下，江苏大力推进幼儿园课程改革，其标志性工程就是2014年启动的江苏省幼儿园课程游戏化建设项目，它意味着学前教育在进一步强化普及普惠的同时，将启动质量提升工程，开启新一轮课程改革。十余年来，我省的学前教育在总量、结构、质量和公众满意度等方面产生了重大的变化，进入了学前教育整体发展的新时代。在历史发展的宏大视野中审视今天的变化，总结我省学前教育课程改革的得失，回顾艰辛的来路，探讨未来的去向，已经成为当前我省学前教育的重要课题。

三年来，编写组受江苏省教育厅基教处的委托，编写了《幼儿园课程游戏化实践指导手册》。本书凝聚了江苏学前教育人十年始终如一的“践行游戏精神，让儿童度过快乐而有意义的童年”美好愿望。2014年，为贯彻落实《幼儿园教育指导纲要》《3—6岁儿童学习与发展指南》，在深入分析江苏学前教育改革发展和幼儿园课程建设实践的基础上，江苏省教育厅、财政厅出台《关于开展幼儿园课程游戏化建设的通知》（苏教基〔2014〕17号），在全省启动了幼儿园课程游戏化建设项目。这是政府支持、投入和主导的项目，每年省财政拿出2000万对项目园（区域）进行奖励补助，现建有省级幼儿园课程游戏化项目414个，覆盖全省所有县（市、区）。幼儿园课程游戏化项目是一个真正贴近幼儿园课程改革和内涵发展的项目，大大促进了幼儿园教育质量的提升。在历届国家教学成果奖评选中，我省学前教育获奖数量和质量均排在全国前列。

在本书的写作、编写过程中，编写组紧紧抓住幼儿园课程建设的核心问题，以问题为导向，坚持理论指导和实践经验总结相结合，突出操作性、使用性和指导性。为此在本书的第一部分“课程游戏化的理念”中，明确提出课程处于教育质量的核心地位，重塑儿童观、教育观和课程观，确立“儿童是一个积极主动有能力的学习者”以及“关注幼儿、关注生活、关注游戏、关注经验，追随发展需要规划和生成保育教育活动”的理念，坚持用游戏精神改造不符合儿童发展的课程实施和管理方式，以提高教师课程游戏化实施、改造课程游戏化方案、创建课程游戏化环境、建设课程游戏化资源等专业能力为重点，努力构建反映儿童生活、体现儿童需要、承认区域差异、落实《指南》精神的幼儿园课程体系。

质量是学前教育的重要追求，也是衡量教育成效的关键因素。如何让更多的幼儿园和教师们深入理解课程游戏化的核心内涵，落实“自由、自主、愉悦、创造”的游戏精神，将它融会在幼儿园所有的活动之中，真正让游戏成为基本的活动，确保幼儿的自由游戏时间，充分满足儿童对自主游戏的需求？如何使必须组织的各种教学活动，包括一些生活活动，也要融会游戏精神，能将游戏作为重要的手段和方法，让活动更加生动、有趣和有效？如何能着眼全体，关注所有的幼儿园，在区域内消除低质幼儿园，真正发挥“填洼效应”“检验效应”？为此编写组在每个部分以二十个左右的问题为契入点，以一问一答通俗易懂的方式提出了课程建设中教师遇到的问题及解决的依据、方法和策略，便于阅读者阅读、操作及提升理论逻辑思维能力。

多元化的视角必然会带来写作与编辑的“碎片化”的挑战。如何使这本“大家”来写的书在总量、风格、体例上保持一致性，编写组在虞永平教授和贡青处长的组织推进下，在南京市实验幼儿园分别于 2021 年 3 月 15 日、3 月 29 日、6 月 24 日、10 月 31 日召开编写组会议，明确了总体编写要求、风格及各部分撰稿分工：第一部分黄进（南京师范大学），第二部分原晋霞（南京师范大学）、张晗（苏州幼儿师范高等专科学校），第三部分孔起英（南京师范大学）、邱学青（南京师范大学）、王海英（南京师范大学）、赵春霞（江阴市华士中心幼儿园教育集团）、王海英（扬中市新坝镇中心幼儿园）、吴益斐（江苏省丹阳市正则幼儿园），第四部分郭良菁（南京师范大学）、张晖（江苏省教育科学研究院）、何锋（江苏省教育科学研究院）、叶小红（江苏省教育科学研究院），第五部分张永英（南京师范大学）、曹玉兰（无锡市梅村中心幼儿园）、潘云霞（镇江市丹阳丹北实验幼儿园）、王超（南京市第一幼儿园）、杨柳（南京市鹤琴幼儿园），第六部分谈秀菁（南京市特殊教育师范学院），全书整体由虞永平教授主编统稿，贡青处长协助汇编统稿。时任江苏省教育厅基教处副处长殷雅竹多次到会强调每个部分编写的具体问题要从教师实践困惑的角度进行表述，同时要求有三到四所幼儿园的一线教师以及部分教研、行政人员参与讨论并进行典型案例收集；明确陈金鑫以及在江苏省教育厅基教处挂职的贡青做编写工作联络人。时任江苏省教育厅基教处处长陆岳新也多次提出编写要求，本书的编写更是得到江苏省教育厅副厅长顾月华的全面指导。本书出版后期，江苏省教育科学研究院汪丽主任参与了部分工作。

课程游戏化建设项目历时十个年头，凝聚了我省八千多所幼儿园课程游戏化的实践取得的经验和智慧，为此感谢各设区市、县（市、区）教育局的大力支持，感谢江苏省财政厅、江苏省住房和城乡建设厅、江苏省机构编制委员会办公室、江苏省残疾人联合会等相关部门在项目建设过程中的大力支持。

感谢南京市实验幼儿园作为我省幼儿园综合课程研究所为整个编写工作提供了良好的工作场所。

感谢所有参与编写的专家们。更要感谢每个部分中幼儿园及教师们的积极投入与参与。